商业模式
与数据治理

杨磊 张福平 ◎ 主编

中国财经出版传媒集团

经济科学出版社
Economic Science Press

·北 京·

图书在版编目（CIP）数据

商业模式与数据治理/杨磊，张福平主编． --北京：
经济科学出版社，2024.3
ISBN 978 - 7 - 5218 - 5679 - 8

Ⅰ.①商…　Ⅱ.①杨…②张…　Ⅲ.①商业模式 - 数
据管理　Ⅳ.①F71 - 39

中国国家版本馆 CIP 数据核字（2024）第 054486 号

责任编辑：杨金月
责任校对：刘　娅
责任印制：范　艳

商业模式与数据治理

SHANGYE MOSHI YU SHUJU ZHILI

杨　磊　张福平　主编
经济科学出版社出版、发行　新华书店经销
社址：北京市海淀区阜成路甲 28 号　邮编：100142
总编部电话：010 - 88191217　发行部电话：010 - 88191522
网址：www. esp. com. cn
电子邮箱：esp@ esp. com. cn
天猫网店：经济科学出版社旗舰店
网址：http://jjkxcbs. tmall. com
北京季蜂印刷有限公司印装
710 × 1000　16 开　20. 5 印张　330000 字
2024 年 3 月第 1 版　2024 年 3 月第 1 次印刷
ISBN 978 - 7 - 5218 - 5679 - 8　定价：80. 00 元
（图书出现印装问题，本社负责调换。电话：010 - 88191545）
（版权所有　侵权必究　打击盗版　举报热线：010 - 88191661
QQ：2242791300　营销中心电话：010 - 88191537
电子邮箱：dbts@ esp. com. cn）

目 录
CONTENTS

商业模式概述

1. 了解商业模式的形成和变化过程。
2. 掌握战略管理和技术创新对商业模式的影响。
3. 掌握商业模式的定义。
4. 熟悉商业模式的经济学原理。
5. 了解商业模式的作用。

现代管理学之父彼得·德鲁克说过："当今企业之间的竞争，不是产品之间的竞争，而是商业模式之间的竞争。"[①] 全球化、信息技术的发展和产品生命周期的缩短，使得竞争格局发生了巨大的改变，企业甚至产业由于故步自封而走向衰亡，而那些对商业模式进行了有效创新的企业则以令人难以想象的速度迅速崛起。

在创业企业中，因为战略原因失败的只有 23%，因为执行原因夭折的也只不过是 28%，但因为没有找到盈利模式而走上绝路的却高达 49%。因此，越来越多的企业界人士和学者都开始提出这样的观点：在新经济时代，缺乏一个合理的营利模式或商业模式，企业的利润获取能力无法得到复制和持续，即便企业一时因某一特定原因声名鹊起、飞速发展，但这种势头多是昙花一现，无法形成一个持续的、稳定的、固化的模式，迟早会走向衰落。

---

① ［美］彼得·德鲁克，［美］约瑟夫·马恰列洛. 德鲁克日志［M］. 蒋旭峰，王珊珊，等，译. 上海：上海译文出版社，2006.

第一节　商业模式的形成

一、商业模式的产生

党的二十大报告提出，"要善于透过历史看现实、透过现象看本质，把握好全局和局部、当前和长远、宏观和微观、主要矛盾和次要矛盾、特殊和一般的关系"，[①] 通过分析商业模式的产生和发展历史，可以对商业模式的本质有更深刻的认识。自从人类有了剩余财产和交易活动开始，商业模式就已经存在，在公元前 600 年之前已经成为贸易和经济行为的一部分。集先秦儒家认识论和方法论大成的《易传·系辞传》中有这样的记载："神农氏教大家‘日中为市，致天下之民，聚天下之货，交易而退，各得其所。'"[②] 这里所描述的就是为集中交易时间，提高交易效率，炎帝教会人们以太阳影子的位置计时，正中午开始市场交易，交易完后退场，每人得到所需要物品。这段对 5000 年前中国古代集市贸易的生动具体描写，即使今天看来也可以算得上是一个商业模式创新的成功案例。商朝是中国历史上第一个以商业发家立国的王朝，早在公元前 1000 多年就实现对商业模式的应用。商汤先祖相土在其统治部落期间，生产的东西有了过剩，便拿来跟别的部落进行交换，为节省人力，相土驯服了马，又发明了马车。相土和邻近部落商定在固定的地点和时间开展物品交换，这类似于今天的集市或市场。到了商汤七世祖王亥时期，王亥驯服了牛，又发明了牛车，让牛不仅可以用来耕地，还可以用来驮运货物。当时牛的价格比马便宜，数量也比马多，因此王亥时期牛和牛车促使商业开始逐步发展，物品交易更加发达。据南宋罗泌《路史·卷十二》记载，中国最早的集市贸易称为"廛"，有"列廛于国，日中为市"[③] 的说法，清晰描述了当时的商业模式，由政府统一规定时间和地点，

---

① 习近平. 高举中国特色社会主义伟大旗帜 为全面建设社会主义现代化国家而团结奋斗 [M]. 北京：人民出版社，2022.
② 孔颖达，于天宝，王弼，等. 宋本周易注疏 [M]. 北京：中华书局，2018.
③ 王彦坤. 路史校注 [M]. 北京：中华书局，2023.

老百姓带着自己家里多余的东西到市场上交易，各自从交易中获取需要的物品。

因此可以认为商业模式的雏形始于人类开始分工合作之时，代表各类生产要素的组合，商业本身就是把采购或生产出来的价值提供给他人，以换取同等价值。以物易物的模式需要满足非常严苛的条件，那就是需求的双重一致性（double coincidence of wants）。甲想用自己的苹果交换香蕉，乙想用自己的香蕉交换苹果，两人相遇，商定交换比例，交易达成。但是如果乙并不想要苹果，而是想要桃子，那么交易就无法进行。若甲就是要吃香蕉，不巧只有乙才有，那么甲就要先找别人把苹果换成桃子，这同样要面临需求的双重一致性问题。

在大多数情况下，物物交换是非常困难的，于是货币应运而生。引入人人都愿意接受的货币就能轻松化解需求的双重一致性问题，货币的发明就是该时期最大的商业模式变革，因为它成功地将使用价值和价值分离。马克思认为货币是充当一般等价物的商品，是商品交换发展和价值形态发展的必然产物。从历史演进来看，货币经历了许多不同的形态，如贝壳、金银、纸币、电子货币等，但是无论载体如何改变，货币的本质永恒不变，那就是作为一般等价物为交易活动提供便利。在发达的商品经济中，货币具有价值尺度、流通手段、贮藏手段、支付手段和世界货币五种职能，其中最基本的职能是价值尺度和流通手段。以弗里德曼为代表的货币学派将货币定义为购买力的栖息地，将购买行为从售卖行为中分离出来，从而解决了人们在交易过程中的各种问题，它使个体之间的联系变得更加紧密与频繁，它通过改变交易形式提高交易效率并进一步提高生存与发展的效率。同时货币也深刻地改变人类发展的组织形式，一方面，货币凭借其无穷的灵活性和可分性使多种多样的经济依附关系成为可能；而另一方面，货币无动于衷的客观本质有助于从人际关系中去除个人因素（Simmel，1900）。

从货币多个功能来看，货币的积极作用一是降低产品交换成本，提高交换效率；二是降低价值衡量和比较的成本，为实现产品交换提供便利；三是提供最具流动性的价值贮藏形式，丰富贮藏手段。然而货币对人类社会所产生的影响不仅仅限于以上几点，它对人类生产方式、生存方式乃至思想意识的发展都产生重要影响。一方面，货币成为推动经济发展和社会进步的特殊力量，它使人们的生产活动和生活突破了狭小的天地。在缺少货币的社会，积累的是实物财富，而实物财富的转移相对困难，这必然会限制行动自由，思想也多受禁锢；而货币出现以后，活动领域得到了很大的扩展，货币"使臣轻背其主，而民易去其乡"①，与此同时，思想也就不再受一地传统习俗及偏见的束缚，激发了想象力和创造力，对商品生产的扩大，思想文化的进步产生了积极的作用。另一方面，可以利用货币去进行财富的积累和承袭，这就激发了创造财富的无限欲望，随之而来的为扩大再生产创造了条件。另外没有货币的出现，就没有资本积累和社会资本利用，因为若只有物质财富的累积，只能在简单再生产的小圈子内循环，不可能出现扩大的社会再生产。由于货币的诞生，人类从原始社会里强调物竞天择、弱肉强食的个体生存竞争变成了强调组织生存、内部竞争的形式，而围绕在组织内部竞争中的货币也成为社会活动和商业活动中绕不开的主题。

二、第一次工业革命对商业模式的影响

虽然货币的产生对商业模式产生了巨大影响，并随着生产力发展和交易需求，催生专门从事某种生产的作坊、工厂，随之也出现固定化的交易场所——店铺，店铺集中的地方又逐步聚集和扩大而形成城镇。但是在生产方式、通信方式、交易模式都没有改变的年代，商业模式一直没有发生大的变化，直到近代工业革命开启。

工业革命（the industrial revolution）开始于 18 世纪 60 年代，通常认为它发源于英格兰中部地区，是指资本主义工业化的早期历程，即资本主义生产完成了从工场手工业向机器大工业过渡的阶段。工业革命是以机器取代人力，以大规模工厂化生产取代个体工场手工生产的一场生产与科技革命，也是能源转换的革命，由于机器的发明及运用成了这个时代的标志，因此历史学家称这个时代为机器时代。18 世纪末 19 世纪初，英国人瓦特改良蒸汽机之后，由一系列技术革命引起了从手工劳动向动力机器生产转变的重大飞跃，随后向英国乃至整个欧洲大陆传播，19 世纪传至北美。

在第一次工业革命之前，英国主要流行的国际贸易理论是重商主义，表

---

① 金少英，李庆善. 汉书食货志集释 [M]. 北京：中华书局，1986.

现为国家不断干预国际贸易，国家保护工商业，不断鼓励生产，增大进口，同时提高进口关税，限制外国商品的输入。第一次工业革命后英国主要的国际贸易理论是自由贸易理论，他们提出国家较少地干预国际贸易，国际贸易由市场调控，施行自由贸易政策，消除了关税壁垒，同时自由贸易理论也提出了进行国际分工理论，如亚当·斯密的绝对生产成本理论和李嘉图的相对生产成本理论。

随着英国的对外贸易逐渐活跃起来，传统手工纺织已经不足以能够生产出满足市场的商品数量，海外市场常常出现供不应求的现象。一旦此时英国不能够及时提供足够的货源，那么市场很有可能会在其他国家寻找更为合适和廉价的替代品，到那时英国将失去全部优势，而正是这一因素，才促成了珍妮纺纱机和其他相关机械设备的出现。工业革命所引领的技术变革是递进关系，也是一种需求关系的递增。在珍妮纺纱机出现前，人们需要以手工的方式将一根根丝线织在一起，进而织成一块完整的布匹。人工织布方式虽然很古老，能够保留传统工艺，但注定效率十分低下，商人为了更大的产量，不得不通过招聘更多劳动力来完成这一项复杂的工作。正是由于手工不能够满足纺织业的产能需要，所以珍妮纺纱机这一提高效率的生产工具才会被发明出来；但珍妮纺纱机的出现意味着纺织业也要做出相应的技术提升，新型生产工具的出现必然会带来生产效率的提升，否则生产环节就会脱节。

因此第一次工业革命形成的商业模式中的领先者是一些由人工运转的工厂，根据市场情况调整生产规模，最初工厂主们只是期待利润最大化，但工业发展的大趋势使区域性工厂成为全球性企业。同时第一次工业革命的兴起，无疑是人类发展史上的一个重要转折点，英国历史乃至世界历史都进入了一个全新的发展阶段。第一次工业革命还带来了社会剧烈变动，如珍妮纺纱机并非全自动机器，而是一种半自动生产工具，仍然需要人力的操控才能完成生产，但是此时资本家只需要雇佣 1 名工人，就可以完成 8 名工人的生产量。在减少人工成本的同时，又可以大幅提升生产产能来获得更多利润，何乐而不为呢？所以说第一次工业革命的出现不仅使商业走向繁荣，还导致许多工人下岗失业，尤其是那些需要进行简单机械化操作的工人，更是无法避免被裁员的结局，这导致阶级关系也随之发生了巨大变化，从原来的农民阶级和地主阶级对立逐渐转化为资产阶级和无产阶级对立，从而对社会关系和商业模式产生了进一步的影响。

三、第二次工业革命对商业模式的影响

19 世纪，随着资本主义经济的发展，自然科学研究取得重大进展，由此产生的各种新技术、新发明层出不穷，并被应用于各种工业生产领域，促进经济的进一步发展，第二次工业革命蓬勃兴起，人类进入了电气时代。第二次工业革命极大地推动了社会生产力的发展，对人类社会经济、政治、文化、军事、科技和生产力产生深远的影响，资本主义生产社会化大大加强，垄断组织应运而生。

在第二次工业革命的影响下，资本主义经济开始发生重大变化。这种变化主要表现为：一方面，科学技术的新成果被迅速应用于工业生产，大大促进了生产发展，使生产规模越来越大，集中程度越来越高；另一方面，在资本主义制度下，科学技术和生产的发展使大量社会财富日益集中到少数大资本家手中。生产和资本的高度集中，产生了垄断，所谓垄断一般是指某些资本主义大企业为独占某种商品的生产和销售市场、攫取高额垄断利润而联合形成的经济实体或经济同盟。垄断组织的原型是股份公司，其宗旨是吸收社会上的游散资金，以适应迅速发展的资本主义工业对巨额资本的需求，这一形式加强了资本积聚。而生产过程在技术上的进一步复杂化，则导致生产集中，这种生产集中在经济危机之后迅速加强，其主要表现是生产规模增大、生产的规模效益突出、资本的有机构成提高、劳动力的比重下降。垄断组织产生后，企业规模进一步扩大，这自然会有利于劳动生产率的进一步提高。同时它也使技术发明和改进过程社会化，资金雄厚的垄断组织能够提供条件，使科学技术研究更大规模和更有组织有计划地进行，科技研究取得的新成果也能够较快地运用于生产。

第二次工业革命中交通工具的变革，使远程运输广泛、安全、便捷；电信工具加速商业信息的交流和传播，便利人们的联系；生产和资本高度集中，为最大限度攫取利润，列强开始了大规模的资本输出，即对外投资，采取开设工厂、修筑铁路和其他基础设施等手段，把世界各地的生产、流通和消费紧紧结合在一起。世界市场流通内涵构成日益丰富，大规模流通以特产、财富、黑奴、工业制成品和原料为主，发展到以资本流

通、金融服务和技术交流等为主。在殖民扩张和掠夺过程中，武力威逼成为列强惯用手段，凭借船坚炮利打败对方，签订不平等条约，列强获取大量特权。为抢占更多的原料产地、销售市场和投资场所，主要帝国主义国家掀起瓜分世界的狂潮，到 20 世纪初世界被瓜分完毕。欧美工业国从世界范围内获得原材料和初级产品，并进行倾销和投资，以欧美工业国为主导的统一世界市场最终形成。资本主义的发展推动了对外殖民扩张，促进了世界市场形成，世界市场的形成，为资本主义发展提供了资本和广阔的市场条件，极大地促进了资本主义的发展。国际分工达到世界城市和世界农村的分离与对立的完成阶段，形成日渐明朗的分工格局：粮食和原料的生产越来越集中于发展相对滞后的亚非拉第三世界国家，工业生产则集中于工业化程度高、科技先进的欧美和日本诸国。于是由少数金融寡头垄断的统一的世界资本主义经济最终形成，并且形成中心—边缘的世界经济格局。世界市场的形成一方面便利了经济和文化的交流，传播先进技术和生产方式，冲击和瓦解传统社会结构，推动人类现代化的进程；加强各国社会经济的相互联系，使世界成为不可分割的整体，加速经济全球化的进程。另一方面，充满着残酷的殖民掠夺和对落后国家的奴役，给殖民地半殖民地国家带来深重灾难。

在工业发展和世界市场形成的同时，服务业加快了发展速度，其中发展最快的是生产性服务业。20 世纪任何一个制造业已不能离开科学技术，从 19 世纪末期的德国开始，西方各个国家都在制造企业、工业企业中设立研发部门，而这些原来都是服务业的内容。另外，大规模生产发展起来后，营销变得非常重要，营销组织既可以设在企业内部，也可以独立出来，成为独立的服务业。服务业发展背后的本质问题是生产的进步、生产效率的提高，依靠的是合理分工。在自耕自植、自给自足的情况下没有分工，就不需要交易，就会出现老子所讲的"鸡犬之声相闻，老死不相往来"的情形。[①] 但有了分工以后，"不相往来"就不可行了，不同分支之间会进行交换，分工越深化，交易行为就越多。

在垄断组织、世界市场和服务业的共同作用下，形成国家垄断资本主义，特别是在第二次世界大战后，在所有发达资本主义国家，国家垄断资本

---

① 汤漳平，王朝华．老子旧版三全本［M］．北京：中华书局，2014.

主义无论在广度上还是深度上都有更迅速、更普遍的发展，国家干预深入资本主义的生产、流通、分配和消费各个环节，国家垄断资本主义作为一种新的垄断资本主义生产关系体系最终得以确立。在国家垄断资本主义条件下，商业模式主要围绕垄断资本和国家干预运行，大型企业和跨国公司开始成为主要商业实体，它们通过创新税务、融资、生产和销售等方面的制度来维持自己的商业地位，如典型垄断组织的四种主要形式：卡特尔（cartel）、辛迪加（le syndicat）、托拉斯（trust）、康采恩（konzern）。其中的商业模式是凭借在生产和市场上的垄断地位，对国内外市场消费者进行剥削而减少消费者剩余，以获取高额垄断利润，在具有垄断因素的市场结构中，垄断利润的赚取就是通过上述各种不同形式的垄断组织来实现。

四、信息时代的商业模式

20 世纪 70 年代前，研究者认为成本只是生产成本，提高效率就是降低生产过程中付出的成本，随着信息经济学、新制度经济学和交易成本经济学的发展，观念发生改变，开始认识到总成本是由两部分组成的，一部分是生产成本，即改变物品的物理性状和化学性状所花费的成本；另一部分是交易成本。要降低生产成本就要深化分工，分工越深化，生产成本越低，随之而来的便是交易更频繁，交易要投入的资源就更多，从而增加交易成本。

服务业促进了交易发展，服务业的功能首先是为市场交易提供基础设施，在市场经济中市场交易要顺利进行，需要一套基础设施，简单的如交通运输，比较复杂的如金融体系、结算体系、投融资体系；此外还有律师、会计师等中介服务。随着分工的日渐深化，交易成本在总成本中的比重也随之上升，服务业就是处理交易的，服务业质量越高，交易成本就会越低。

一般将数字化、信息化、网络化所导致的社会变革时期称为信息时代，信息时代的变革主要是随着互联网技术大规模应用浪潮应运而生，以数字化、网络化、人工智能化应用为标志，它直接的表现是工业机器人代替流水线工人，从而引起生产方式的根本改变，其结果将导致直接从事生产的劳动力快速下降，劳动力成本占总成本的比例越来越小，规模生产将不会成为竞争的主要方式，个性化、定制化的生产会更具竞争优势。

从 20 世纪 70 年代初开始，信息技术发展推动着经济体系进入第三次工业革命，而信息技术的快速变革会在初期降低生产率，扩大收入差距。与第二次工业革命的大规模生产方式相比，第三次工业革命的生产方式主要是超越大规模制造的个性化制造范式。标准化是大规模生产的主要特征，标准化的形成和完善又极大地促进了大规模生产的发展和效率的提升。通过标准化活动，零部件、产品规格、品种、式样大大减少，这样不仅可以获得大规模生产的规模经济性，还可以促进零部件之间的通用化和互换性，使其获得在相关产品生产上的范围经济性。前两次工业革命追求的是低成本、标准化的批量生产，效率的提升主要表现在尽快实现规模经济。随着生产相对过剩，人们对差异化、个性化的需求逐渐增强，效率的提升逐渐转变为能够高效且低成本地满足不断变化且同时出现的个性化需求。

另外信息时代制造业和服务业的融合程度将越来越高。由于制造业的生产制造主要由高效率、高智能的新型装备和软件系统来完成，与新型装备和软件系统相关的生产性服务业将成为制造业的主要业态，研发、设计、物流和市场营销等占据整个产业价值链的核心，服务业和制造业之间的关系变得越来越密切，产业边界越来越模糊。传统制造业中的每一个产业链环节都会与新一代信息技术交叉融合，从而使研发设计、加工制造、营销服务三个产业链环节在共同的网络化云计算平台上一体化深度整合，呈现服务化的发展特征。制造业和服务业出现深度融合，并导致原有服务业部门的重构，随着服务业活动成为制造业的主要活动，制造业的主要就业群体将转变为为制造业提供服务支持的专业人士。因此，低技能的生产工人对产业发展的重要性下降，高技能的专业服务提供者的重要性进一步增加。

信息革命对生产方式的深刻影响，表现为信息化带来的产业技术路线革命性变化和商业模式突破性创新，进而形成信息技术驱动下的产业范式变迁、企业组织形态重构以及就业和消费方式变化。传统商业模式在很大程度上是建立在信息不对称基础之上的，掌握信息的一方得到竞争的主动权，从而可以决定价格，传统商业社会的人们对商品的需求又导致商业模式的均衡。互联网的存在使所有的人都可以低成本地分享充裕的信息，也并不会因为信息传递者人数的增加而增加成本，同时互联网使得信息的传递与产品实体的转移相分开，这就破坏了传统商业理论的均衡性。由于均衡性的破坏，组成传统企业价值链的成员有不少已经没有存在的必要，新的信息经济使信息与其实物在载体相分离的基础上重新组合成新的商业机构，这就使原先存在的商业模式发生变化。

五、互联网与商业模式

信息技术革命不仅改变了人们的工作方式，还改变了商业活动的模式和企业成长模式。20 世纪 90 年代，随着以信息技术为中心的商业时代的到来，特别是 90 年代中后期互联网创业热潮的兴起，引发了商业模式的第一次浪潮，"商业模式"逐渐成为一个常用的术语和企业界最为关注的重要问题之一。党的二十大报告指出，"要增强问题意识，聚焦实践中遇到的新问题"①，对商业模式关注度的提高恰恰体现了问题导向的重要性。在互联网领域，创业者只要凭着富有吸引力的商业模式就可能吸引大量的资金，人们经常用商业模式这个词来赞颂各种不成熟的商业计划。一家公司不需要战略，不需要特殊的能力，甚至不需要任何用户——它所需要的仅仅是一个基于网络的商业模式，这个模式许诺公司将在某个遥远、不确定的未来疯狂盈利。这期间各种商业模式的新名称纷至沓来，诸如会员模式、在线购物、网上营销、网上谈判、网上拍卖、网上银行、佣金模式、社区模式层出不穷。有的学者指出，这些模式更像是一个标签，它只能区分表面与形式的不同，而没有揭示事物的本质，虽然大量资金确实投向有缺陷的商业模式，但问题不出在商业模式本身，而在于对这一个概念的曲解和误用（Magretta，2002）。美国来自 40 家大公司的 70 位高管在被采访问及企业商业模式的核心部分——有关创造和获取价值的逻辑时，62% 的人无法清晰地回答这一点（Scott，2005）。但不管对商业模式的理解是否准确，商业模式确实在企业界里得到了热情推崇。

互联网经济泡沫破裂后，对于商业模式的研究和关注逐步趋向理性。互联网泡沫是指由 1995～2001 年与信息技术及互联网相关的投机泡沫事件，

① 习近平. 高举中国特色社会主义伟大旗帜 为全面建设社会主义现代化国家而团结奋斗 [M]. 北京：人民出版社，2022.

1999 年，美国处于一个相对低息的周期，只有 4% 左右的利率。流动性开始涌入以互联网企业为代表的新兴经济体，特别是在 GDP 增长，以及股市攀升带来的纸上富贵错觉的影响下，拉动的消费增长极大地增加了企业营收，越来越多的企业愿意在这些互联网公司身上投放网络广告（banner），但是网络广告是当时互联网企业唯一的能够盈利的商业模式。在欧美、亚洲多个股票市场中，互联网及信息技术相关企业的股价高速上升，在 2000 年 3 月 10 日纳斯达克指数触及 5408.60 的最高点时达到顶峰，且以 5048.62 收盘，在此期间投机者看到互联网板块及相关领域的快速增长，纷纷向此方面投机[①]。

美联储预感到经济过热和足够低的失业率空间，便开始进入一个新的加息周期，利率由 4% 逐渐攀升到 6%。流动性的减少带来了企业净利润的削弱、广告投放的减少，外加那些不挣钱的 B2B、B2C 业务，还有并购业务的繁荣，疯狂地蚕食着互联网企业的现金流，聪明的投资者开始意识到，这是一场不可持续的繁荣，纳斯达克指数从最高点开始逐渐回落，但是市场总体的情绪并没有意识到这大周期的逆转点，抄底才是主旋律。

2000 年 3 月发表在《巴伦周刊》（Barrons）的封面文章《崩塌》（Burning Up）基于 207 家互联网公司的研究报告指出，将会有 51 家网络公司的现金流面临枯竭，在股价下行、高管套现、投资风险厌恶上升、市场资金缩减、再融资市场冷却等多重效应叠加下，这些公司的再融资问题无法得到解决，最终将会面临行业的大洗牌。没过多久这一观点就得到了验证，当年 4 月纳斯达克指数开始直线下跌，所有人才从如梦如幻的错觉中清醒过来，疯狂抛售自己手中的网络股票，市场在挤兑的浪潮下纳斯达克指数在一年多的时间跌到了最低点 1114.11，据估计有 5 万亿美元的投资凭空蒸发[②]。

互联网经济泡沫破裂后人们开始反思，正是由于对一些不切实际的商业模式的过度追捧和投资，互联网成为各种商业模式的试验场，而最后结果是互联网产业的重新洗牌，只有那些拥有竞争优势的商业模式最后生存下来，其余则被淘汰出局。透过这些现象可知，商业模式并不是用来炒作的概念，而是需要企业加以高度重视并努力实践的重要模式。

---

①②　互联网泡沫［EB/OL］. MBA 智库，2015 - 05 - 25.

第二节　商业模式的定义

一、商业模式与战略

对于商业模式和战略这两个概念，不同研究者的理解各不相同。有的认为商业模式就是战略，认为商业模式创新就是一种战略变革；有的认为商业模式是企业经营的突破和创新；有的认为商业模式是组织资源的运用和价值创造；有的认为商业模式就是企业如何在其经营价值链中的定位；还有的从价值创造的角度理解商业模式就是企业经营活动的价值增值。加拿大管理学家明兹伯格（Mintzberg，1994）把企业组织的商业模式称为战略思想。稍早提出类似概念的还有哈默尔和普拉哈拉德，他们所说的企业"战略意象"（strategic intent）比较符合商业模式的实际含义，通过对成功企业的考察后指出，战略不应该是一种规划，因为成功企业不是规划出来的，战略在本质上应该是一种意象，它是企业渴望得到的远大前程和领先地位（Hamel & Prahalad，1989）。商业模式概念出现伊始就与企业战略相互交织，甚至有学者认为商业模式反映了已经实现的组织战略。实际上商业模式与企业战略在价值侧重和基本假设等方面具有明显的差异，企业战略更多以竞争为导向，无论是定位理论还是资源基础观都强调企业在竞争中可以持续捕获价值的机制，对企业如何创造价值缺少关注。而商业模式则以合作为导向，强调把企业与用户合作来实现价值共创的机制作为研究重点。

商业模式同战略在构念上是否可以清晰区分，一直是战略领域学者关注的问题（Teece，2010；Arend，2013）。切萨布鲁夫和罗森布卢姆（Chesbrough & Rosenbloom，2002）对商业模式同战略之间的差异进行了总结。首先，商业模式以传递价值为主线，关注为客户创造最大价值，战略则基于来自竞争对手的威胁，强调企业如何持续获取价值；其次，商业模式旨在为包括客户等在内的利益相关者创造更多价值，战略的重点是为股东创造价值；最后，战略需要企业进行认真分析和谨慎决策，而商业模式所关注的信息和知识，往往受到认知的局限，所以商业模式研究更加适合用来分析新兴技术的商业化。

在此基础上，许多学者认为商业模式是企业实现既定战略的重要工具（Casadesus & Ricart，2010；Chesbrough，2010），或商业模式的成功需要合适的企业战略进行匹配（Zott & Amit，2008；Teece，2010）。一方面，商业模式常被认为是企业决策者实现其既定战略的重要工具（Casadesus & Ricart，2010；Teece，2010）。卡萨德修和里卡特（Casadesus & Ricart，2010）就认为在企业选定自己的竞争战略后，接下来面对的重要工作就是要选择通过何种商业模式实现既定战略，有些商业模式虽然可以暂时为企业带来更多的价值，但是企业需要从战略的视角去考虑如何避免自身的商业模式被竞争对手快速复制。提斯（Teece，2010）则认为，企业只有建立一种难以模仿的、高效率的商业模式才能够为其带来持久的竞争优势，而建立这样的商业模式往往需要企业掌握关键资源和精准的定位。此外由于商业模式强调通过把握市场机会，创造更大的价值，这样企业可以利用商业模式创新来应对特定的市场战略（Casadesus，2010）。社会底层群体是一个巨大的潜在市场机会，然而他们往往限于自身财富，不能享受到科技进步所带来的福利。金字塔底层战略（bottom of the pyramid，BOP）认为，企业家应该努力寻求满足该市场群体成员的需求，以达到企业增长和提高社会底层群体生活质量及收入的多重目标，实现经济效益和社会效益的协同增长（Prahalad，2006）。商业模式就是企业决策者用来更好匹配金字塔底层战略的重要工具，因为商业模式旨在为所有参与交易的利益相关者创造更多的价值（Zott & Amit，2007），它突破以往企业过度重视价值获取的片面观点，对价值创造给予更多关注，使交易参与者有希望分享到更多的价值（Zott & Amit，2008）。

另一方面，从结构跟随战略开始，战略与结构之间的匹配就成为战略研究的重要问题（Chandler，1962）。商业模式被视为一种新的组织结构（Amit & Zott，2001；Zott & Amit，2010），并能够对企业绩效产生重要影响后（Zott & Amit，2007），商业模式是否能同战略匹配，以及如何匹配成了学者关心的问题。当企业同时采用新颖导向的商业模式设计和产品市场差异化战略时，企业可以获得更好的绩效；然而当企业同时采用效率导向的商业模式设计和产品市场低成本战略时，企业并不一定可以获得更多收益（Zott & Amit，2008）。其中，效率导向的商业模式描绘了通过降低交易过程的交易成本，实现更高效率；新颖导向的商业模式描绘了通过引入新的资源（包括交易者、交易结构、交易内容等）或新的资源组合，创造更多价值（Amit & Zott，2001）。总体上看，商业模式既可以帮助企业实现既定战略，同时商业模式的成功也需要企业制定合适的战略进行匹配，企业采用何种特征的商业模式取决于其决策者对市场机会或者既定战略的理解。

一部分学者认为战略与商业模式是不同的概念（Magretta，2002），战略注重的是通过竞争取得生存与发展的机会，而商业模式则注重的是怎样取得利润（Afuah，2004），注重的是企业应该怎样为顾客创造满意的价值（Hacklin & Wallnofer，2012；Knecht，2013）。商业模式与企业战略的区别主要存在于三个方面：第一，商业模式起源于为顾客提供更多的价值，而战略更关注企业自身价值的回收。第二，商业模式强调价值创造本身，价值创造的受益者包含企业的各个利益相关者，而战略更多地关注企业本身价值的获取。第三，商业模式的假定是对信息、认知的有限性，较容易受到企业早期成功经验的影响；而战略则需要在分析市场假定的可靠信息的基础上做出决策（Chesbrough，2002）。王伟毅等（2005）认为，商业模式关注如何利用内外部环境所提供的机会，而不仅仅局限于企业当前所拥有资源的多寡与配置。战略则更多强调企业在自身所拥有资源的基础上，如何适应环境并利用市场机会；同时战略以组织柔性和动态能力对企业绩效产生影响，而商业模式重视创业者本身对获取更高绩效的作用（姜超，2017）。由于战略与商业模式是不同的概念，因此实施中二者需要协同。

在实际的商业活动中商业模式和战略是使用广泛的两个术语，它们经常被用来表示所有的事情，结果却什么都没有表示出来。任何一个能生存下来的组织，都是建立在一个良好的商业模式之上的，不管其创始人或管理层在构思时是否用了与商业模式相关的术语。但商业模式与战略不是一回事，商业模式描述的是各个业务部分怎么样组合在一起构成一个系统。商业模式没有把影响业绩的一个重要因素竞争纳入考虑，每一家企业都会遇到竞争对手，而应对竞争就是战略的任务。与竞争战略不同的是，模式的创新不是与竞争对手对抗，而是绕开竞争对手的一种方法。竞争战略使企业把目标紧盯着竞争对手的变化而不是把目光放得更远，商业模式则描述了一项业务的各个部分是怎样组成的，以及各组成部分之间的内在联系，这个内在联系把各组成部分有机地串联起来，使它们互相支持，协同作用，形成一个良性的循环，当然一个好的商业模式应该具有明显优势，并为企业赢得未来的竞争。

值得注意的是，从表面上看商业模式与企业战略问题在研究方法以及涉及内容上都具有很多相似之处，但是商业模式与传统战略管理理论的视角和定位是有本质区别的，它所涉及的结构与传统战略管理的工具和方法有很大不同。实际上，正是由于传统战略管理方法已经不能很好地解释新经济背景下企业经营面临的实际问题，商业模式理论才显现出本身的特点和先进性。单纯从创新的角度讲，商业模式的创新正是基于企业获取竞争优势的需要而进行的。然而在这一系列的变革当中，战略变革的重心在于一种思想的变革或认识，如果企业要把思想变为系统性的运作机制，这就需要通过建立创新的商业模式来实现。

二、商业模式与技术创新

在创新理论中，技术创新是科技型企业获得成功的重要因素（Schumpeter，1934），然而对于初创企业来说，如何利用商业模式将实验室研发的新技术进行商业化是企业面临的最大难题（Chesbrough & Rosenbloom，2002；Baden‐Fuller & Haefliger，2013）。

初创企业进行新技术商业化时，往往面临着缺少相关专业人才及重要的商业信息等资源以及在位企业设置的多重障碍（Lehoux，2014），使他们不能够明确采用何种商业模式更为合适。施乐帕克研究中心（Xerox PARC）作为一家全球最重要的研究机构，其实验室技术通常采用派生公司（spin-off）的组织形式进行商业化。切萨布鲁夫和罗森布卢姆（Chesbrough & Rosenbloom，2002）对帕克研究中心的 35 项技术商业化过程进行分析后发现，新技术的商业化需要突破已有路径的束缚，那些采用不同于施乐公司现有业务商业模式的派生公司获得了成功，而那些沿用已有商业模式的公司则陷入困境。勒胡克斯等研究者则认为，新技术的出现并不一定要求出现新的商业模式，重要的是商业模式要同企业的技术研发过程相匹配，即伴随着技术研发不同阶段商业模式应当进行相应演化（李志强和赵卫军，2012；Bohnsack，2014；Lehoux，2014）。商业模式的作用还体现在帮助企业确定适合自己的技术（Baden‐Fuller & Haefliger，2013），将有限的资源运用到用户所需的产品或服务中，避免企业的研发浪费（Lehoux，2014）。此外，商业模式也可以成为技术创业者向投资者传递信息的重要载体，包括企业的自身定位、服务对象以及获得收入的方式等信息，以帮助初创企业吸引到更多投资者（Doganova & Eyquem，2009）。

如果说商业模式是初创企业新技术商业化的重要工具，那么对于在位企业来说，如何应对新技术以及伴随其而来的商业模式选择则成为选择难题（Tongur & Engwall，2014），因为已有技术对应的商业模式往往无法适应新技术竞争的需要（Chesbrough & Rosenbloom，2002）。当在位企业面临新技术的竞争时，对已有商业模式的改造将涉及企业内部业务系统的重新构建（Zott & Amit，2010），以及外部网络关系的再造等难题（Teece，2010）。此外，不同维度的商业模式设计对技术创新产生的影响作用不尽相同，新颖型商业模式设计同探索式创新结合可以促进企业的增长（Wei，2014），然而效率型商业模式设计并不能帮助技术创新带来更高的绩效，并且企业同时采用新颖型商业模式和效率型商业模式可能会取得适得其反的效果（Zott & Amit，2008）。为兼顾现有技术和新技术，在位企业可以选择采用结构分离的方法，即不同业务采用独立的组织进行运营，差异化的商业模式就可以共存（Markides，2013）；或者选择采用时间分离的方法，即在一定的时间段内只采用一种商业模式，实现同一组织运营采用不同的商业模式（Markids & Charitou，2004）。

在科技和创新管理领域，有两种相互补充的观点支撑这个领域的研究：第一种观点认为商业模式促进技术的商业化；第二种观点认为商业模式代表创新的一个维度，它跨越传统的过程、产品和组织创新模式，将新的合作和协作方式纳入其中。在第一种观点中，切萨布鲁夫和罗森布卢姆（Chesbrough & Rosenbloom，2002）早在2002年的研究中就详细描述了施乐（Xerox）公司如何通过实行有效的商业模式将被其他领先公司拒绝的技术商业化反过来促进自身成长；比约克达尔（Björkdahl，2009）采用商业模式的概念来研究技术多样化和交叉应用的效果，通过对三家公司的案例研究，挖掘了商业模式在价值捕获中的角色；卡莉亚和格雷里尼（Calia & Guerrini，2007）介绍了一家铝业技术公司的案例，表明商业模式不仅承担技术创新的结果，同时通过技术创新可以形成商业模式。以上学者从单个企业的角度观察商业模式在技术创新中的作用，约翰逊和苏斯克维奇（Johnson & Suskewicz，2009）则指出产业角度的商业模式对技术创新的作用，他们讨论如何通过商业模式的变革将陈旧的燃料经济转变为清洁技术经济，将焦点从发展个别技术转变为创造新系统。尽管技术创新是重要的，但是至少有两个原因说明技术并不能保证企业的生存：第一，技术本身并没有固定的价值，况且上游企业只是将技术授权给下游企业而不是自己开发最终的产品；第二，技术本身的竞争变得越来越困难。研发成本的升高和产品生命周期的缩短都意味着再伟大的技术在成为一般性技术之前都不能用来赚取满意的利润，一个更好的商业模式比一个好点子或技术要强得多。

　　在第二种观点中，除了采用商业模式来促进技术创新和技术管理外，更强调将商业模式视为创新中的来源或创新本身从而更聚焦于商业模式创新研究。吉森（Giesen，2007）认为，商业模式创新可以分为三类：（1）产业模式创新：包括通过引入新产业、重新定义新产业或创造一个全新的产业来创新产业价值链；（2）收入模式创新：比如，通过产业及服务的再配置或新价格模式创新；（3）企业模式创新：主要指改变企业在价值链中的角色来创新，包括在企业的延伸和雇佣者、提供者、客户和其他相关者组成的网络中的改变，也包括企业容量和资产配置中的改变。另外，大量学者在商业模式创新对公司业绩起关键作用方面已经逐渐达成了共识，从而将研究焦点放在公司内的商业模式创新上，切萨布鲁夫（Chesbrough，2007）提出了商业模式创新的两类壁垒：第一种壁垒是指潜在的资产配置壁垒，壁垒以与现有资产和商业模式矛盾的形式存在，比如，对资产再配置和操作过程的复杂需求导致的惯性出现。第二种壁垒是认知壁垒，一些领导者被局限在某种商业模式中，无法理解和当前的商业模式相匹配的技术和思想价值潜力。为克服已经确立的商业模式的僵化，多泽和科索恩（Doz & Kosonen，2010）提出公司应该更加敏捷，而这可以通过发展战略敏感性来实现，他们指出顶层管理团队的重要性，因为他们要承担必要的风险去尝试新的商业模式并抛弃旧的以完成集体的使命。在相似的领域，史密斯和毕恩斯（Smith & Binns，2010）强调可以依靠复杂商业模式的有效管理制定动态决策，承诺远景和详细的目标，可以积极聆听多方建议并解决领导阶层的冲突。桑托斯和斯佩克特（Santos & Spector，2009）则强调商业模式创新行为方面的重要性，他们提出为完成商业模式创新，需要多方的结合和组织的公平性，商业模式创新不仅要考虑正式组织的结构化，还应该关注非组织层面的相关动力机制。

总的来说，商业模式是企业实现技术创新价值的重要工具，初创企业可以利用商业模式克服其资源不足，顺利实现技术商业化；在位企业可以利用不同的商业模式设计应对现有技术和新技术的冲突，实现短期和长期利益的平衡。同时实践表明，成功的企业能够在探索性创新和利用性创新的交替演化中实现创新均衡，既能不断获取探索性的前瞻技术以引领趋势，又能进一步利用现有技术价值获取短期利益。单一创新方式很容易导致成功陷阱或失败陷阱，如诺基亚探索性创新很强，但不能与利用性创新实现均衡，导致市场失败；而松下因探索性创新不足，致使企业走向衰落。另外，两者也均固守传统的商业模式，最终导致失去了市场份额和原有的竞争优势。技术创新与商业模式的有效匹配，一方面，技术创新有明确的市场导向、有可靠的商业模式使其实现产业化或商业化；另一方面，商业模式的革新将导致对新技术的需求，这将刺激技术创新，两者的互动发展将推动企业的可持续发展。

三、商业模式的定义

从词汇学的角度讲，商业模式是一个合成词，它由商业和模式两个语素构成。汉语词典中，商业被解释为以买卖方式使商品流通的经济活动，即商业与价值创造和从价值获得收益等活动紧密相关。模式解释为某种事物的标准形式或使人可以照着做的标准样式，如模式图、模式化，模式实质上是对现实的一种理性化的定义和展现。从历史的观点看，实践先于理论，即便是在今天，也有很多没有理论体系指导的理智的实践，商业模式也是如此。

商业模式的重点超越了传统战略理论极其重视的竞争，着重描述企业价值创造的源泉和企业创造价值并获取价值的系统安排，有效解释了现代经济条件下新兴产业和新兴企业的管理逻辑，弥补了传统理论对新经济条件下企业行为解释力度的不足。商业模式描述了企业的价值主张和企业与顾客、供应商、合作伙伴等共同创造价值、传递价值并获取价值的架构，不仅包括企业内部的价值创造系统，还包括与企业经营直接相关的价值网络，是描述企业与顾客、供应商、合作伙伴等共同创造价值、传递价值并获取价值的逻辑框架（Osterwalder，2005；Amit & Zott，2001）。

商业模式（business model）的概念首次出现在 20 世纪 50 年代，但直到 90 年代随着电子商务大规模普及才开始得到广泛应用，创业者与风险投资家开始自发使用商业模式来评估电子商务的潜在价值。随着业界的广泛使用，商业模式的概念得到学术界的关注，并逐渐成为一个研究热点（Oster-walder，2005）。综合文献研究可以看出，商业模式的研究流派可分为：

（1）电子商务流派，主要研究网络经济下的价值创造源泉和可行商业模式。这是最早广泛使用商业模式概念的流派，以蒂默斯（Timmers，1998）、马哈德万（Mahadevan，2007）、埃米和佐托（Ami & Zott，2002）、拉帕（Rappa，2004）以及雷恩（Reilly，2006）等为代表，关于商业模式的主要概念就是从这个流派开始的。

（2）技术创新流派，主要研究技术创新过程中商业模式的重要作用。主要以提斯（Teece，1992，1997）、切萨布鲁夫（Chesbrough，2002，2003，2006）等为代表。

（3）商业模式创新流派，认为继技术创新、产品创新、服务创新之后，商业模式创新是影响企业竞争优势的重要因素。这个流派以米切尔（Mitch-ell，2004a，2004b）、马哈德文（Mahadeven，2004）、施韦泽（Schweizer，2005）为代表。

（4）一般商业模式流派试图从理论上对上述各个流派所用的商业模式进行定义，试图达成关于商业模式的研究共识。主要以奥斯特瓦尔德（Os-terwalder，2002，2004，2005，2007）等为代表。无论哪个流派，他们对商业模式的研究主要集中在商业模式的定义、组成部分、结构关系、典型模式以及动态发展等方面。

在商业模式发展的早期，由于对商业模式的定义尚未取得共识，大部分研究都在揭示具体的商业模式类型，其中电子商务流派的研究成果尤为显著。电子商务流派聚焦于探讨网络条件下，尤其是互联网条件下出现的做生意的新方式。雷波特和斯维奥克拉（Rayport & Sviokla，1995）揭示了网络条件下的新经济特征：一是信息资产不像实物资产在使用中损耗，而可以极低成本进行大规模复制；二是企业能通过信息网络为广大客户提供产品或服务，形成新的经济规模；三是企业能为跨行业、跨地域的客户提供产品，产生新的范围经济；四是传输成本大大降低；五是供需发生转换，从供应方主导迅速转变为需求方主导。

夏皮罗和瓦里安（Shapiro & Varian，2000）从经济学角度总结了网络经济下的新规律：一是信息产品高生产成本、低复制成本或零复制成本；二是网络外部性，信息产品或服务的效用随着用户增加而急速上升；三是转换成本，包括学习成本、固定投资、外部效用等；四是锁定效应，由于上述因素存在，导致用户可能被锁定在效应较劣的产品或者服务上。埃米和佐托（Ami & Zott, 2001）分析归纳电子商务的四大价值创造来源：一是效率，即电子商务能通过降低搜寻成本、增加选择范围、增强信息对称、简洁、速度、规模经济等提高效率；二是互补性，电子商务能通过增强产品和服务、线上和线下、不同技术之间、不同活动之间的互补性创造价值；三是新颖性，电子商务能创造新的交易结构、新的交易内容、新的参与者等创新性价值；四是锁定效应，电子商务能通过增加转换成本、正向网络效应等将顾客锁定而创造价值。在此基础上，他们认为，现有的创业理论或战略理论都不能很好地解释电子商务的价值创造，因此有必要引入商业模式的概念作为网络经济下企业价值研究的焦点，并认为商业模式揭示了企业为利用机会创造价值而对其交易内容、结构和治理的设计。蒂默斯（Timmers, 1998）总结了互联网条件下出现的一种新商业模式，分别为电子商店、电子采购、电子商城、电子拍卖、价值链服务提供商、价值链整合者、信息掮客、信任服务商、虚拟社区、合作平台、第三方市场，从功能整合程度和业务创新程度两个维度进行分类，认为电子商店、电子采购、电子商城、电子拍卖等是属于用互联网手段替代传统模式的、功能较简单的、创新程度较低的商业模式，而虚拟社区、合作平台、第三方市场等商业模式是新出现的、创新程度较高的、功能整合度较强的现代商业模式。

马哈德万（Mahadevan, 2000）为基于互联网的电子商务提供了一个分析框架，将基于互联网的市场结构分为三种：一是端口，指电子商务企业作为连接消费者和生产者信息的环节，起到信息沟通的作用；二是市场创造者，指电子商务企业打造交易平台，为消费者和生产者的交易过程提供服务；三是产品或服务提供者，指产品或服务提供商通过互联网为消费者提供产品或服务。他将商业模式模块分为三个：一是价值流，指电子商务企业为消费者和生产者产生的价值，具体包括虚拟社区、交易成本降低、信息不对称、市场创造等；二是收入流，指电子商务获取收入的途径，具体包括收益递增、网上销售、广告、定价策略等；三是物流，指电子商务中物流的形态，包括削减中间环节、信息掮客等。从市场结构和商业模式模块这两个分析维度，就可以将基于互联网的电子商务商业模式分析清楚。

　　与电子商务流派相比较，其他研究者对传统企业商业模式的具体形态，包括行业的典型商业模式进行了总结与分析。店铺模式（shopkeeper model）被认为是最古老也是最基本的商业模式；饵与钩（bait and hook）或称剃刀与刀片（razor and blades）模式出现在 20 世纪早期年代；在 20 世纪 50 年代，新的商业模式是由麦当劳和丰田汽车创造的；20 世纪 60 年代的创新者则是沃尔玛和混合式超市，指超市和仓储式销售合二为一的超级商场，到了 20 世纪 70 年代，新的商业模式则出现在快递和玩具商店的经营业态；20 世纪 80 年代是百仕达（Blocke buster）、家得宝（Home Deport）、英特尔（Intel）和戴尔（Dell）；20 世纪 90 年代则是西南航空、网飞（Netflix）、易贝（eBay）、亚马逊（Amazon）、星巴克（Starbucks）。总之，商业模式描述了一个企业如何与外部合作伙伴一起，通过生产产品或者服务，向目标顾客提供产品或者服务而实现其价值主张，并获得利润的整个过程。

　　目前获得普遍认可的商业模式的定义有三个：一是约翰逊（Johnson，2010）将商业模式定义为代表着特定企业为客户和自身创造价值、传递价值；二是切萨布鲁（Chesbrough，2010）将商业模式描述为一种用来把商业构想和科技与经济产出联系起来的有用框架，商业模式的核心包括价值创造和价值获取两个重要部分；三是奥斯特瓦尔德和皮尼厄（Osterwalder & Pigneur，2010）认为，商业模式是企业如何创造价值、传递价值和获取价值的原理。

　　商业模式的两个基本作用是价值创造与价值获取，虽然理论界和企业界尚未对商业模式的功能内涵和表现特征这样的基础理论问题达成一致意见，但目前已形成的认识和判断可为有关商业模式功能的研究提供较为系统的支撑。

　　从商业模式的分类来看，原磊（2008）对现有商业模式定义做出的经济类、运营类、战略类和整合类划分：经济类定义和战略类定义实际上是从商业模式有关价值获取逻辑的外部功能角度进行定义的；运营类定义是从有关企业内部建设（包括内部流程和基本构造）价值创造的内部功能角度来对商业模式进行定义的；整合类定义则是从内部、外部功能相结合的角度对商业模式进行定义的。另外也有学者对商业模式定义做出系统、盈利、企业运作和价值创造的分类，盈利视角是从外部功能对商业模式的定义，企业运作和价值创造的视角是从内部功能对商业模式的定义，而系统则是从外部功能和内部功能两个方面对商业模式的定义。因此对商业模式功能的认识，可以从内部和外部两个方面进行分析归纳，内部视角侧重顾客价值创造，而外部视角则侧重企业价值获取。

要素是整体的组成部分，要素按照一定的秩序进行排列和作用，构成了模式的基本结构。根据整体与部分的哲学理论，整体的功能并不是简单地等于各部分即要素功能的加总，它可能远大于或远小于各部分功能之和。然而决定整体功能的重要因素是部分的结构，结构是一切功能的内在根源，是隐藏着的规则总体和逻辑关系。商业模式作为一个管理概念，人们追逐的是他们对商业模式的功能效应，而不是概念本身。虽然是要素和要素结构决定功能，但在商业模式的研究中，商业模式的功能效应是确定的，结构是可以再调整和设计的。

第三节　商业模式的经济学原理

从已有文献看，国内外研究文献在解释商业模式内涵的过程中，均存在一个共同落脚点，即企业组织变革、价值链重构等活动的最终目的是获得超额利润或利润最大化。商业模式创新的内在动力实质上是企业对经济租金的追求，特别是创新租金的追求（Gambardella & McGahan，2010；Onetti，2010）。因此，从某种意义上讲，商业模式的产生与创新完全可以用企业经济租金理论来解释（陈翔，2004）。

彭罗斯（Penrose，1959）通过对单个企业成长过程的系统分析后提出企业经济租金的概念。企业经济租金的提出突破了传统经济理论将企业视为黑箱的限制，进一步明确企业成长过程需要重视企业固有的、能够拓展其生产机会的知识积累，特定的经济、知识和经验，以及可能帮助企业节约稀缺的决策资源，进而获得经济租金。在此之后，纳尔逊和温特（Nelson & Winter，1982）、巴米（Bamey，1991）、登扎和诺斯（Denzau & North，1994）等学者分别从企业经济租金的资源基础、实现途径等角度对企业经济租金进行了系统分析。罗珉（2005）在综合了国内外相关研究成果后发现，企业经济租金实际上是企业所创造的总收益在支付所有成员的参与约束条件后的剩余。企业往往通过转变商业模式、参与市场竞争等行为寻求和获取企业经济租金，实质上是一种具有很强目的性地寻求和获取企业经济租金的理性行动（Coff，2010；Garnaut，2010）。可见企业经济租金是一种剩余，它是指超过要素机会成本的部分，企业往往为了获得更多的剩余而不断追求商业模式的创新。一般而言，企业获得剩余的途径有两条：一方面，可以对企业运营环节效率进行提升，降低企业运行成本；另一方面，通过企业价值体系的重构，进一步拓展利润空间。

一、企业经济租金的实质

经济学意义上的企业经济租金（rent of enterprise）是指企业所创造的总收益在支付了所有成员的参与约束条件（participation constraint）后的剩余，简而言之是企业总收益减去各要素参与企业的机会成本收益（即其在市场中的个体收益）的总和。杨瑞龙和杨其静（2001）将企业经济租金界定为企业总收益在支付所有成员的保留收入（即满足其参与约束条件）之后的剩余，相当于经济学中的超额利润或净利润。他们认为，企业的本质在于企业经济租金的创造与分配，在数量上等同于企业新创造的全部价值。美国斯坦福大学经济学教授青木昌彦（Aoki，1984）将其称为组织租金（organizational rent），相当于增值会计（value added accounting）中所计算的净增值（net value added）。因而在经济生活中，无论怎样理解和定义这种超额利润或租金，它都是客观存在的，企业参与市场竞争是一种以寻求和获取企业经济租金为目的的普遍现象，可以说企业追求经济租金是市场经济制度特别是微观经济制度的精髓。

从交易成本的视角看，新制度学派的代表人物科斯（Coase，1937）发表的著名论文《企业的性质》中指出企业最显著的特征是价格机制的替代物。他认为企业和市场是两种不同但又可以相互替代的交易制度，市场的交易是由价格机制来协调的，而企业的存在将许多原属于市场的交易内化。科斯明确指出，通过形成一个组织，并运用某些权力指导资源的运用，就可以节省某些市场成本。在科斯看来，以价格机制构成的市场中的每一次交易都需要花费一定的成本，企业的组织管理也需要成本，当企业的组织管理成本低于市场交易成本时，人们就会以企业来替代一部分市场，认为在制定、执行以及监督契约的过程中，都需要发生一定的成本，这就会产生所谓的交易成本。企业这种特殊的组织形式之所以能够出现，可以解释的原因在于它作为一种替代机制，在一定规模下可以经由市场机制节约交易成本。由于交易成本的存在，企业虽然具有不断扩大规模的倾向，但最多只能扩大到由于规模扩大所增加的组织成本等于市场上的交易成本之时。从这个基本观点出发，交易成本理论强调在组织战略设计中应当能减少企业的交易成本。

可以发现交易成本理论隐含的一个假定，那就是认为企业资源是同质的、可转移的。交易成本理论认为，企业的存在是因为它可以节约交易成本（transaction-costs）。而企业经济租金理论则是完全不同的看法，企业经济租金理论强调，企业存在的实质是一种有目的地寻求和获取企业经济租金的理性行动。交易成本理论所说的交易是纯粹市场意义上的交易，它反映的仅仅是企业外部的市场交易关系，突出的是专业化生产世界中交换的意义；在交易成本的概念下，市场上不同的要素所有者之间的资源、资产、能力和利益差别被抽象掉，被极其简单地作为同质性的生产要素来进行处理。企业内部要素所有者之间的资源、资产、能力和交易关系更被抽象掉，他们之间的关系完全由技术因素所决定。由此，商业模式、组织结构和制度安排这些根本性的问题就被黑箱化了，企业资源、资产、能力、商业模式创新、企业战略变革、组织结构和制度结构等诸多要素的组织方式问题被忽略，当然也就不能够充分地说明企业经济租金或超额利润的来源。新制度经济学一方面强调了制度的重要性，并把制度作为其主要的研究对象；另一方面，忽视了另一种微观制度的重要性，这个制度就是企业选择的某种商业模式。

但是，在实际的经济生活中，企业资源和企业能力是异质的，企业战略的设计、选择和商业模式的创新是企业寻求和获取企业经济租金的一种手段，追求经济租金是商业模式创新的核心。科斯的替代逻辑并不能充分说明企业存在的实质和企业参与市场竞争的目的，这主要存在着两个方面的问题。

一是交易成本或许是企业存在的一个必要条件，但绝不是一个充要条件。科斯交易成本理论的最大问题在于企业的生产经营特征被忽视或被排除了，因此，交易成本理论并不能够解释企业商业模式创新。美国经济学家迪屈奇（Dietrich，1994）认为，公司的核心是生产和经营活动，这一核心是实在的活动，它有别于构成经济管理活动的两个外圈。为达到生产—经营目标显然需要特定的投入，同时投入必须加以组织，这种为了促进生产——经营目标而对人力和非人力投入进行的组织，乃是任何公司的特征。他认为交易成本理论隐含着交易效率不变的假定，忽视了企业效益观念，他强调应当超越交易成本，不仅从成本，更应当从效益角度动态地分析和理解企业。在这个意义上，企业的存在可以在某种程度上节约交易成本，但不能因此就认为交易成本是企业存在的唯一目的，交易成本是企业存在的必要而非充要条件。

　　二是交易成本理论遗漏了一些更为重要的企业性质。由于市场分工的不完备，企业还存在着一项重要的功能——弥补市场分工的不完备性。企业商业模式创新与市场分工是互为推进关系的，企业商业模式的创新推动了市场分工，而市场分工的进一步加强，又反过来催生了企业商业模式的创新。

　　埃默里大学管理学教授马卡多克（Makadok，2001）认为，企业经济租金提出了三种获取超额利润的解释：一是基于受到保护的市场势力而产生的垄断租金；二是凭借企业拥有特异资源产生的李嘉图租金；三是依靠企业动态创新能力的熊彼特租金。沃顿商学院教授肖马克（Schoemaker，1990）认为，企业经济租金的最本质内涵是指具有有限供给特点的资源所产生的超平均收益。企业经济租金是一个剩余的概念，它是指超过要素机会成本的部分，按照企业经济租金的理论解释，企业之所以存在，是因为在不完全市场（imperfect market）条件下的要素提供者可以通过加入企业组织，获取比市场上其他要素提供者更高的收益，或者说是获得了超额收益，某个企业所在的产业在既有制度的影响下，交易成本的节约在某种程度上是一定的或者说是有上限的；而企业所获取的经济租金在某种程度上是没有上限的，反而会因为要素资源价值的不断提升而被持续地创造出来，且在形式上是多样的。

　　在不完全市场条件下，单个企业被视为一个异质性资源（heterogeneous resource）的结合体，这种异质性可以使单个企业的要素价值被激发出来，并使企业整体价值获得一种市场溢价（market appreciation）。这种异质性资源使单个企业的要素价值被激发出来的过程称为租金的搜寻和选择过程（seek and selection process），所获得的企业整体的市场溢价就是企业的经济租金。在这里可以看到，异质性资源是企业经济租金最本质的东西，类似生物体中的碱基（DNA），而企业的各种业务能力要素是产生租金差异的关键因素，类似生物学中的基因（gene），正如埃里克森和艾米特（Eriksen &

Amit，1996）所说，租金概念包含了资源稀缺和生产能力差异的内容。

英国经济学家彭罗斯（Penrose，1959）认为，企业在传统经济理论中被看作黑箱（black boxes）。彭罗斯的研究更专注于单个企业的成长过程的研究，她用所谓的不折不扣的理论来描述企业的这一成长过程。她认为以企业内在成长来分析企业，特别是要重视企业固有的、能够拓展其生产机会的知识积累倾向，企业的显著特征在于根植于企业中的知识，企业的生产活动受制于所谓的企业的生产机会，它包括企业所能预见的所有的生产可能性以及能够利用的可能性，很显然这些可能性被限制在一定的范围内，一旦超出了这个范围，企业将无法预见扩大的机会或不愿按这种可能性做出反应。彭罗斯还认为，以特定的经济、知识和经验为多种问题寻求答案的优势在于单个决策者能够节约稀缺的决策资源。

实际上，正是企业内部的资源和能力构成了企业获取经济租金的坚实基础，这种内部资源和能力形成的经济租金可以称为彭罗斯租金（penrose rent）。她强调应将企业能力归于资源的最优配置和使用，企业不仅是一个管理单元，还是一个具有不同用途、随着时间的推移由管理决策决定的生产性资源的集合体。彭罗斯的贡献在于，她深入分析了作为企业成长基础的企业资源和能力的突出特征和功能，并把资源和能力看作是企业获得经济租金和保持竞争优势的源泉。

新制度经济学也认识到应当从认知、学习与制度的结合方面来研究交易成本，因而也从认知能力上探索了交易成本的内生化问题。如果参与人的认知能力是异质的和有限的，在交易过程中必然出现知识的交流和积累过程，这一过程本身就是交易成本的来源过程，同时也是企业商业模式的创新过程。登佐和诺斯（Denzau & North，1994）认为，当事人认知与环境之间是一个互动过程，这是一个心智模式（mental models）的调节过程和学习过程。威廉姆森（Williamson，2000）认为，认知分工和专业化是降低社会交往过程中交易成本的基础。企业针对经济环境的不断变化，参与人通过现有的反馈系统认可，调试和修正自己的认知模式，并在过程学习机制中积累知识，通过交流机制传播知识，进而形成了商业模式的创新，交易成本也就内生化了。企业经济租金理论的实质是必须假设企业组织的资源是异质的和不可转移的，并认为有效的资源配置、开发和保护是取得超常业绩的必由之路。

企业内部的资源有多种，但并非所有资源都可以成为企业竞争优势或获取高额企业经济租金的来源。比如，一些资源可以直接从市场上买到，而且在一个完全的市场或一个竞争较为充分的市场上，它的价格和它的价值趋于一致，因此不可能产生经济租金。所以这些资源必须是稀缺的、不可转移的、不能被完全模仿的，是其他资源所不能替代的。从这个意义上说，企业商业模式，可以是在公开市场获取的竞争性要素（包括人力资本和非人力资本）的基础上经过嬗变而形成的一种企业组织资本和社会资本的结合物，但是这个结合物却是非竞争性的，是完全不能在公开市场上获得的。朗格罗伊斯（Langlois，1995）把企业的生产要素划分为两类：竞争性要素和非竞争性要素。所谓的竞争性要素，是可以在公开市场获取的生产要素；而非竞争性要素是完全不能在公开市场获得的生产要素。这样就可以把企业商业模式视为非竞争性要素来解释企业资源、能力的异质性、不可转移性和竞争优势与长期的租金来源之间的内在联系。

二、商业模式中的企业经济租金

古典经济学认为，一般的企业市场行为是在技术和其他条件不变的情况下，企业作为生产某种产品或劳务的供应者将在某一时点提供这些产品或劳务给需要它们的需求者，即家庭和个人，此时市场上的意愿供给等于意愿需求，达到这一状态称为市场出清（market clearing）。在产品或劳务市场中供求双方达成市场出清的状态时，产品或劳务的租金变成企业的利润水平。在企业作为生产厂商对生产要素或投入的需求，以及家庭和个人作为要素供应者的情况下，相应的市场出清亦会在要素市场上出现，这样一来市场出清构成了市场均衡（market equilibrium）。无论是产品市场还是要素市场，都在理论上存在着市场均衡，这时供求双方的利润均可以在边际成本等于边际收益的条件下实现最大化。

在充分完全竞争的市场结构中，如果考虑到其他市场和产品市场上的互替和互补现象等，就会存在所谓的整个经济体系能够实现均衡状态下的帕累托最优（pareto optimality）。法籍意大利经济学家帕累托（Pareto，1906）注意到，市场中的两个主体只有在双方通过交换均受益时才会发生交易，若一方获利而另一方受损，则交易不会产生。若双方不能自主自愿地进行交易，在这些主体之间再分配资源的任何努力都将改善一方的福利而恶化另一方的处境，所以允许市场存在自由交换的经济将达到帕累托最优状态。帕累托最优结果是指要增加一个主体的经济租金就必须减少其他主体的经济租金的状态。因而所有的市场主体都彻底地得到改善是不可能的，帕累托最优状态就成为市场的最佳选择，相应地企业这时得到的租金可称为帕累托租金（Pareto rent，简称 P 租金）。

帕累托租金是在一种完全竞争的理想状态下的企业租金水平，市场均衡只是一个静态的概念，通常价格围绕着均衡点波动，市场一直处于非均衡状态，即使有均衡的状态，也只是在某一时点上出现。现实的产业市场结构并非均质的，而是异质（heterogeneous）的情况，市场结构不同，企业经济租金的实现结果也就随之不同。在市场失衡（market disequilibrium）的情况下，各种经济租金的实现结果将会有所不同，而这一原因才是企业进行商业模式创新的动力所在。古典经济学完全竞争模型假定消费者与生产者之间的信息是充分的，如果稍微放松一下这种完全竞争的极端假设，就能看到经济租金存在的合理解释。奈特（Knight，1921）的首要贡献是区分了风险与不确定性（risk and uncertainty）。风险是指那些属于已知或可知其概率分布的事情，不确定性则是指那些不可能确切知道概率数值的事件。奈特认为消除了完全信息的假设，不确定因素就成为经济活动的一部分，正是因为这种不确定性才产生了经济租金。如果运用概率微积分可以表示现实世界的特征，可以在某种确信程度上推论未来会是什么样，预测未来事件的确信程度是衡量过去事件再次发生的可能性的方法，如果能够完全准确地做到这一点，就不存在不确定性。只有当不能准确确定某一事件发生的可能性时，不确定性才存在。将这个概念与风险对照起来看，后者只有在能对其发生的可能性确定一个概率时才存在，因而风险是可以测量的不确定性，可以用保险来抵消。奈特认为，风险与不确定性之间的现实区别是：对前者而言，一组事件的结果分布是已知的（无论是通过计算、统计或是过去的经验），而在不确定性的情况下就不是这样，原因在于根本就不能确定一组事件，因为要应对的情况是独一无二的。区分风险和不确定性的意义在于认识理想的市场假设模型与现实的经济活动之间的差别，实际上经济学家们所做的假设有助于认识和学习经济运行的规律，是一种研究和认识的方法，但不可以就此认为这是市场的客观现状，企业运行的微观层面比假设的情况复杂得多，如果再考虑到技术、制度及其他条件变化的影响，不确定因素就成为经济活动中的常见现象。

不同市场结构下的企业租金水平和形式有所不同。在完全垄断、寡头垄断和垄断竞争市场结构条件下，供求双方的剩余和完全竞争条件下的剩余是有差别的，存在以下几种情况。

其一，决定企业存在以及市场行为的因素，除了竞争这一既定的制度因素外，还有企业拥有的其他企业或者竞争对手没有的知识和生产要素。这些知识和生产要素在自然状态下亦称为资源的异质性，它们决定着企业之间的不同市场状态，这种要素或资源的异质性也说明企业的资源禀赋（endowment）不同。因而企业经济租金的差异就是企业的不同资源禀赋以及竞争的产物，资源禀赋程度不同导致资源的供给程度不同，而这样的资源供给产生的经济租金形式，一般称为异质性资源的李嘉图租金（richardian rents，简称 R 租金）。李嘉图租金可以说是由于短期内资源供给所带来的经济租金，李嘉图租金的创造可以看成是企业组织拥有独特资源要素的结果，这种独特资源要素往往是同时具备有价值、稀有和不可替代三项特质（Peteraf，1993）。

其二，在不完全竞争市场结构（imperfect market）条件下，市场共性是消费者剩余（consumer surplus）小于完全竞争条件下相应的消费者剩余，因为消费者的剩余需求曲线在这三种结构中，弹性都变小，从而需求曲线更加陡峭，消费者不得不在产品市场上不同程度地成为价格的接受者（price-taker），而不是制定者。自然，企业（厂商）的剩余（producer surplus）增大。这种因为改变消费者剩余需求曲线而增大的企业（厂商）剩余，被看作是加强企业市场力量（market power）的结果，是企业努力产生的效果，相应地这种剩余形成的租金水平，称为垄断租金（monopolistic rents，简称 M 租金）。站在厂商角度看，垄断租金的形成是企业在产品市场上拥有较强市场势力的结果，这种市场势力来源于厂商在产品市场上获得的竞争优势。

这种竞争优势分为两种情况：一是产品市场本身存在着较高的进入壁垒（entry barrier），使潜在的进入者无法或很难进入，由此形成某个时点上该产品供给的不足，使该厂商拥有相对于潜在进入者的竞争优势和市场地位，该厂商就可以获得超额利润；二是厂商凭借着独特而又难于模仿的市场定位，使该厂商创造出差异性的战略产业要素（strategic industry factors），拥有先赋性的优越的市场竞争地位，获得超过现有竞争对手的竞争优势，由此获得了超额利润（Raphael & Paul，1993）。在另一种情况下，即完全的寡头垄断，或在卖方寡头（厂商）之间形成的价格卡特尔垄断联盟（cartel alliance）出现时，这种垄断租金也就演化为张伯伦经济租金（chamberlin rent，简称 C 租金）。

张伯伦经济租金是在 20 世纪 30 年代由美国经济学家、芝加哥大学教授张伯伦和英国经济学家、伦敦经济学院教授罗宾逊同时提出的，他们分别用不完全竞争模式（imperfect competition model）和垄断竞争模式（monopolistic competition model）证明了这种租金的存在。张伯伦和罗宾逊都认为，垄断者将最大限度地扩大他的短期利润，由于只有在销售价格与成本价格差距最大的时候利润最大。因此，在垄断者特定的需求曲线上，有一个利润最大化的价格和产量，为了获取这个最大化利润，卖方寡头之间往往通过价格上的战略协同或协同行动（concerted practices）来获取这个经济租金，这个租金就被称为张伯伦经济租金。

企业在进行商业模式创新过程中，其企业经济租金的获得并不是单纯依靠垄断要素或特许经营而建立起来的竞争优势和市场地位，而是通过贴近市场需求的变革，或者依托市场环境的变化而营造较高的市场经济门槛，从而获得相对忠诚的市场需求。这种情况在网络经济背景下的竞争市场表现得更为充分，企业往往通过创造性破坏的创新方式来动摇现有优势企业的竞争优势地位，并获得经济租金。熊彼得（Schmpeter，1942）认为，企业经济租金反映了企业对竞争这种客观存在的市场行为的回应方式，他把竞争视为一种创造性破坏的过程（a process of creative destruction）。他认为通过模仿行为，企业的垄断租金（M 租金）水平可能还会提高，企业必须考虑对包括组织形式在内的五个生产要素方面的重新组合。通过要素的重新组合，企业可以赚取来源于比较利益的李嘉图租金（R 租金），也可以获取凭借着企业的市场力量的垄断租金（M 租金）和来源于卖方寡头之间战略协同的张伯伦租金（C 租金），而企业经营方面的创新进一步扩大了 M 租金，提高企业扩大生产的积极性。与一般意义的 M 租金不同的是，熊彼特主张通过新商业、新技术、新供应源和新的组织模式的创新来获得企业经济租金，即熊彼特租金（schumpeterian rents，简称 S 租金）。一般来说，企业是通过创造性破坏（creative destruction）或创新打破现有优势企业的竞争优势来获得这种租金的。因此，这种租金也可以说是由于企业家的创新而产生的经济租金，因而也称为企业家租金（entrepreneurial rents，简称 E 租金）。

在企业经营的实践中，S 租金或 E 租金主要通过在一个不确定性很高或者非常复杂的环境中承担风险和形成独创性的洞察力来获得。S 租金或 E 租金根源于企业家所具有的知识、对市场敏锐的洞察力、勇于承担风险和创新精神，包括发现市场和识别市场机会的市场知识、开发新产品满足市场需求的科研开发能力、将企业家个人独创性的洞察力和创新整合到新产品中去的能力、将企业生产的知识产品推向市场，以及传播知识的能力，这些知识和创新精神的组合就构成了企业的核心竞争能力（core competency）。

企业经济租金理论强调，企业参与市场竞争本身是一种有目的地寻求和获取企业经济租金的理性行动。企业经济租金提出了三种获取超额利润的解释：一是基于受到保护的市场势力而产生的垄断租金；二是凭借企业拥有特异资源产生的李嘉图租金；三是依靠企业动态创新能力的熊彼特租金。企业经济租金是一个剩余的概念，它是指超过要素机会成本的部分。按照企业经济租金的理论解释，企业之所以存在是因为在不完全市场条件下的要素提供者可以通过加入企业组织，获取比市场上其他要素提供者更高的收益，或者说是获得了"超额收益"。从这个角度看，交易成本的节约在某种程度上是可以穷尽的，而企业所获取的经济租金在某种程度上是没有上限的，经济租金会因为要素资源值的不断提升而被持续地创造出来。

企业在寻租中离不开人的主观活动，企业在追求各种租金的同时，与此对应的在组织内部也有追求租金的行为，即企业家和经理层进行商业模式创新的各种行为，这些行为一方面使企业获得了超额的组织租金；另一方面，也使作为内部人的企业家和经理层获得了超额的个体租金，这种个体租金表现为一种剩余控制权。商业模式在创立、维护、发展和变革的运动中同时存在组织租金和个体租金两种形式，企业家和经理层带领企业寻租的目的与他们做大剩余控制权的目的可以是一致的，因而企业组织本身无论有多大多小，其经营的目的不是组织本身，而是创立、维护、发展其运作的商业模式，组织是实现模式的结构性载体，这一运动的驱动在于企业参与商业模式创新的各方均可能以不同形式获得更大的剩余。

李嘉图租金是市场均衡状态下由企业现有的静态资源和能力差异的比较优势所决定的，这种比较优势往往是指企业所具备供给刚性的要素或资源，它一般来说较为稳定。因此这种比较优势是一种静态意义的比较优势；而熊彼特租金或企业家租金主要是通过在一个非均衡状态下承担风险和对不确定性的独有洞察力来获得的，但由于企业经营创新的可模仿性比较容易耗散，从而呈现出不稳定状态。从动态角度看，随着技术进步和企业外部的法律、政策环境的变化，原来构成李嘉图租金的资源和能力的比较优势与比较利益、构成垄断租金的市场力量和构成张伯伦租金的卖方寡头之间的战略协同，都会发生变化，甚至可能会全部或部分消失，而只有熊彼特租金或企业家租金可以通过不断地创新而维持下来。这是因为熊彼特租金或企业家租金来源于企业家利用隐性知识创造新知识的动态能力差异，这种能力差异本身就是生成的、演化的和处于不断变化过程之中的。从进一步的分析中发现，熊彼特租金或企业家租金来源于非均衡市场状态下的信息不对称（asymmetry of information）。非均衡状态可以被描述为一部分潜在市场参与者处于相互无知的状况，这种相互无知体现为信息的分散化和信息的不对称。正是由于相互无知才决定了那些未被发掘的，但对经济当事人有利的市场机会的存在，而这种机会不能持久地存在下去，它迟早会被发现。新奥地利经济学最重要的代表人物哈耶克（Hayek，1935）强调了市场信息的不完全和不对称性，他提出没有人（包括政府在内）是全知的，他只拥有与自身紧密相关的人或事物的不完全的知识。

从更深层次上讲，社会分工的演进进一步导致了信息的分散化（deconcentration of information）和信息的不对称，也说明了在市场中存在着还没有被企业发现的市场需求。这种市场需求反映了企业的确存在获取超额利润的机会，但并不能说明企业商业模式与它存在着完全的对应关系。市场需求对企业商业模式的创新而言，仅仅是外因而不是内因。推动企业商业模式创新的内因是企业的知识能力或能力要素，它们来自企业家和员工所具有的隐性知识、私人信息以及能力，这些知识能力或能力资源表现为企业隐性知识的转移能力、知识整合能力、知识的配置能力、技术能力、产品生产和产品整合能力、市场的开拓能力和产品技术标准、专有技术等的开发和运用能力。因此，商业模式的创新实质上是一种基于信息不对称下的企业家的机会主义行为，它可以使每一个市场参与者都能够有机会来打破现有优势企业的竞争优势，获取和创造出一种新的经济租金。企业组织的环境越是处于变化中，市场信息就越不对称，也就越有可能产生熊彼特租金或企业家租金。

国内学者罗珉（2003）发现，企业中存在着一种特别的经济租金，可以称为 L 租金，它是由企业及其员工系统地运用既有知识创造新知识所获得的一种经济租金。这种新的知识能力或能力要素是一种隐性知识，具有不可模仿、不易转移的特征。当然在 L 租金的获取过程中，隐性知识的转移、整合和配置起到直接的决定作用，企业已有的知识积累和企业在特定行业或产品领域中的经验也非常重要。可以这样说，L 租金是对彭罗斯租金和熊彼特租金的进一步发掘，它说明企业是知识的集合体，知识决定了企业的竞争力和效率。

三、基于边际收益递增的商业模式

边际收益（marginal revenue）是指增加单位产品的销售所增加的收益，即最后单位产品的售出所取得的收益，它可以是正值或负值，是厂商分析中的重要概念。利润最大化的一个必要条件是边际收益等于边际成本，此时边际利润等于零，达到利润最大化。在完全竞争条件下，任何厂商的产量变化都不会影响价格水平，需求弹性对个别厂商来说是无限的，总收益随销售量增加同比例增加，边际收益等于平均收益，等于价格。边际收益递增是指在知识依赖型经济中，随着知识与技术要素投入的增加，产出越多，生产者的收益呈递增趋势明显。这一规律以知识经济为背景，在知识依赖型经济中生产要素简化成知识性投入和其他物质性投入。

（一）边际收益递增的表现

按照经典经济学原理，传统生产要素一般都遵循边际收益递减规律。但在网络经济环境下，网络具有趋于无限的信息容量，可以积累大量信息资源，形成信息丰富的信息库，从而为经济决策的最优提供了可能，同时网络可使信息的共享与整合加快（吴杨君，2002）。随着网络技术的发展，知识、信息逐渐被纳入新的生产函数中去，并成为经济增长的内生变量，传统的边际收益递减规律便发生了根本变化。知识作为一种特殊的生产要素，它在生产过程中具有递增的边际生产力。在网络环境下，知识、信息等要素不同于其他普通要素或商品，它既不属于传统的私人产品，也不属于公共品，而是介于两者之间的非竞争性的、部分排他性的产品。一方面，知识、信息不能享有完全的专利和保密，一个厂商创造的新知识对其他厂商的生产具有正的外在性，使作为知识存量和其他投入函数的消费品生产具有递增收益。另一方面，随着知识、信息的运用，更多知识会在干中学中被创造或积累，以便产出更大的效率（纪玉山，2000）。可见知识不仅自身具有收益递增的特点，还会使资本和劳动等要素的收益呈现递增的特征，并改变各要素在生产过程中的结合方式，生产出更多新的产品和服务，产生出一个收益递增的增长模式，从而使经济具有持续增长的能力。

企业拓展中的梅特卡夫法则催生了规模经济和网络经济，改变了企业追求企业租金的外部环境与条件，企业实现规模经济的方式发生转变，表现出不同于工业经济时代的新特点。网络经济中，企业规模与企业经济效益之间的关系、企业规模经济的类型和实现途径等方面产生了新的变化。如果说工业经济时代的规模经济主要来自资产专用性和生产技术的不可分割性，那么在网络经济条件下，由于经济的知识化、信息化和网络化发展，在网络这个巨大的信息平台上，人们可以在很大程度上非竞争、非排他地浏览和使用信息，信息学习及扩散的成本远低于产生的成本，因而有其规模经济（张永林，2003）。换句话说，网络新增加一个网络信息源，也就是增加了一个网络的节点，对于这个节点来说，这个节点本身的价值并没有变化，计算机还是那个计算机，但是这个节点的增加却使整个网络价值拥有者可以从更多的计算机上获取信息，可以和更多的人交流信息。

随着网络信息平台中参与者的增多，网络的规模经济价值就会呈现出几何指数增长。在网络经济条件下，企业所提供的知识型产品具有显著的规模经济性，即使初始固定资产投资成本很高，但随着产品产量的增加而追加的变动成本却很小。例如，开发一个复杂的软件系统需要巨额成本，而多制作一张存有该软件的光盘所追加的成本却微乎其微，产品的平均成本呈递减之势。其结果很可能是一家企业不论规模大小都有可能获得显著的规模经济效应，甚至能在本地区、本行业成为唯一的某种产品的供应者或垄断者。

随着企业外部市场需求的变化，企业在市场竞争中寻求规模经济的同时，也往往通过实现范围经济来获得竞争优势（Panzar & Willig, 1981; Nayyar, 1993）。按照经典经济学原理，传统生产要素一般都遵循边际收益递减规律，但在网络经济环境下，网络具有趋于无限的信息容量，可以积累大量信息资源，形成信息丰富的信息库，从而为经济决策的最优提供了可能。随着网络进入人们的生活，个人也可以实现大量、快速、准确的信息传递，个人的信息处理能力辨别、选择、整合消化、有效利用得到极大的提升，也使个性化需求的增长成为可能。在网络经济环境下，市场需求表现出多样化、个性化的发展态势，进行小批量、多品种、多规格的生产逐渐成为企业适应市场需求变化的重要方式。面对这种市场情况，企业想要在市场竞争中胜出，就必须向消费者提供有着更高让渡价值的产品或服务。比如，使产品价格更具竞争力、品质更高、更具差异化、更便利的服务等。由此可见，一方面，随着市场需求多元化、多样性的发展，范围经济逐渐成为企业获得市场竞争力另一个越来越重要的途径。另一方面，网络庞大的信息量使得个人对某一信息的兴趣极易转变，形成注意力经济，企业需要不断进行业务拓展，以进一步吸引消费者的关注。

（二）边际成本递减的表现

在网络经济环境下，企业交易成本构成与传统工业经济下的企业并无本质区别，即包括度量、界定和保证产权等方面的成本，以及提供交易条件的费用，发现交易对象和交易价格的费用等（Williamson，2005）。按照新制度经济学的观点，企业的存在是为了节约市场交易费用（Coase，1937；Williamson，1973），当企业处于网络环境后，它能够在极短时间内迅速完成信息收集、处理、加工和分析等一系列工作，信息资源的收集同物质资源的集聚有机地结合起来，形成了较强的互补效应。这将对企业间和企业内部的交易方式产生巨大影响，将对交易成本产生根本性冲击，进而形成一个全新的企业生存环境。在网络经济环境下，企业主体可以用更低的交易成本完成相同的交易流程，主要基于以下两个方面原因：一是网络技术的出现及广泛应用，极大地突破了时空限制。信息在网上的传送十分迅速，大大缩短了时空差距，进而降低了时空成本。由于企业可以通过网络交换即时信息，且信息传递和复制成本很低，不会产生由于信息传递成本高而无法实施的情况。在此环境下，企业可以广泛且迅速地采集客户数据，制定并实施针对性的营销策略，提供个性化的服务。二是网络技术可以大大降低交易双方的信息不对称程度，提高社会资源的配置效率。企业降低信息的不对称意味着用于搜寻信息的时间、精力和财力将大大减少，社会运行成本也因此降低，社会净剩余进一步增加。

在信息革命的冲击下，企业除了降低与外部沟通、交易的成本之外，内部的运行成本也相应地降低。这主要表现在如下两个方面：一方面，企业内部管理成本的降低，随着网络技术在企业管理中广泛运用，企业内部交流、文件传递等成本相应降低。与此同时，随着办公软件的使用，标准化的程序让单位成本的产出效率更高，这些都会降低企业内部管理成本。另一方面，企业产品的生产具有高固定成本、低复制或运营成本的规模效应特征，使得边际成本降低（常素，2001）。网络成本主要由三部分组成：一是网络建设成本，二是信息传递成本，三是信息的收集、处理和制作成本。由于信息网络可以长期使用，并且其基础建设费用及信息传递成本几乎与入网户数无关（纪玉山，2000），所以信息产品的最大特点是生产的高固定成本、低边际成本，研发、收集或生产第一份信息产品的成本很高，但是其后生产或复制相同的产品的成本很低，甚至可以忽略不计。信息产品的这一特性决定了它可以多次地重复使用或出售，可以通过增加销量来有效减少平均成本。伴随着网络的兴起，信息的运输成本也大为降低，有些产品可以通过互联网络传输，不需要额外的实体运输，这些都导致企业产品的边际成本有降低的趋势。

（三）基于边际收益递增的商业模式的特征

1. 企业形成了网络化的组织架构

传统金字塔式的企业模式存在两个方面的缺陷：一是企业的完整化，它限制了传统企业组织运作资源的能力或资源能力过剩；二是企业的集中化，它限制了企业组织资源整合的范围。两个方面的缺陷使企业组织缺乏应变能力及对自身资源较低的利用效率，在网络经济条件下表现得尤为突出。在网络经济环境下，企业为了适应网络环境、知识竞争和价值创造的需要，需要对传统的以等级制度为基础的组织形式和管理模式进行变革，通过管理流程网络化、办公系统网络化等方式实现了组织网络化。在此过程中，企业组织实现了两个超越，即空间超越和功能与资源能力超越。组织网络化是以企业获取、创造和应用知识为基础，打破内部传统的层阶权力结构和外部与竞争者、供应者、客户以及其他利益相关者交易关系的模式，重构企业的内部权力配置和外部的市场边界，从而使企业真正实现通过创造知识来创造市场价值的目的。在组织网络化的条件下，企业可以迅速达到规模效应，并利用知识、信息的获取与收集实现边际收益递增的效果。

2. 企业拓展采取网络连锁化方式

在组织网络化的背景下，企业可以通过建立综合平台，从全局统筹和管理产品或信息，因而具备在更广范围内实现公司业态的扩张，促进渠道的延伸，以利用规模效应提升企业的影响力和竞争力。零售业的发展体现了这一特点，在网络经济环境下，国际零售商对于地域扩张的态度发生了显著变化，他们更关注是否有机会在该市场占领主要地位，以及能否在中短期内获得最大的投资回报。网络技术下的信息交互和传递方式使企业能够建立网络体系下的连锁业态，形成彼此关联的网络结点，各网络结点通过密集的多边联系、互利和交互式的合作来完成共同的目标。

3. 企业获得了更快速的成长性

在传统的商业模式中，因信息、传递的手段和条件的不同，企业在成长过程中，特别是营销渠道拓展过程中存在着战略规划与实践之间的时间滞后，这样必然让经济活动的速度变缓。当网络融入经济生活中的时候，利用网络可以以接近于实时的速度传递信息，信息运行的时间耗费可以看作零，信息传递零时滞，同时在业态连锁化的背景下，企业的成长呈现快速膨胀的态势。一方面，随着连锁网店的增加，企业规模快速成长，形成了具有网络结构的企业群体，企业规模的快速扩张将有效地提升企业的社会影响力和品牌效应。另一方面，企业价值也呈现出快速增长的态势，随着企业业态向客户群体的渗透，企业可以更开放地直接面对消费者。在此过程中，企业的价值随着连锁结点或消费终端的增加而呈现出几何级数增长，从而强化了企业的竞争优势，也使得企业资本结构、财务杠杆、核心能力、治理结构等方面得到进一步改善，从而促进企业快速成长。

4. 企业可充分利用高流量性价值

在传统的经济流通中，生产商、中间商或批发商、零售商都是不可缺少的环节，在前网络时代，人们的信息交流方式非常有限，在生产者和消费者之间，难以建立起有效的信息传递，消费者不具备单独从生产者处直接购买商品的能力，生产者也不具备向消费者直接提供商品的能力。但在网络经济环境下，由于受到企业规模扩张和边际收益递增的影响，企业在物流、信息流、资金流等方面快速膨胀。因此，企业需要建立一个综合平台来管控、调配和统筹各种要素流动，并在此过程中延伸出新的盈利模式和盈利点，这个过程呈现出流量经济的特征。流量经济是在生产要素稀缺性、生产要素流动性和市场组织形式发生变化的情况下，所形成的以完善要素流动为目的的经济形态。在流量经济中，企业主要通过共享市场平台实现生产要素的自由高速流动，在互动中实现资源最优配置，零售企业综合平台的建设，就是将流量经济的发展内化在企业内部，并通过市场影响力的提升而获得新的盈利点。

课后思考题

1. 请说明什么是"货币面纱论"，其对商业模式的影响有哪些？
2. 举例说明什么是"刀架＋刀片模式"，并说明其商业模式的特点。
3. 淘宝的商业模式有哪些独到之处？
4. 请说明梅特卡夫定律对电子商务商业模式的形成和发展有哪些作用。

商业模式要素模型

❖**学习目标**

1. 掌握商业画布模型，能够利用该模型对商业模式进行分析。
2. 掌握个人商业画布模型，能够利用该模型对个人进行分析和规划。
3. 了解商业模式中常见的要素冲突，并能够提出如何解决冲突。

第一节　商业模式要素相关研究

近些年来，学术界对商业模式的概念性认知逐渐趋同（Amit & Zott，2015；Martins，2015），普遍认同它由交易内容、交易结构与交易治理三大要素构成，是以价值创造为导向的核心企业与利益相关者互动的交易组或活动组（Amit & Zott，2001；Zott & Amit，2010）。

1998～2005年，大量学者针对电子商务企业及一般企业，从不同角度提出各种商业模式要素和结构化表达。汉默（Hamel，2000）提出了商业模式桥接模型，他认为商业模式由顾客界面、核心战略、战略资源、价值网络四个要素构成，这四个要素又由顾客价值、结构配置与企业边界这三座桥梁连接起来，商业模式结构化模型的各要素要靠效率（efficiency）、独特性（uniqueness）、配称（fit）、利润推进器（profit booster）这四个因素来支撑，并通过顾客价值、结构配置和企业边界这三座桥梁的连接作用来发挥效能。佐托和艾米（Zott & Amit，2001）提出了商业模式的运营系统模型，认为商业模式主要包含设计元素和设计主题两个参数，设计元素是商业模式运营系统的构成要素，包括内容、结构和治理三个要素，内容是指运营系统包括哪些环节，结构描述活动之间的联系以及活动，治理则是指对不同参与主体之间关系的治理；设计主题是商业模式价值创造的驱动因素，包括新颖性、锁定、互补性和效率四个主题。其中，新颖性重在采用新内容、改变运营结构或改善治理，锁定是指一种能够提高转换成本或保持第三方作为行动主体的结构设计，互补性是指把运营活动捆绑在一起，而不是任其单独创造价值，而效率则是指降低成本、提高效率。

伊丹和西野（Itami & Nishino，2010）提出商业模式双要素模型，即由盈利模式和业务系统两个要素构成的商业模式表达模型，盈利模式可反映企业通过既有业务来获取盈利，而业务系统则由传递系统和学习系统构成，是企业为了向目标顾客传递自己的产品和服务而设计的系统。奥斯特瓦尔德和皮尼厄（Osterwalder & Pigneur，2004）提出了商业模式 BM2L 模型，认为商业模式是建立在顾客、产品、财务和企业内部管理四大维度共十个构成要素基础之上的，顾客维度主要包括顾客细分、分销渠道、顾客关系三个要素，产品维度主要包括价值主张要素，财务维度包括成本、利润、收入三个要素，而内部管理维度则包括能力、价值结构和合作伙伴三个要素，他们把商业模式理解为企业如何组织和创造价值、传递价值及获取价值的基本原理，认为商业模式是一种包含一系列要素及其关系的概念性工具，可用来阐明某个特定实体的商业逻辑，描述该实体能为顾客提供的价值以及实体的内部结构、合作伙伴网络和关系资本等用以实现价值的逻辑，并产生可持续收入。这个阶段的研究多为静态的、堆砌式的要素罗列，并未过多探讨要素间的逻辑关系。

2005 年后商业模式的研究开始转向要素间的逻辑关系并将其结构化和动态化。约翰逊和克里斯滕森（Johnson & Christensen，2008）认为，商业模式由顾客价值主张、盈利模式、关键资源和关键流程四个相互锁定的要素构成，提出了一个商业模式四要素模型，四要素模型并不是简单罗列商业模式的构成要素，而是指出商业模式构成要素之间的相互锁定关系，暗示了模型中的因果逻辑，并且把顾客价值主张作为商业模式的首要因素和起始点。

德米尔和莱科克（Demil & Lecocq，2010）提出商业模式的 RCOV（revenues-costs-organization-value，RCOV）模型，该模型包括资源与能力组合、价值网或企业边界内的业务组织架构、通过提供产品和服务所表达的价值主张三个基本商业模式构成要素，这三个要素决定商业模式的成本、收入规模和结构以及边界和可持续性，它首次从静态和动态两个角度阐述了商业模式，揭示了商业模式的动态性，商业模式作为一种概念工具可以用来阐明如何在组织内部或对模式本身进行变革和创新。谢弗（Shafer，2005）以一种近似于结构化的方式提出了商业模式的核心逻辑模型，认为商业模式就是一种反映企业家关于因果关系基本假设的核心逻辑，在形式上这种核心逻辑表现为战略选择、价值网络、价值创造和价值获取四个要素。用核心逻辑来强调商业模式的主观性，而不只是强调商业模式的客观结构，商业模式逻辑化表达模型同时强调价值创造和价值获取两个方面，并首次阐明竞争在商业模式中的地位和作用。

第二节　商业画布模型

奥斯特瓦尔德（Osterwalder，2004）在综合各种概念共性的基础上，提出一个包含九个要素的参考模型。这些要素包括：价值主张（value proposition）、消费者目标群体（target customer segments）、分销渠道（distribution channels）、客户关系（customer relationships）、关键业务（key activities）、核心资源（core resource）、合作伙伴网络（partner network）、成本结构（cost structure）、收入模型（revenue model）。同时，他们将商业模式画布定义为一种用来描述商业模式、可视化商业模式、评估商业模式以及改变商业模式的通用语言（Osterwalder & Pigneur，2010）。党的二十大报告提出，"万事万物是相互联系、相互依存的。只有用普遍联系的、全面系统的、发展变化的观点观察事物，才能把握事物发展规律。"[①] 通过对于商业画布模型要素的分析，可以发现不同要素的联系和关系，有利于把握商业模式的基本规律。该分析方法是广泛运用的分析工具之一，但其仍有两点局限：第一，没有意识到利益相关者理论的重要性，很少或几乎没有与企业商业模式相关的组织或个人分析；第二，运用静态的分析框架，将商业模式的影响因素局限在了现有情况下，缺乏变通，导致其他因素对组织商业模式产生的影响无法得到清晰和全面的刻画。

---

① 习近平. 高举中国特色社会主义伟大旗帜 为全面建设社会主义现代化国家而团结奋斗[M]. 北京：人民出版社，2022.

一、价值主张

尽管学者们对商业模式创新的内涵、特征、表达模型及路径构建等方面的理解存在差异，但他们就商业模式创新是围绕如何为顾客和企业自身创造价值这一核心理念达成了统一共识。蒂斯（Teece，2010）指出，除非创新者能够为消费者或使用者提供令人信服的价值主张，并以必要的质量和可接受的价格去满足消费者，否则，创新者就会面临失败，即使是具有颠覆性的、有广泛应用的创新也不例外。阿斯帕拉（Aspara，2010）在研究中证明了以战略价值诉求为核心的商业模式创新可以为企业带来更高的财务绩效，这里的价值诉求指的就是顾客价值主张。尼姆和布林（Nimes & Breene，2011）则指出商业模式创新企业需要洞察顾客需求的变化，发现隐藏的行业竞争曲线和潜在的企业能力曲线，从而提出创新性的顾客价值主张，创造自身所在产业的未来竞争基础。顾客价值主张是企业最重要的组织原则，鲜明、独特、清晰的顾客价值主张是战略的基石，是商业模式创新的前提，是产品营销的利器，也是服务主导逻辑的基本假设，商业模式创新的各个环节都要围绕顾客价值主张进行。

价值主张描述的是为某一客户群体提供能为其创造价值的产品和服务，是客户选择一家公司而放弃另一家的原因，它解决了客户的问题或满足其需求。每一个价值主张就是一个产品和（或）服务的组合，这一组合迎合了某一客户群体的要求。从这个意义上说，价值主张就是一家公司为客户提供的利益的集合或组合。价值主张可以是创新性的，并带来一种新的或革命性的产品或服务，也可以是与既有的产品或服务相似，但增添了新的特点和属性。

一个价值主张通过针对某个群体的需求定制一套新的元素组合来为该群体创造价值。所创造的价值可以是数量上的（如价格、服务响应速度），也可以是质量上的（如设计、客户体验）。

创新（newness）：有的价值主张满足的是客户之前未曾觉察的全新的需求，因为之前没有类似的产品或服务存在。这一类经常出现，但并非总是与科技相关，比如，手机在移动通信中创造了一个新的产业，但是诸如合乎伦理的投资基金之类的产品就无关乎新科技。

性能（performance）：改进产品或服务的性能是一种传统而普遍的创造价值的方式。个人计算机产业一直以来便采用这种方式，即不断向市场提供性能更加强大的计算机，但增进性能是有局限性的。例如，近几年，个人计算机在计算速度、存储空间和制图能力方面的改进已经无法拉动客户需求的增长。

定制（customization）：针对某些客户或客户群体的某项需求提供定制的产品或服务能够创造价值。最近几年大规模定制（mass customization）和客户参与创造（co-creation）的生产方式凸显了其重要性，这种方式在提供了定制化的产品或服务的同时，保持了生产规模化的经济性。

保姆式服务（getting the job done）：简单地帮客户完成任务也可以创造价值。劳斯莱斯公司就非常了解这一点，作为它们的客户，各家航空公司飞机引擎的制造和维护由它们全权负责。这样的安排使得航空公司得以专心于航线管理，作为回报航空公司，劳斯莱斯公司的飞机引擎维护是按小时收费的。

设计（design）：设计是一个重要但很难量化的元素，一个产品可能由于其出色的设计而鹤立鸡群，在时尚产业和消费电子产业，设计对于价值主张而言尤其重要。

品牌/地位（brand/status）：客户可以简单通过使用和展示某一品牌而获得价值。例如，佩戴一块劳力士手表，彰显了财富，此外滑板玩家会穿着某潮牌的最新款来显示他们的时尚。

价格（price）：以更低的价格提供相同的价值是满足价格敏感型客户群体的需求的普遍方式，但低价格主张对于商业模式的其他模块都有着重要的影响。西南航空公司、易捷航空公司和瑞安航空都专门设计了一整套商业模式来实现低成本飞行。另一个基于价格的价值主张的例子就是 Nano，一款由印度塔塔集团设计和生产的新车，这款车以其惊人的低价催生了印度一个全新的私家车主群体。越来越多的免费产品和服务正在向各种各样的产业渗透，免费产品包括免费的新闻服务、免费的邮箱服务、免费的手机服务和很多其他的免费服务。

缩减成本（cost reduction）：帮助客户节约成本是创造价值的重要方式。例如，Salesforce. com 提供客户关系管理（customer relationship management，CRM）的托管应用软件，这为购买软件的用户免去购买、安装和操作自有客户关系管理软件的成本与麻烦。

风险控制（risk reduction）：为客户购买的产品或服务降低风险，能够为其创造价值。对于一个二手车买家而言，一年内保修的政策为买家降低了购车后的故障和维修风险。

可获得性（accessibility）：帮助客户获得之前他们无法获得的产品和服务也是创造价值的方式。这一方式可能得益于商业模式的创新、科技的创新，或两种创新共同作用的结果。例如，奈特捷公司使合伙购买私人飞机这种方式流行起来，奈特捷公司这一创新性的商业模式，让大多数之前无力承担的个人和企业拥有私人飞机。共同基金（mutual fund）提供了另一个通过增加可获得性而为客户创造价值的实例，这一颇具创造性的金融产品使得资本量很小的投资者也可以做到多元化的投资组合。

便利性/实用性（convenience/usability）：让产品使用起来更方便或操作起来更简单也可以创造相当大的价值。通过 iPod 和 iTunes，苹果公司为客户提供数字音乐从搜索、购买，到下载和使用一整套前所未有的便捷体验，苹果也因此主导数字音乐市场。

二、消费者目标群体

客户细分描述了一家企业想要获得的和期望服务的不同的目标人群和机构。客户是任何一个商业模式的核心，没有（能带来利润的）客户，没有哪家公司可以一直存活下去。为了更好地满足客户，企业应按照他们的需求、行为及特征的不同，将客户分成不同的群组。一个商业模式可以服务于一个或多个或大或小的客户群体，但一个组织需要谨慎地去选择服务于哪一个客户群体，以及忽略哪一个客户群体。这一点一旦决定，就要根据对这些群体个性化需求的深度理解而设计商业模式。细分客户群体的条件包括：他们的需求催生了一项新的供给；需要建立一个新的分销渠道；需要建立一套新的客户关系类型；他们产生的利润率显著不同；他们愿意为某方面的特殊改进而买单，客户群体的划分有不同的方式。

大众市场（mass market）：基于大众化市场的商业模式不会区分客户群体。他们的价值主张、分销渠道、客户关系都聚焦于一个庞大的、有着广泛的相似需求和问题的客户群，这种商业模式常见于消费电子产业。

小众市场（niche market）：目标为小众市场的商业模式迎合的是某一个具体的、专门的客户群体。其价值主张、分销渠道和客户关系皆是根据某一小众市场的具体需求量身打造的。这样的商业模式常见于供应商——采购商关系中，如很多汽车零部件制造商强烈依赖于来自主流汽车制造商的采购。

求同存异的客户群体（segmented）：有的商业模式面向的是有些许区别的需求和问题的多个细分市场。如瑞士信贷集团从它庞大的客户群中划分出以下两个群组：个人资产在 10 万美元以下的群体、个人资产超过 50 万美元的一个小众群体，这两个群体的客户有着相似却不同的需求和问题。这一划分影响着瑞士信贷集团的商业模式中的其他模块，如价值主张、分销渠道、客户关系以及收益来源。再比如微型精密仪器，一家专业提供微型机械的设计和生产方案的外包公司，拥有三个客户群体——钟表产业、医药产业和工业自动化部门，它对于每一个客户群体都提供稍有区别的价值主张。

多元化的客户群体（diversified）：一个面向多元化客户的组织服务的是两个需求和问题迥异的客户群体。如 2006 年亚马逊决定通过销售其云计算服务来使其零售业务多元化：在线存储空间和服务器点播使用。亚马逊开始面向一个全新的客户群体——互联网公司的自我塑造，即提出了一项全新的价值主张。这一多元化改革的战略依据在于亚马逊强大的 IT 设备，可同时满足它们的零售商终端和新的云计算服务业务。

多边平台/多边市场（multi-sided platforms/multi-sided markets）：有的组织服务的是两个或多个相互独立的客户群体。比如，一家信用卡公司，既需要一个基数庞大的持卡人群体，又需要一个庞大的接受卡片的商家群体。同样一家提供免费报纸的企业，一方面需要一个庞大的读者群体来吸引广告商家，另一方面也需要广告商家来为报纸的生产和分销买单，这两个客户群体对于这个商业模式而言都是至关重要的。

三、分销渠道

分销渠道描述的是一家企业如何同它的客户群体达成沟通并建立联系，以向对方传递自身的价值主张。与客户的交流、分销和销售渠道构成了一个企业的客户交互体系。分销渠道在客户体验中扮演着重要角色的客户触点（touch points）。渠道通路的作用包括以下几点：使客户更加了解公司的产品和服务；帮助客户评估一家公司的价值主张；使得客户得以购买某项产品和服务；向客户传递价值主张；向客户提供售后支持（见表2-1）。

表2-1　　　　　　　　　　　　　各渠道阶段的特点

渠道阶段				
1.　知名度 我们如何扩大公司产品和服务的知名度？	2.　评价 我们如何帮助客户评价我们的价值主张？	3.　购买 客户如何能够购买到我们的某项产品和服务？	4.　传递 我们如何向客户传递我们的价值主张？	5.　售后 我们如何向客户提供售后支持？

资料来源：亚历山大·奥斯特瓦德，伊夫·皮尼厄. 商业模式新生代［M］. 北京：机械工业出版社，2020.

每一个渠道都可划分为五个相互独立的阶段，每一个渠道都覆盖了其中几个或全部五个阶段。可以将渠道划分为直接和间接的渠道，或者划分为自有的和合作方的渠道，要将一种价值主张推向市场，找到正确的渠道组合并以客户喜欢的方式与客户建立起联系显得至关重要。一个组织可以选择使用自有渠道来与它的客户建立联系，也可以选择合作方的渠道，或者两者兼用。自有渠道可以是直接的，比如内部销售团队或者网站；它们也可以是间接的，如该组织名下的负责运营的零售商店。使用合作方渠道导致利润更低，但这些渠道可以帮助一个组织扩张客户的范围，并且从合作方的强项中获益。自有渠道尤其是直接的自有渠道利润较高，但渠道本身的建立和运营成本也会很高。

四、客户关系

客户关系模块描述一家企业针对某一个客户群体所建立的客户关系的类型，企业需要明确对每一个客户群体欲建立何种关系类型。从靠人员维护的客户关系，到自动化设备与客户间的交互，都属于客户关系范畴。客户关系可能是由以下动机驱动的：开发新的客户；留住原有客户；增加销售量（或单价）。

在移动互联网发展的早期，运营商的客户关系就是被诸如免费移动电话这类进攻型的策略所驱动。当市场趋于饱和时，运营商便聚焦于增加客户忠诚度和提升单位客户的平均收益，由商业模式决定的客户关系将对整体的客户体验产生深刻的影响。将客户关系分为几种类型，这些类型可能同时存在于企业与某个客户群体的客户关系中。

私人服务（personal assistance）：这种客户关系是基于人际互动的。客户可以与客户代表进行交流并在销售过程中以及购买完成之后获得相应的帮助。这种互动可以发生在购买的现场，通过呼叫中心、电邮或其他渠道进行。

专属私人服务（dedicated personal assistance）：这种客户关系要求为每一个客户指定一个固定的客户经理。这是一种最深层的、最私人的客户关系类型，通常需要很长时间的积累。例如，私人银行服务为高净值客户指定专门的银行经理，类似的客户关系可以在其他行业中找到，比如大客户经理负责维系与重要客户的私人关系。

自助服务（self-service）：在这种客户关系中，企业无须直接维护与客户的关系，只需为客户提供一切自助服务所需要的渠道。

自动化服务（automated services）：此类型的客户关系将相对复杂的客户自助服务形式与自动化流程相结合。例如，个人在线资料使得客户可以获得定制化的服务。自动化服务可以识别客户身份及其特点，并符合预订单和交易内容的信息，最好的自动化服务可以模仿人际关系交往（比如，推荐书或电影）。

社区（communities）：企业开始越来越多使用用户社区来融入客户，以预判市场未来发展的方向，也可以促进社区中成员之间的联系。许多企业都提供在线社区供用户交流知识，帮助彼此解决问题。社区同样可以帮助企业更好地了解它们的客户，制药行业巨头葛兰素史克在推出非处方减肥产品奥利司他（Orlistat）之初，就同时发布了该产品的用户专属在线社区，目的是了解体重超重的成年人所面临的挑战，同时更好地管理客户预期。

共同创造（co-creation）：更多的企业开始超越传统的买卖关系，与客户合作共同创造价值。亚马逊邀请其客户撰写书评，如此就为其他书友创造了价值。有的企业吸引用户来帮助他们共同设计有创造性的新产品，其他的如 YouTube 向用户征集内容再向公众播放。

五、收入模型

收入来源代表企业从每一个客户群体获得的现金收益（须从收益中扣除成本得到利润），如果说客户构成了一个商业模式的心脏，那么收益来源便是该商业模式的动脉。一家企业需要自问，每一个客户群体真正愿意为之买单的究竟是什么？成功地回答这一问题可以使得企业在每一个客户群体中获得一两个收益来源。每一个收益来源中可能包含不同的价格机制，比如固定目录价、议价、竞价、根据市场浮动的价格、根据购买数量浮动的价格，以及收益管理系统。

一个商业模式可能包含的收益来源分为以下两种不同的类型：交易收入由客户一次性支付产生；持续收入，即因向客户传递新的价值主张或提供了售后支持而带来的客户持续支付。

资产销售（asset sale）：最普遍被认知的收入来源就是实物产品所有权的出售，亚马逊通过网站销售图书、音乐、消费类电子产品等商品，大众公司销售汽车给消费者，消费者可以自由地驾驶、转卖甚至是毁坏。

使用费（usage fee）：这一收入来源是因对某种具体服务的使用而产生的，对该服务使用得越多，消费者支付的就越多。电信运营商根据用户使用电话的分钟数收费；宾馆根据客人房间使用天数收费；快递公司把包裹从某地投送到另一地，并向客户征收每个包裹的费用。

会员费（subscription fees）：这种收入来源通过向用户销售某项服务持续的使用权限实现。一个健身房向用户销售月卡或年卡以限定会员对健身器材的使用时限，网络游戏魔兽世界的游戏用户每月要缴纳一定的会费。

租赁（lending/renting/leasing）：这种收入来源产生于将某一特定资产在某一个时期专门供给某人使用并收取一定费用。对出租者而言，这种做法提供的是经常性收入，同时对于租赁者而言，只需要承担一个限定时间内的费用而无须承担整个所有权所耗费的成本。Zipcat 在北美的城市地区为客户提供以小时计算的租车服务，它的服务使得许多人决定租车而不再购买汽车。

许可使用费（licensing）：这种收入来源来自向用户授予某种受保护知识产权的使用权，并向其收取许可使用费。许可使用费使得资源持有者无须生产产品或进行任何商业化操作，而仅凭其对资源的所有权获取收益。许可使用费在传媒行业十分常见，内容所有人会持有版权，但是将使用权提供给第三方。相似地，在科技产业中专利持有者将专利使用权提供给其他公司使用并收取专利使用费。

经纪人佣金（brokerage fees）：这一收入来源于向双方或多方提供的中介服务。例如，信用卡发卡机构针对每一笔交易向商家和持卡人按交易额度的一定百分比收取费用，房产中介或房产经纪人会因每次成功地促成一对买家和卖家而获得佣金。

广告费（advertising）：这种收入来源来自为某种产品、服务或品牌做广告的费用，传统的传媒业和活动策划的收入很大程度上依赖于广告上的收入。近些年其他产业，包括软件业和服务业，也开始更多地依赖于广告收入。

每一种收入来源可能有着不同的定价机制。定价机制的选择可能在所创造收入的结果上产生巨大的不同，主要的定价机制有两种：固定价格和浮动价格（见表2-2）。

表2-2　　　　　　　　　　　　　　定价机制

固定价格 基于静态变量预定的价格		浮动价格 价格依据市场条件变化	
目录价	对个别产品、服务或其他价值主张设定的固定价格	谈判	双方或多方的价格谈判，取决于谈判各方的谈判能力或技巧
基于产品特性	基于某项价值主张的数量或质量的定价	收益管理	价格取决于库存及发生购买的时间（通常用于易耗资源，如宾馆房间和航班机位）
基于客户群	基于某一客户群体的类型和特征的定价	实时市场价格	价格根据需求变化动态变动
基于数量	基于购买数量的定价	拍卖	根据竞价的结果决定

资料来源：［瑞士］亚历山大·奥斯特瓦德，［比利时］伊夫·皮尼厄. 商业模式新生代［M］. 王帅，毛心宇，严威，译. 北京：机械工业出版社，2020.

六、核心资源

核心资源描述的是保证商业模式顺利运行所需的最重要的资产。每一种商业模式都需要一些核心资源，这些资源使得企业得以创造并提供价值主张、获得市场、保持与某个客户群体的客户关系并获得收益。不同类型的商业模式需要不同的核心资源，一个微芯片制造商需要的是资本密集型的生产设备，而微芯片的设计则更聚焦于人力资源。

核心资源可包括实物资源、金融资源、知识性资源以及人力资源。核心资源可以是自有的，也可以通过租赁获得，或者从重要合作伙伴处获得。核心资源可以分为如下几类：

实物资源（physical）：这一范畴包括实物资产，如生产设备、房屋、车辆、机器、系统、销售点管理系统及分销渠道。作为零售商，沃尔玛和亚马逊都非常依赖实物资源，这些资源通常都是资本密集型的。沃尔玛在全球范围内拥有庞大的仓储网络以及配套的物流设备，亚马逊拥有一套庞大的 IT、仓储及物流基础设施。

知识性资源（intellectual）：知识性资源如品牌、专营权、专利权、版权、合作关系以及客户数据库在一个强大的商业模式中扮演着越来越重要的角色。知识性资源获得不易，一旦成功获得将可能创造巨大的价值。耐克和索尼作为消费品公司，品牌就是它们非常依赖的关键资源。微软和 SAP 一直依赖于软件开发以及多年来积累的知识产权，高通专注于设计和制造移动宽带设备芯片，它们在微芯片设计上获得的专利为它们收获了可观的专利使用费，其商业模式也是以其所持有的专利为依据设计的。

人力资源（human）：每一家企业都需要人力资源，但人力资源对于某些商业模式而言却是尤其重要的。例如，在知识密集型产业和创新产业中，人力资源就是最关键的，诸如诺华制药公司非常依赖其人力资源，它的商业模式就是基于其经验丰富的科学家团队及其庞大而训练有素的销售队伍而建立的。

金融资源（financial）：有些商业模式依赖金融资源或金融保障，比如现金、信用额度或者用于吸引关键雇员的股票期权池。电信运营商爱立信在自己的商业模式中加入了金融杠杆，爱立信可以选择向银行或资本市场融资，然后将收益的一部分为购买设备的客户提供卖方融资，这就更好地保证了订单落入爱立信而非竞争对手手中。

七、关键业务

关键业务描述的是保障商业模式正常运行所需做的最重要的事情，每一个商业模式都有着一系列的关键业务。这些业务是一个企业成功运营所必须采取的最重要的行动，同核心资源一样，它们是企业为创造和提供价值主张、获得市场、维系客户关系以及获得收益所必需的。并且，同核心资源一样，关键业务也因不同的商业模式类型而异，对于软件商微软而言，关键业务就是软件开发；对于个人电脑生产商戴尔而言，关键业务是供应链管理；对于咨询公司麦肯锡而言，关键业务是提供解决方案。关键业务可以分为如下几类：

生产（production）：这些活动涉及以较大的数量或上乘的质量、设计、制造以区分产品，生产活动在制造企业的商业模式中占支配地位。

解决方案（problem solving）：这个类型的关键活动涉及为个体客户的问题提供新的解决方案。咨询公司、医院区及其他服务性机构的运营，就是典型的受解决问题相关的活动支配的例子，这类商业模式需要的活动包括知识管理以及持续的培训等。

平台/网络（platform/network）：在将平台作为关键资源的商业模式中，与平台以及网络相关的关键活动占据着支配地位。网络、配对平台、软件甚至品牌都可以发挥平台的作用。eBay 的商业模式要求企业不断地发展和维护它们的平台，维萨公司为 Visa 信用卡的商家、持卡人及银行之间搭建的交易平台，该公司的商业模式要求公司的关键活动与该平台相关，微软的商业模式要求其对其他商家的软件和 Windows 操作系统的交互界面进行管理，这个类型的关键活动涉及了平台管理、新服务的启动以及平台升级。

八、合作伙伴网络

合作伙伴网络描述的是保证商业模式顺利运行所需的供应商和合作伙伴

网络，有很多原因使得一家企业需要构建重要合作，而重要合作在许多商业模式中逐渐承担起基石的作用。企业通过建立联盟来优化自身的商业模式、降低风险或者获得资源，我们将重要合作分为以下四种不同的类型：非竞争者之间的战略联盟；合作者与竞争者之间的战略合作；为新业务建立合资公司；为保证可靠的供应而建立的供应商和采购商关系。可以从以下三个方面区分建立合作伙伴关系的动机。

优化及规模效应：最基本的合作关系或者买卖关系的类型是以优化资源以及活动的配置为目的的，要一家公司拥有全部所需的资源并亲自完成所有的生产、服务环节并不合理，此类合作关系的建立通常是为了降低成本，主要采取外包或基础设施共享的形式。

降低风险和不确定性：竞争环境以不确定性为特征，合作关系的建立可以帮助企业在竞争环境中降低风险。互为竞争对手的企业在某一个领域建立战略联盟，而在其他领域保持竞争关系的做法是很常见的。蓝光技术是由一组全球领先的消费电子、个人电脑及内容提供商联合开发的光盘格式，各商家一方面联手向市场推出蓝光技术，另一方面又在蓝光产品的销售领域相互竞争。

特殊资源及活动的获得：很少有公司拥有其商业模式下所需要的全部资源或者选择亲自完成所有的生产服务活动。更多的情况下，它们通过依赖其他占有某项资源或专注于某种生产活动的公司来实现其能力的拓展，这种类型的合作关系的动机在于获得知识、获得某种资质或者接近某个客户群体。例如，一个移动电话生产商，会选择为它们的手机搭载一个操作系统，而不会选择自主研发，一家保险公司可能会选择独立的保险中介商来销售他们的保险产品，而不会选择发展自己的销售团队。

九、成本结构

成本结构描述的是运营商业模式所发生的全部成本。这个模块描述的是运营一个商业模式，所发生的最重要的成本总和，创造和传递价值、维护客户关系、创造收益都有成本发生。在确定了核心资源、关键业务以及重要合作的情况下，成本核算就会变得相对容易，尽管有些商业模式相对于其他商业模式而言更加注重成本导向，如廉价航空，就是以低成本结构为核心建立了整个商业模式。

诚然成本最小化是每一个商业模式的诉求，但低成本结构在某些商业模式中会显得尤为重要。因此，可以实用地将商业模式的成本结构宽泛地分为两个等级——成本导向型和价值导向型（许多商业模式的成本结构是介于两者中间的）。

成本导向（cost-driven）：成本导向的商业模式聚焦于最大限度地将成本最小化。这种方式的目标在于创造并维持极尽精简的成本结构，采取的是低价的价值主张、自动化生产最大化以及广泛的业务外包，廉价航空就是成本导向商业模式的典型代表。

价值导向（value-driven）：有些企业在商业模式设计中，更少关注成本，而更多地关注价值创造。通常更高端的价值主张以及高度的个性化服务是价值导向商业模式的特点，豪华酒店奢华的设施及专属的服务就属于此范畴。

成本结构也可以分为固定成本和可变成本两类，并具有规模经济和范围经济两个特点。

固定成本（fixed costs）：不因产品及服务的产量而改变的成本，包括员工工资、租金、生产设备，如生产型企业以高比例的固定成本为特点。

可变成本（variable costs）：随着产品及服务的产量而同比例变化的成本，如音乐节活动就以高比例的可变成本为特征。

规模经济（economies of scale）：企业的产出扩大会带来成本优势，如大型企业享有大宗商品采购价，诸如此类的因素导致随着总产出的增加平均单位成本降低。

范围经济（economies of scope）：企业的经营范围扩大会带来成本优势，如在大型企业中，同一个营销活动或分销渠道上可以供多个产品使用。

第三节　个人商业画布

商业模式画布不但能描述企业的商业模式，而且能描述个人的商业模式，如应用在个人职业发展领域，可以清晰地描述职业现状，还能方便地分析、规划、创新职业生涯，保持目标清晰、持续精进，当然这两者之间还是略微有些区别的。

（1）在个人商业模式中，核心资源即自己，包括兴趣、技能、个性以及你掌握的资源；在组织机构中，核心资源的范围通常更为广泛，如包括其他员工。

（2）个人商业模式要考虑无法量化的"软"成本（如工作压力）和"软"收益（如满足感）；组织机构商业模式通常只考虑货币化的成本和收益。

个人版商业模式画布是个人的职业框架设计蓝图，可以清晰准确地描绘职业活动，可以顺利地解决后期出现的各种职业"软肋"，比如缺乏成就感、压力过大、无人赏识、过度忙碌、缺少社会贡献等。

一、核心资源

回答问题：我是谁？我拥有什么？关于"我是谁"，具体来说包括兴趣、技能、个性。关于"我拥有什么"，具体来说包括知识、经验、人际关系，以及其他有形的、无形的资源或资产。

兴趣是那些令你感到兴奋的事物，兴趣是你最宝贵的资源，兴趣是催生职业满足感的动力。技能包括技术和能力，技术是指后天习得的能力，通过大量实践后熟能生巧的方面，比如计算机编程等。而能力是指你与生俱来的天赋，即做起来比别人感到更轻松的事情，比如空间感知能力、人际沟通能力、机械应用能力等。

个性即体现你内在个人特征的因素，比如情商高、勤奋刻苦、性格开朗、遇事冷静、精力充沛、关注细节等。有形资源资产是指车辆、工具，以及那些可以用于职业投资的存款或实物。无形资源资产是指身份、背景、人脉、行业经验、职业信誉、成功经历等。

二、关键业务

回答问题：我要做什么？我要做什么、我能做什么取决于我所拥有的核心资源，即核心资源影响着关键业务。

关键业务，是指为客户实施的基本的体力和脑力活动，也就是日常工作中经常做的事情。列出日常工作和生活中的任务行为清单，即可找出你的关键业务。在关键业务这块，很多人都犯下这样的错误：很努力地实现个人成长与发展，却忽略了如何利用自己的技能去帮助他人。即画布中的"关键业务"和"客户群体"几乎是空的。正确的做法是应该尽早地实现从关注技能到关注价值的转变，必须尽早地找到一个甘愿付出热情的兴趣点，在满足自己的同时并为他人提供若干帮助。

三、客户群体

回答问题：我能帮助谁？客户群体，指的是那些付费享受某种利益的群体，也包括那些免费享受利益但必须通过其他人付费补贴的群体。简单来讲，客户群体就是那些给你钱的人，或者是间接给你钱的人，这么看来，你的老板、上司也属于你的客户群体。

四、价值主张

回答问题：我怎样帮助他人？把这个问题拆解开来，就是两个问题：客户请我完成什么工作？我完成这些工作能给客户带来哪些好处？

在个人版商业模式设计过程中，对价值服务的思考是非常重要的，充分理解关键业务是如何为客户服务并带来价值的，这是描述个人商业模式的基础。关键业务不等于价值服务，但关键业务却是实现客户利益的根本。这再次提醒我们，日常工作中要时刻问问自己：我的关键业务给哪些人带来了哪些价值和服务？不要把关键业务和价值服务混为一谈，很可能忙忙碌碌一天又一天，却没能为任何客户带去价值。

五、渠道通路

回答问题：如何宣传自己？如何交付服务？渠道通路包括了"营销过程"中的五个阶段：潜在客户怎样才能知道你能帮助他们？潜在客户怎样才能决定是否购买你的产品或服务？潜在客户怎样实现购买？你如何交付客户购买的产品或服务？你如何保证客户对售后满意？

渠道通路对个人商业模式如此重要，以下三点值得注意：其一，只有确定了价值服务才能宣传价值服务；其二，只有宣传价值服务才能销售价值服务；其三，只有销售价值服务才能赢得回报，这三点对应的分别是定位、宣传和销售。

六、客户关系

回答问题：我怎样和客户打交道？所谓的打交道，是面对面直接沟通还是邮件书信来往？是一锤子买卖还是持续性服务？你关注的目标是扩大客户数量还是维持满足现有客户需求？

七、重要合作

回答问题：谁可以帮助我？重要合作是指那些支持你工作，帮助你顺利完成任务的人或组织，这些帮助包括但不限于智谋建议、行为机会、成长机会等。重要合作的对象可能是你的同事、导师、朋友、家人或专业顾问。

八、收入来源

回答问题：我能得到什么？在个人版商业模式画布中，收入来源包括了"硬"收入和"软"收入。前者包括工资、合同费用、专业服务费用、股票期权、五险一金、版税，以及其他现金收入等。后者包括满足感、成就感和社会贡献等。良好的正确的经营模式，可以让你省出更多时间，同时增加个人收入。

九、成本结构

回答问题：我要付出什么？成本即你工作中的付出，包括时间、精力和金钱。成本也有"硬"成本和"软"成本之分，前者包括实实在在的费用支出，后者包括因工作导致的压力感、失落感等。

在使用个人版商业模式画布的过程中，最容易犯下的两个错误：其一，把关键业务等同于价值服务，没有以客户工作为标准来定义自己的价值服务，而是把日常关键业务当成了价值主张。其二，搞不清楚在为"谁"完成工作，事实上并不只是在完成分内工作，而是在帮助他人实现更大的利益。

第四节　商业模式要素冲突及解决

一、冲突的概念和分类

商业模式是多种功能要素的复合体，为了实现这些功能，商业模式要包含相互关系的多个子系统及其构成要素。为了提高商业模式的竞争力，需要不断根据环境和企业内部情况的变化对商业模式进行改进调整。当改变某个子系统的设计，从而提高了商业模式某方面的性能时，可能会影响到与这些被改进子系统相关联的子系统，结果可能使整个商业模式系统的另一些方面的性能受到影响。如果这些影响是负面影响，则这些改进和调整形成了冲突。例如，为了提高运营的效率，需要使资金的使用效率最高，但这同时加大了经营风险特别是资金链断裂的风险，新疆德隆、美国安然公司、深圳巨人集团都是因此垮掉的。

冲突普遍存在于各种商业模式的设计中。按传统设计中的折中法，冲突并没有彻底解决，而是在冲突双方之间取得折中方案，或者说降低冲突的程度。人们通常认为工业企业的资产负债率应在 70% 左右就是基于折中法的一种认识。商业模式创新的标志是解决或移走设计中的冲突，而产生新的有竞争力的解。创新问题的核心是发现冲突并解决冲突，未克服冲突的设计并不是创新设计。商业模式进化过程就是不断地解决商业模式所存在的冲突的过程，一个冲突解决后，商业模式进化过程处于停顿状态；之后的另一个冲突解决后，商业模式移到一个新的状态。设计人员在设计过程中不断地发现并解决冲突，是推动设计向理想化方向进化的动力。

一般来讲，冲突分为三种：自然冲突、社会冲突和工程冲突，该三类冲突中的每一类又可细分为若干类。按照解决的困难程度，冲突中工程冲突最容易解决，自然冲突最不容易解决。

自然冲突分为自然定律冲突及宇宙定律冲突。自然定律冲突是指由于自然定律所限制的不可能的解，如就目前人类对自然的认识，温度不可能低于华氏零度以下，速度不可能超过光速，这就是自然定律冲突，不可能有解。随着人类对自然认识程度的不断深化，也许上述冲突将来会被解决。宇宙定律冲突是指由于地球本身的条件限制所引起的冲突，如由于地球重力的存在，一个后勤仓库里所能装载的货物质量不可能是无限的。社会冲突分为个性冲突、组织冲突及文化冲突。如只熟悉日常管理，而不具备创新知识的商业模式设计人员从事商业模式创新就出现了个性冲突；一个企业中部门与部门之间的不协调造成组织冲突；对改革与创新的偏见就是文化冲突。

工程冲突分为技术冲突、物理冲突及管理冲突三类：技术冲突总是涉及两个基本参数 A 与 B，当 A 得到改善时，B 变得更差。物理冲突仅涉及系统中的一个子系统或要素，而对该子系统或要素提出了相反的要求。往往技术冲突的存在隐含着物理冲突的存在，有时物理冲突的解决比技术冲突更容易。管理冲突是指为了避免某些现象或希望取得某些结果，需要做一些事情，但不知道如何去做。如希望提高产品质量，降低原材料的成本，但不知道方法。管理冲突由于其复杂性，很难给出解的规律，而且即便给出解的规律，由于其具有暂时性，也不可能利用解的规律求得解之后再去实施，求得解也意义不大。

由于商业模式系统本身可以看作一个工程，而物理冲突、技术冲突的解决原理恰好是工程化的解决方法，因此，可以借鉴物理冲突和技术冲突的解决办法解决商业模式创新设计问题。

二、物理冲突及其解决

所谓物理冲突是指为了实现某种功能，一个子系统或构成要素应具有一种特性，但同时出现了与该特性相反的特性。当对一个子系统具有相反的要求时就出现了物理冲突。例如，为了吸引顾客，要求航空公司将飞机机舱装饰得华丽舒适；但为了降低票价，要求尽量压低成本，在机舱装饰上尽量节约，对于机舱的装饰就是物理冲突，解决该冲突是商业模式设计的关键。

物理冲突出有以下表现：（1）一个子系统中有害功能降低的同时导致该子系统中有用功能的降低；（2）一个子系统中有用功能加强的同时导致该子系统中有害功能的加强，上述的描述方法是最一般的方法。萨夫兰斯基（Savransky）在 1982 年提出如下的物理冲突描述方法：（1）子系统 A 必须存在，A 不能存在；（2）关键子系统 A 具有性能 B，同时应具有性能 – B，B 与 – B 是相反的性能；（3）A 必须处于状态 C 及状态 – C，C 与 – C 是不同的状态；（4）A 不能随时间变化，A 要随时间变化。

田敏子（Teminko）提出基于需要的或有害的效应的物理冲突描述方法，该方法将物理冲突分为以下三种：（1）实现关键功能，子系统要具有一定有用功能，但为了避免出现某一有害功能，子系统又不能具有上述有用功能。（2）关键子系统的特性必须是某一大值以能取得有用功能，但又必须是一小值以避免出现有害功能。（3）子系统必须出现以取得某一有用功能，但又不能出现以避免出现有害功能。

阿特舒勒（Altshuller）在 20 世纪 70 年代提出了 11 种物理冲突解决方法，格拉祖诺夫（Glazunov）在 20 世纪 80 年代提出了 14 种物理冲突解决方法，他们提出的方法是针对产品设计的，对于商业模式创新设计来讲主要应采用分离原理来解决问题。分离原理包括 4 种方法，即空间分离、时间分离、基于条件的分离、整体与部分的分离。

（1）空间分离。所谓空间分离原理是指将冲突双方在不同的空间上分离，以降低解决问题的难度。当关键子系统冲突双方在某一空间只出现一方时，空间分离是可能的。应用该原理时，首先应回答如下问题：第一，是否冲突一方在整个空间中"正向"或"负向"变化？第二，在空间中的某一处，冲突的一方是否可以不按一个方向变化？如果冲突的一方可不按一个方向变化，利用空间分离原理解决冲突是可能的。

2001 年的"9·11"事件使美国航空业遭受了沉重打击，众多航空公司收入锐减，亏损猛增，裁员不断。美国航空和联合航空两家公司亏损合计达 38 亿美元，然而美国西南航空公司却仍保持着盈利记录。在被认为经营环境最恶劣的 2002 年第四季度，西南航空毛利润 2.46 亿美元，净利润 6350 万美元；2003 年 2 月，公司宣布再招聘 4000 名员工，而整个 2002 年美国各航空公司共裁员 10 万人①。西南航空自 1973 年首次盈利以来就一直保持了良好记录，无论是在机票价格战或经济衰退，还是在遇到石油危机或其他意想不到的灾难之时，西南航空都没有亏过一分钱。这些经营业绩显示了西南航空公司商业模式的独特性、抗风险性和强大的生命力。西南航空公司的成功经验很多，但最根本的一条却是其采取的空间分离方法：不去从事各大航空公司运营的主要线路，只飞支线市场。在 20 世纪 70 年代后期，西南航空公司只将精力集中于得克萨斯州之内的短途航班上。它提供的航班由于是短途，所以乘客对舒适性要求很低，它可以采取不提供饮料和食品、不装修飞机、在机舱内安装尽可能多的座椅等降低成本的措施。与其他大型航空公司相比，西南航空在许多地方"偷工减料"，它没有计算机联网的机票预订系统，它也不负责将乘客托运的行李转机。这对于长途航班来说是令乘客无法接受的，但它只飞短途反而因降低成本而降低了票价，并由此建立了乘客对公司的忠诚度。这样它的航班就能做到票价低廉而且班次频率高，乘客几乎每个小时都可以搭上一架西南航空公司的班机，这使西南航空在得克萨斯航空市场上占据了主导地位。进入 20 世纪 80 年代，西南航空公司开始以得克萨斯州为基础向外扩张，它先是开通了与得克萨斯州毗邻的 4 个州的新航班。不论如何扩展业务范围，西南航空公司都坚守两条标准：短航线、低价位，而低价位的基础也正是短航线。80 年代是西南航空大发展的时期，其客运量平均每年增长 3 倍。到 1989 年 12 月，西南航空公司的每英里运营成本不足 10 美分，是美国航空业平均水平的 2/3，一些西南航空公司尚未开通航线的城市主动找上门来请求他们尽快在自己的城市开设新线②。在西南航空公司的发展过程中，他们抵制了许多诱惑，包括公司未开通航线的城市发出的条件优厚的邀请，开通高利润的欧洲航线和国内长途航线等。西南航空公司坚持有所为有所不为，把航空市场在空间上进行彻底分离，解决了成本与服务质量的冲突，从而形成了自己独特的竞争优势。

（2）时间分离。所谓时间分离原理是指将冲突双方在不同的时间段上分离，以降低解决问题的难度。当关键子系统冲突双方在某一时间段上只出现一方时，时间分离是可能的。应用该原理时，首先应回答如下问题：是否

---

① 张春雁. 美国西南航空公司低成本经营战略分析 [D]. 北京：清华大学，2006.

② 杰姬·弗莱伯格，靳怡，扈大威，等. 我为伊狂！：美国西南航空为什么能成功 [M]. 北京：中国社会科学出版社，2005.

冲突一方在整个时间段中发生"正向"或"负向"变化？在时间段中冲突的一方是否可不按一个方向变化？如果冲突的一方可不按一个方向变化，利用时间分离原理是可能的。

联邦快递是商业模式创新的经典案例。其创办人史密斯在大学三年级的一篇学期论文中提出"中心辐射流程"构想的源泉，他的这篇论文分析当时的运输服务，指出对于运输药品、电子元件等"非常重要、时间紧迫"货物的公司来说，现有的邮局、铁路快递和飞虎航空公司之类的邮递公司都很少把包裹直接送到目的地。包裹在送到目的地之前，总是从一个城市送到另一个城市，由这家航空公司转到另一家航空公司，这不仅浪费金钱，还浪费时间，造成这种现象的唯一原因就是由于它们使用航空邮递或快件邮递。不仅如此，如果包裹在到达最后目的地之前必须依靠另一家航空公司的话，第一家负责运送的航空公司对包裹就没有控制权。史密斯的教授认为实力强大、财力充足的航空公司的竞争，会使得这些设想难以实行，尤其是，航空公司的空中航线十分拥挤，不可能为了运送包裹而牺牲运送旅客的利益。论文评分为"C"。在大学毕业后服役和经商的几年里，史密斯一直在仔细考虑建立一个以中心辐射流程为基础的快递公司，能够实现隔夜送达小包裹。这样的服务市场是否真的存在？在这个领域里已经有好几家公司，埃默里（Emery）航空运输公司和飞虎航空公司是其中最大的两家，而且都是在二战后不久开业的，每家公司在 1969 年的收入都有 1 亿美元。但是史密斯认为他能比他们提供更好的和更为可靠的服务，他不能理解为什么没人利用这种形势。关键是航空公司的空中航线真的是那么拥挤吗？史密斯委托两家咨询公司对市场进行调研。得知客户认为递送不稳定，经常迟到，而且一般不太可靠，因而对当前的运输服务极度不满。此外，全部空运 60% 以上是在 25 个最大市场之间进行的，小型紧急递送的 80% 却是在这些最大市场与其他地方之间进行的，较小地方的发货人和收货人必须等待定时的运输工具来接收并传递寄往边远地点的包裹，但远离中心城市的企业和研究机构往往需要紧急传递包裹服务。史密斯据此确认隔夜快递市场的存在。研究报告关键是支持了中心辐射流程操作的技术可行性，其中一份报告指出，10 家商业航空公司中有 9 家公司的班机在晚间 10 时至第二天 8 时停留在地面上。这就是说，从深夜到清晨期间的空中航线是不拥挤的，起飞和降落相对来说都会顺利，旅客不会乘坐夜间的航班，但这对于包裹运送来说却不是问题，由此可以在白天分拣和递送包裹到客户手中，在夜间用飞机运送包裹，这样就解决了航班拥挤与直接递送包裹二者之间冲突的时间分离问题。联邦快递于1971年在小石城成立，按照中心辐射流程设想，联邦快递公司设立82个中心分拣系统。所有白天收取的包裹都装入各地的飞机于夜间运送到设在孟菲斯的中央机场，经过分拣后再各自把寄往本地的包裹于下半夜载回，天亮后这些包裹交由当地分支机构送货到户。现在联邦快递公司的服务范围涵盖占全球 GDP 90% 的区域，能在 24～48 小时之内，提供门到门、代为清关的国际快递服务，每个工作日运送的包裹超过 330 万个，拥有 14.3 万名员工、4.3 万个投递点、640 架飞机和 4.5 万辆车辆①。审视史密斯成功创办联邦快递的过程，他坚信要满足对速度要求日益严格的航空快递服务需求，传统的航空快递流程是无法适应的。由于包裹只能按既定的航班空运，而且往往需要在多个航空公司之间转运，按照托运的传统模式，快递公司无法控制包裹的递送全过程，根本不能做出统一在很短时间内快速送达的承诺。他经过调研后决策：利用夜间宽松的航线飞行和起飞降落条件，解决了包裹运送最根本的矛盾：航班拥挤与快速送达之间的冲突，从而成就了一番伟业。

（3）基于条件的分离。所谓基于条件的分离原理是指将冲突双方在不同的条件下分离，以降低解决问题的难度。当关键子系统的冲突双方在某一条件下只出现一方时，基于条件分离是可能的。应用该原理时，首先应回答如下问题：是否冲突一方在所有的条件下都要求"正向"或"负向"变化？在某些条件下，冲突的一方是否可以不按一个方向变化？如果冲突的一方可不按一个方向变化，利用基于条件的分离原理是可能的。事实上，基于条件的分离在商业模式设计中是非常常见的，各种金融衍生工具、各种协议方式等为基于条件分离的应用提供了充足的"条件"。

20 世纪 90 年代初，某企业还只有几百万元资产的时候就设计好了他们的商业模式：用几百万元作为银行承兑汇票的保证金，开出 1000 万元的银行承兑汇票（放大了原始资金的 3 倍，承兑是 6 个月），再用开出的 1000 万元银行承兑汇票去购买当时出货较快的某品牌电器，用接近采购价（仅加上运费）的价格进行销售。结果引起顾客抢购高潮，造成轰动效应。然后他们如法炮制，用快速回笼的资金，通过银行放大资金，向银行开出 2000

---

① 联邦国际快递 [EB/OL]. 百度百科，2023 – 11 – 10.

万元的银行承兑汇票，又去向厂家进货，再以低于其他商场的价格销售，如此循环往复，他们手里始终都有几千万元乃至上亿元的资金在流动。然后他们用手里控制的资金参与证券市场的一级申购。当时一级市场的中签率很高，中签后的回报基本上能在50%左右，这一过程通常需一星期左右，也就是说一星期左右就能赚回几十万、上百万元。如此循环，时间一长就能赚很多钱。通过这种方式，他们一方面通过低价销售打出自己的知名度，创下品牌，为今后发展成大型卖场进而形成大型零售连锁集团打下基础；另一方面又通过在证券一级市场中赚取的巨额利润来支持公司的生存、发展、壮大，形成良性循环。这家大型连锁零售企业在短短几年内资产规模就获得了上千倍的增长，其实正是利用了基于条件的分离原理：通过银行承兑这一条件解决了做大规模生意与小规模资金之间的冲突，实现了小规模资金与大规模生意二者之间有条件的分离。

（4）整体与部分的分离。其原理是指将系统的整体与部分进行分离，以便更好地处理或优化系统的某个部分。这种分离有助于解决那些涉及系统整体与部分之间矛盾的问题，使整体性能得到优化。在机械设备维护中，常常需要对设备的各个部分进行拆分，以便对损坏的部分进行更换或维修。这种拆分操作使得维护人员能够更加方便地访问设备的内部结构，提高了维护效率。同时在某些情况下，将多个部分合并成一个整体也能够带来更好的性能或便利性。如自动装配生产线与零件供应的批量化之间存在着矛盾，自动装配生产线要求零部件连续不断地供应，但是零部件从自身的加工车间或供应商处运到装配车间时，却只能批量地、间断地运来，可使用专用的转换装置，接受间断运来的批量零部件，但连续地将零部件输送到自动装配生产线。

三、技术冲突及其解决

（一）技术冲突的概念

技术冲突是指一个作用同时导致有用及有害两种结果，也可指有用作用的引入或有害效应的消除导致一个或几个子系统甚至整个系统变坏。技术冲突常表现为一个系统中两个子系统之间的冲突，可以用以下三种情况加以描述：

（1）一个子系统中引入一种有用功能后，导致另一个子系统产生一种有害功能，或加强了已存在的一种有害功能。

（2）一个有害功能导致另一个子系统有用功能的变化。

（3）有用功能的加强或有害功能的减少使另一个子系统甚至整个系统变得更加复杂。

（二）技术冲突的一般化处理

在进行产品设计时，发明问题的解决理论（theory of the solution of inventive problems，TRIZ 理论）研究者通过对 250 万件专利的详细研究，提出用 39 个通用工程参数描述冲突。实际应用中，要把组成冲突的双方内部性能用该 39 个工程参数中的某两个来表示，目的是把实际工程设计中的冲突转化为一般的或标准的技术冲突。借鉴这一思路，提出商业模式设计的 7 个通用参数。

（1）创新性：考察模式中的独特创新元素，并根据原始性创新、综合集成创新、移植转化创新、跟随模仿性创新的顺序来进行评估，在考察其创新性的时候也充分考察创新对营商环境以及企业所处行业的适应性。在经营企业过程当中，商业模式比技术更重要，因为前者是企业能够立足的先决条件。一个成功的商业模式不一定是在技术上的突破，而是在某一个环节的改进，或是对原有模式的重组、创新，甚至是对整个游戏规则的颠覆。商业模式的创新形式贯穿于企业经营的整个过程，贯穿于企业资源开发、研发模式、制造方式、营销体系、市场流通等各个环节，也就是说在企业经营的每一个环节上的创新都可能变成一种成功的商业模式。

（2）盈利性：考察模式使企业进入利润区的能力，企业在利润区停留的时间长短、创造利润的持续性，以及与行业平均利润水平的比较。这里强调的是企业要在充分的市场竞争中，凭借其独到的商业模式，成功进入利润区，并在利润区停留较长时间，创造出了长期持续的、高于行业平均水平的利润。

（3）客户价值：考察模式对客户需求的发掘能力、对客户价值的把握能力，以及客户生命周期的长短，除了盈利能力外，更要关注其背后对客户价值的把握。对于企业，暂时的盈利或亏损都是正常的，一家具有好的商业模式的公司并不是不会亏损，而是亏损之后它有能力站起来。

（4）风险控制：考察模式控制政策风险、行业风险、组织风险、财务风险的能力。好的商业模式还能经得起风险的考验，所以考察商业模式是全面的，抗风险能力是一项重要的指标。设计得再精巧、修筑得再伟岸的大厦都有一个必要前提，那就是其稳定性，否则大厦将倾，其他的都无从谈起。

（5）后续发展：考察模式的未来走向及对企业远期经营能力的持续影响。好的商业模式不是靠抓住偶然的机会，一不小心就成功。把一朝成功的偶然当成必然，将错误进行到底，是经不起时间考验的，即使是"一招鲜，吃遍天"，也要能找到得到这样机会的核心逻辑，从而完善商业模式。

（6）整体协调：考察模式财务指标、外部现实、内部运转的匹配程度。商业模式的成功，需要在企业内部与企业的经营管理系统进行有机的整合，并与企业自身状况融为一体，形成内外匹配、行之有效的模式。商业模式的创新并不是玩味商业模式，好的创新商业模式至少要满足两个必要条件：第一，必须使企业的商业模式在总体上保持为一个有机的整体；第二，商业模式的子模式之间必须有内在联系，这个内在联系把各组成部分有机地关联起来，使它们互相支持，共同作用，形成一个良性的循环。

（7）行业领先：考察模式的独特性所决定的企业领先程度，在市场上处于领先地位并拥有主导性的份额是能够持续盈利的先决条件。因此，好的商业模式是企业持续竞争优势之源，商业模式的建立和维护对于确立企业的市场领导地位和竞争实力是极为重要的。

（三）技术冲突的解决原理

在技术创新的历史中，人类完成了大量产品的设计，积累了很多发明创造的经验。为了指导技术创新，一些研究人员总结前人经验，分为两类：适用于本领域的经验（第一类经验）与适用于不同领域的通用经验（第二类经验）。第一类经验主要由本领域的专家、研究人员本身总结，或与这些人员讨论并整理总结出来。这些经验对指导本领域创新有参考意义，但对其他领域的创新意义不大。第二类经验由专门研究人员对不同领域的已有创新成果进行分析、总结，得到具有普遍意义的规律，这些规律对指导不同领域的创新都有一定的参考价值。通过对专利的分析，TRIZ 理论研究人员发现，在以往不同领域的发明中所用到的原理并不多，不同时代的发明，不同领域的发明，这些原理反复被采用。每条原理并不限定于某一领域，它融合了物理的、化学的、几何学的和工程领域的原理，适用于不同领域的发明创造。

TRIZ 理论一共提出了 40 条发明创造原理。对于商业模式创新来说，由于它不属于实体产品创新，因此能采用第二类经验的不多，在 40 条发明创造原理中，可能只有分割原理、分离原理、不对称原理、合并原理、多用性原理、预加反作用原理、预操作原理、预补偿原理、未达到或超过的作用原理、周期性作用原理、紧急行为原理、变有害为有益原理、反馈原理、中介物原理、自服务原理、复制原理 16 条原理能够对商业模式的创新有一定的启发作用，关键还是要开发自身独特的第一类经验。从商业模式的定义、构成要素和分类方法出发，提出商业模式创新原理。

1. 从业务定位创新出发进行商业模式创新

业务定位创新指的是选择业务定位，也就是"价值主张"，即公司通过其产品和服务所能向消费者提供的价值，它描述客户的需求、满足客户需求的产品以及从客户角度来看产品的价值，确认公司对消费者的实用意义。

企业资产大致分为四类，即实物资产、金融资产、无形资产、人力资产。实物资产包括长期项目（如房屋、电脑、机器设备等）和短期项目（如食物、衣物、纸张等）；金融资产包括现金、股票、债券以及为投资人将来会带来现金流的保险政策等；无形资产包括法律保护的知识产权（如专利、版权、商标等）以及其他如知识、品牌形象等无形资产；人力资产包括人的时间和努力，当然从会计上讲"人"不是资产而且也不能买卖，但人的时间和他所掌握的知识可以用来出租挣钱。

从业务定位创新出发进行商业模式创新主要是对企业经营的资产进行再定位，对企业经营的四种资产中的哪一种及哪几种的组合、哪一种作为重点或核心进行重新定位。以经营的业务内容的变化来应对经营环境的改变。如郭士纳入主 IBM 之前，IBM 的业务经营重心是计算机硬件系统，尤其是大型计算机系统，但在经营环境改变的情况下，继续该业务只能是死路一条。经过郭士纳几年的改造，IBM 的业务重心成功地转移为软件和服务，重新焕发了生机。该公司事实上是由经营实物资产转为了经营人力资产。Intel 公司本来是经营存储器的，后来由于日本企业对市场的蚕食，该公司转而经营CPU，并取得了巨大成功。

柯达的转型是该模式的典型案例，2003 年 9 月 25 日，美国柯达公司在纽约宣布：公司发展重心将从传统的胶卷业务向数码领域转移，并且不再向传统的胶卷业务进行任何重大的长期投资。按照该计划，柯达把给股东的每股派息削减72%，降至50美分，并斥资30亿美元，用于在数码彩色打印机、相机和医疗成像设备等业务的扩张。柯达公司的此项计划引起了市场的极大关注。柯达公司在全球成像产品市场长期占据强大的主导地位，在人们印象里是一个长期高度稳定经营的跨国大企业，它能给自己的员工提供终身有保障的就业、职业发展机会，经常加薪和实施利润分成。事实上，柯达公司曾经是数码影像的先驱，1991年，柯达发明了全世界第一台数码相机，之后曾在好莱坞进行数码技术的风险投资，并在洛杉矶设有数码影像处理的相关企业[①]。但随着市场竞争的日益激烈，日本的佳能、索尼等企业凭借迅速的反应和技术优势后来居上，把柯达抛在了后面。近年来，全球数码影像产品的销售额已经翻了几番，但在柯达的总收入中，传统影像产品和加工仍占据着主要地位。柯达在数码技术领域的发展，与其在传统影像领域的老大地位无法相提并论。也许面对数码影像领域的竞争，柯达主观上并没有刻意排斥或拒绝变革。然而，经过一段时间摸索，柯达发现数码影像行业的发展门槛较低，只要掌握相关技术，即使资金实力较弱的小企业也能生产数码相机。在这种情况下，柯达既要保住在传统影像行业的垄断地位，又要在数码领域和众多竞争对手抗衡，无疑会感到船大难掉头。经过长期跟踪发现数码成像技术终将替代胶片成像技术之后，柯达决定全面转型，应该是痛苦思索的慎重结果。

2. 从关键业务出发进行商业模式创新

关键业务是在全面审视企业所处政治、经济、社会、市场环境的基础上，分析企业自身能力和可用资源，在企业构成和运作的内外部各要素之间构建有机联系，形成企业完整的运营机制和方法，将它分解为外部环境、外部伙伴、内部价值链结构和内部独特竞争力四个子要素。

（1）外部环境创新，优化企业经营的外部环境。企业总是寻求最有利的外部经营环境，我国近年来成为世界制造基地就是跨国公司纷纷变换经营环境的结果。

---

① 向数码领域转移重心，柯达将放弃胶卷业务？[N]. 中国日报，2003 – 10 – 17.

（2）外部伙伴创新，改变企业合作与竞争的外部伙伴及其关系。供应链管理就属于这种商业模式创新。

（3）内部价值链结构创新，基于价值链的创新能够直观、清晰、全面地对企业商业模式创新进行理论解释。企业可以通过对价值链上价值活动进行细分，清晰地识别出自身价值活动的优劣势，然后对其内外部价值活动进行优化重组、整合及创新，最终实现有效的企业商业模式创新。

（4）内部独特竞争力创新，独特竞争力来源于两种互补的要素：资源和能力。企业的资源越是难以模仿和专有化，越有可能成为独特的竞争力；能力指的是企业协调各种资源并将其投入生产性用途的技能。一家企业也许可以拥有专有的和有价值的资源，但是除非它有能力有效地使用这些资源，否则它仍然无法创造出独特竞争力。更为重要的是，不具备独有的和有价值资源的企业，只要拥有竞争对手所缺乏的组织能力，同样可以创造出一种独特竞争力。

一家企业是否具备独特竞争力取决于以下两点：第一，企业专有的和有价值的资源，以及必要的利用这些资源的能力或技能；第二，企业专有的管理资源的能力。如果企业既拥有专有的和有价值的资源，又具备专有的管理这些资源的能力，其独特竞争力将达到最强，这就为独特竞争力创新指明了路径。微软公司的独特竞争力来源于用户使用其视窗系统的习惯，形成了其独有的资源，大量应用软件都建立在视窗系统上开发更强化了微软的这种资源。

以戴尔电脑公司说明独特竞争力创新，1998～2003年，戴尔公司的平均投资资本回报率达到惊人的39%，远远领先于竞争对手。苹果公司同期的投资回报率为7%，Gateway公司为10%，惠普公司为13%①。如何解释戴尔公司的竞争优势？人们认为答案就在戴尔公司的商业模式之中：将产品直接销售给顾客。戴尔指出，由于取消了批发和零售环节，可以保留原来必须分给这些环节的利润并将部分利润以低价的形式返还顾客。一开始戴尔通过邮件和电话进行销售，自20世纪90年代中期以来，绝大部分的销售都是通过网站实现的。戴尔卓越绩效的另一项主要原因是通过供应链管理令成本结构最小化，特别是削减存货成本，并能保持交货速度，三天即生产出符合

---

① 重生的戴尔科技，又到十字路口 [EB/OL]. 砺石商业评论，2022－10－21.

顾客独特要求的电脑。戴尔共有 200 家供应商，其中一半以上不在美国，戴尔利用互联网向供应商提供订单流的实时信息，从而后者可以掌握以分钟计算的对其所生产的部件的需求动向，以及未来若干周的预计订单量①。这些协作减少了整个供应链上的成本。戴尔的最终目标是将所有库存挤出供应链，只留下从供应商到戴尔的在途运输的部分，从而彻底用信息取代库存。戴尔独特竞争力创新的源泉就在于其专有的管理资源的能力，首先是以直销方式整合供应商和客户需求的能力；其次是以供应链整合公司与供应商供货关系的能力。这两项能力为戴尔创造了低价和庞大的现金流，形成了其独特的竞争优势。

3. 从经营方式出发进行商业模式创新

从经营方式出发进行商业模式创新主要是对企业经营的方式进行再定位，对企业经营的四种基本方式中的哪一种及哪几种的组合、哪一种作为重点或核心进行重新定位。以经营方式的变化应对经营环境的改变。如施乐通用电器的创始人看中了 914 型复印机的市场潜力，但他与柯达、IBM 的合作都没有成功，这几家大企业都认为 914 机器根本卖不出去，事实也正是如此。后来采取机器租赁的方式打开市场，营业额急剧上升，造就了跨国大公司的品牌。

重庆长江水运股份有限公司 90% 以上的收入来自客运，但随着重庆及川东地区近年来交通局面大为改观，公路交通迅速发展，加上三峡大坝截流的影响，客运市场的发展空间已经越来越小，因此，公司迫切需要迅速扩大货运装载量，以谋求新的利润增长点。面对日益增加的业务量及无钱添船、运量严重不足的现状，公司非常着急，于是他们与上海金海岸企业发展股份有限公司合作，进行了下述操作：首先，金海岸公司根据长运股份用船要求，以租赁为目的，向造船厂购买 20 艘船舶租赁给长运公司，并在合同履行完毕日将租赁物件所有权转让给长运股份，租赁期限为 5 年。其次，金海岸公司在长运股份租赁期间，将物件的所有权抵押给上海的银行，获得买船资金并付给造船厂。最后，长运股份每年向金海岸公司支付租金（由重庆民生银行做履约担保），5 年后 20 艘船的所有权就归长运股份所有了。这一

---

① 重生的戴尔科技，又到十字路口 ［EB/OL］. 砺石商业评论，2022 – 10 – 21.

业务给四家企业带来了如下好处：第一，造船厂将船卖给真正需要的买家并获得全部物款。第二，长运股份用很少的钱，租下 20 艘货运船，虽然所有权并不归长运股份，但运营权却在他们手中，可以一边运营产生收入，一边用赚来的钱支付租金，既适应日益增长的货运要求，为公司的发展增加亮点，又节约大笔资金用于其他利润更高项目的投资。第三，金海岸公司获得不菲的租金，在业内打出知名度，为以后的业务打下基础。第四，银行获得贷款收益和担保①。

课后思考题

1. 请用商业画布描述苹果公司 iPod 和 iTunes 的商业模式。

2. 请用个人商业画布描述自己毕业求职期望获得的岗位要求。

3. 请描述长尾商业模式中面临的要素冲突并说明如何解决。

---

① 娄永海. 基于 TRIZ 理论的企业商业模式研究 [D]. 长春：吉林大学，2009.

商业模式定位

❖ **学习目标**

1. 掌握定位理论的主要观点。
2. 了解营销领域的定位。
3. 掌握商业模式定位的维度。
4. 掌握商业模式定位的出发点，并能够针对具体商业模式进行定位分析。

定位理论是艾·里斯和杰克·特劳特于 1969 年提出的营销理论。它的定义是在"顾客心智"中，针对竞争对手确定最具优势的位置，赢得用户的优先选择，使品牌胜出竞争。定位理论认为品牌需要在用户心智中做到与众不同，在用户心智阶梯中占据最有利位置，使品牌成为某种品类的代表。当顾客产生相关需求时，便会将该品牌作为首选。很多学科都会涉及定位的概念，对定位的定义各有不同，同样从商业模式的角度出发，也需要定义和应用定位。

第一节　定位的概念

一、定位理论的提出和主要观点

在 20 世纪 70 年代的美国，市场竞争激烈，面对这样的市场，大多数企业仍在比拼谁能更高效地生产商品，谁能更广泛地覆盖渠道，抢占市场的空白。在产品时代，瑞夫斯提出独特销售主张理论（unique selling proposition，

USP），指出企业需要强调产品特性和用户利益，可面对参与者众多的竞争环境，企业寻找 USP 已日益困难。在形象时代，奥格威提出品牌形象理论（brand image，BI），强调企业需要建立声誉或形象，每一则广告都是对品牌的长期投入。然而市场噪声太高，没有多少企业能脱颖而出，脱颖而出的企业更多依靠技术成就，而非杰出的广告，因此独特销售主张理论和品牌形象理论遇到了应用瓶颈，无法为企业继续解决问题。

　　具体来说当时的市场面临两大难题，一是"选择暴力"，在科学管理时代，企业的焦点在于如何多快好省地生产商品，随后企业竞争的重心转向市场，即在组织管理时代要创造价值满足用户需求，企业的焦点在于抢占市场空白和争夺渠道资源。可是当大多数企业都能高效生产商品，都在不断抢占市场空白，不断争夺渠道，当货架上呈现琳琅满目的产品时，企业竞争的重心不应该还是工厂和市场。这时定位理论指出，企业竞争的重心应转移到"用户心智"来对抗竞争中的选择暴力，赢得客户的优先选择而获得成长的动力，成为企业生存的前提。企业能否占据有利的消费者心智地位，成为企业间竞争的关键因素。定位理论指出，企业优先要关注的是"心智份额"而不是能多高效地生产商品，能多疯狂地占据渠道。心智份额是品牌在潜在顾客心智中的占有率，通常用品牌作为心智中首选品牌的比例，来评估品牌的心智份额。心智决定市场，尽管可能存在某一品牌短期内在市场份额上表现出优于心智份额上领先品牌的情况，但从长远来看，品牌心智份额决定市场份额，赢得心智份额的品牌最终将获得相应的市场地位。因此特劳特指出，当时企业竞争的方向错了，企业应该多把心思放在用户心智经营上，因为这里才是真正的战场，并且用户的心智并不复杂，品牌只需要成为"品类代表"就可以胜出竞争。

　　二是"心智有限"，在信息爆炸时代，用户心智拥挤不堪。心理学认为人们的记忆最高不超过 7 个单位，因此特劳特提出"数一数二"原则，认为只有第一，没有第二。所有人都知道第一高峰是珠峰，却不知道第二高峰是哪一座。所有人都知道第一个登月的宇航员是阿姆斯特朗，却不知道第二个登月的宇航员是谁。在信息缺乏的时代，人们主动寻找信息，而到了信息爆炸时代，心智会默认开启两项功能：一是排斥信息，二是将信息简化归类。定位理论指出，在这一心智模式下，消费者会把产品分类储存起来，每个类别只记得几个足够应付的品牌，即心智阶梯。任何在顾客心智中没有位置的品牌，终将从现实中消失。也就是说定位理论认为用户的心智是简单的，每一个品类都记不住几个品牌。

在此背景下特劳特指出，开创并主导一个品类，让品牌成为顾客心智中某一品类的代表，才是赢得心智的关键，才是企业胜出市场的方法。定位是从产品开始，可以是一件商品、一项服务、一家公司、一个机构，甚至是一个人，也可能是你自己。定位并不是要你对产品做什么事情，定位是你对产品在未来的潜在顾客的脑海里确定一个合理的位置，也就是把产品定位在你未来潜在顾客的心目中。定位可以看成是对现有产品的一种创造性试验，改变的是名称、价格及包装，实际上对产品则完全没有改变，所有的改变基本上是在修饰而已，其目的是在潜在顾客心中得到有利的地位。

定位理论的主要观点包括以下四个方面：

（1）让企业和产品与众不同，争当第一，形成核心竞争力，突出某方面焦点，让品牌在消费者的心智中占据最有利的位置，成为某个类别或某种特性的代表品牌。当消费者产生相关需求时，便会将定位品牌作为首选，来占据消费者心目中的位置。

（2）消费者对品牌的印象不会轻易改变，必须保持定位的稳定性，切忌频繁变更。定位一旦形成很难在短时间内消除，而盲目的品牌延伸反而会摧毁已有的定位。

（3）定位就是追求简单，借助持续、简单的信息在消费者心中占据一个位置，其最佳的效果是让企业和产品在消费者心智中拥有一个字眼，就像沃尔沃代表"安全"，英特尔代表"微处理器"。

（4）定位就是建立认知，提出消费者心智工作原理是定位的核心，决定着商业战略的成败。心智容量有限，只能接收有限的信息；心智厌恶混乱，喜欢简单；心智缺乏安全感，容易产生从众心理；心智拒绝改变，对老品牌更感兴趣；盲目性的品牌延伸会使心智失去焦点。

二、商业模式定位与其他定位的区别

无论是战略的定位，还是营销的定位，都强调客户需求，以及设计满足客户需求的产品、服务和认知的细节，但忽略了与满足客户需求非常相关的一个维度：客户需求的满足方式——交易方式。比如，在炎炎夏日，客户想喝一杯冷冻的果汁饮料，这是一个确定的客户需求，而满足这个需求的方式却有很多种：企业建立连锁店销售冰冻果汁，客户购买直接获得最终产品；企业建立体验作坊，提供多种水果原料、配方和配套榨汁机器，客户现场学习，自己榨果汁；企业销售榨汁机，客户购买机器和水果，自己动手榨汁；企业销售速溶果汁粉，客户购买冰块，自己冲泡果汁并加冰。以上各种不同的满足需求的方式都可以在企业经营现实中找到例证，这说明同一个客户需求，满足需求的方式是非常多样的，而且从与客户的交易时效、交易效率、交易成本（难易程度）等方面来看，不同满足需求的方式的差别是很大的。从商业模式的角度来看，这种交易方式的差异和选择就是商业模式的定位问题。因此，商业模式定位的定义就是"满足利益相关者需求的方式"，与战略定位和营销定位有所不同。

商业模式定位与企业战略定位、营销定位之间，既相互影响，又存在巨大差异。不同的商业模式定位，会对企业战略定位和营销定位产生影响。比如，建立连锁店销售冷冻果汁的企业，可能会考虑把店面建在一线城市商圈，定位于商务人群（战略定位），强调环境的舒适、气氛的幽静（营销定位）；而如果是销售榨汁机器，则可能要考虑面向家庭主妇和年轻白领（战略定位），强调操作的简易性（营销定位）等。

营销定位的决策过程最具动态性，调整的灵活性也是最大的。同样的产品存在多种价值点，根据市场需求更换一个诉求重点，就有可能改变营销定位。例如，同一款饮料，既可以根据配料成分定义为加汽果汁饮料，又可以根据目标人群定位为运动饮料。产品没有做太大的改动，短时间内就可以重新进行营销定位。相对营销定位而言，战略定位的决策更稳定。战略一旦调整，不管是开发新产品还是开拓新市场，都意味着企业经营方针的转变、组织结构的调整和资源投向的重新调配。

三者比较而言，商业模式定位是相对最稳定的。因为商业模式定位主要解决满足客户需求的方式的问题，而这个问题不仅涉及企业的决策，更涉及企业与利益相关者形成的交易结构和相应的业务活动构成的价值网络的调整，可谓牵一发而动全身。同时，商业生态系统由于存在规模效应、学习曲线等，具有较强的路径依赖，绝不是单个企业可以决策和调整的。因此，商业模式及其所在的商业生态系统一旦确定，在中短期内很难改变。

因为商业模式定位的决策和实施周期最长，涉及调整的范围最大，甚至超出企业边界，而且一旦形成最为稳定，所以企业应该先进行商业模式定位，再确定战略定位和营销定位，这样的决策成本和执行成本是最低的。在企业实践中，无论是否有意识地进行了商业模式定位工作，客观上每个企业都会选择自己的商业模式定位。因此，有意识地从企业所处的商业生态系统的角度，优先确定商业模式定位，对企业的发展大有裨益。

　　无论是商业模式定位、战略定位还是营销定位，都有各自的价值主张。对客户而言，价值主张是指企业期望带给客户的价值感受。企业的价值主张可以来自商业模式定位、战略定位、营销定位三者中的任何一个。三种价值主张中，战略定位着眼于客户和产品，营销定位着眼于客户细分的需求，商业模式则着眼于满足客户需求的方式。

第二节　商业模式定位的维度

　　对商业模式定位而言，满足方式决定价值主张，而价值主张构成交易价值、交易成本和交易风险的具体内涵。如何设计交易结构，使价值主张得以实现，是商业模式定位要考虑的核心问题，商业模式定位可以从以下几个维度来思考和设计。

一、产权转移

　　产权的切割、重组是确定商业模式定位的一个重要途径。产权是所有者对资产的一项权利，作为一项权利，产权可以被纵向、横向切割成很多份权利，并把其中的几份权利组合在一起配置给某一个利益相关者，把另外的几份权利组合在一起配置给另一个利益相关者。不同的产权分配会产生不同的价值，这种组合的多样性就构成了多样化的商业模式定位。产权分割的机理在于：同一权利配置给不同的利益相关者所产生的交易价值和交易成本是不同的。某些利益相关者能够把某项权利的优势发挥到最大，产生最大的交易价值；某些利益相关者对某项权利的评价最高，配置给他能使交易成本最小。产权的分割和重新组合配置都要耗费一定的交易成本，只有从中产生的交易价值超过分割重组的交易成本，这种新的产权配置才是有价值的。最合理的权利束配置是使交易价值和交易成本的差值最大——尽管这意味着在某些情况下，可能要把某些权利配置给发挥次大优势的利益相关者。传统的产品销售模式，是一次性全部转移产品的使用权、收益权和转让权；而创新商业模式则会将产权分割，把每项权利分配给能够创造更大交易价值或者降低交易成本的利益相关者，从而实现商业模式价值最大化。

米其林集团是世界轮胎制造业的领导者，占据全球市场份额的 20.1%。其总部设在法国，并在超过 170 个国家设立了销售与市场分支机构，在 9 个国家设立了 75 家工厂，每年生产轮胎 1.94 亿条。在大型运输行业，轮胎成本约占运输整体成本的 6%，如果不能及时发现轮胎存在的问题并加以维护，轮胎的寿命和节油效果就会大打折扣，严重时还会影响车辆的正常使用，增加维修成本，造成经济损失①。"米其林车队解决方案"是为拥有大型车队的运输企业提供轮胎的全面托管服务。其核心思想是轮胎的所有权和收益权归米其林公司，车队则获得轮胎的使用权，按公里数付费。米其林的车队整体解决方案根据大型车队的实际需求和业务水平，为其设计有针对性的轮胎管理方案，全面接管企业中与轮胎相关的一切事宜，最终实现"轮胎资本"利用的最大化。由于米其林完全承担了与轮胎相关的业务，大型车队在更加专注于核心业务的同时，可以降低轮胎使用成本，提高车队运营效率和车队运营安全。

为完成从销售轮胎产品到全面托管轮胎服务的转变，米其林要培养相应的关键资源能力。一方面，要做好外部的市场营销，向目标客户传递信息，说服客户转变交易方式，培育服务市场；另一方面，则要改善内部系统和流程，建设适应全面轮胎托管服务的组织架构和人才梯队。米其林的转变和应对做得很好，其车队解决方案业务的发展一帆风顺。

米其林的案例是从产权的角度进行商业模式定位设计的典型实践，时至今日很多行业开始采用这种仅出售使用权的方式进行交易，并且取得了非常好的效果。比如，在航空市场上，很多航空公司采用按飞行小时数租用飞机发动机的模式；而在很多的写字楼里，大型办公设备（如复印机等）不需要业主采购，使用者只需按印数付费。

---

① 马太，叶家宏. 轮胎行业专题研究：观米其林，看国产轮胎成长 [EB/OL]. 雪球，2022 – 09 – 16.

　　产权可分为使用权、收益权和转让权。更进一步，产权其实可以切割得更为细致，如占有权、开发权、改善权、改变权、消费权、出售权、捐赠权、抵押权、出租权、借贷权等，不同的切割会带来不一样的商业模式创新。

　　产权分割不仅能从价值环节上纵向切割，各项权利还可以横向切割。比如，法国居马农业机械合作社（CUMA）就是对农业设备的使用权进行了横向切割。假设居马要购买一台价值 10 万法郎的施肥机械，其中合作社会员承担 30% 的自有资金（其他 70% 由优惠贷款和政府补贴垫资），即 3 万法郎。自有资金的分摊方式是按照会员承诺的使用时间进行分摊的，由此农场主们可以用不到十分之一的成本拥有农业机械的使用权。

　　而在金融领域，收益权的纵向切割就更加常见了。比如，同一个项目的出资方：银行获得的是具有有限偿还顺序的固定利息，战略投资获得的是分成收益，而股权投资获得的是劣后的剩余收益。正是这样的产权配置，才使得各方的资金找到自己最佳的交易价值、成本与风险的匹配点，催生出丰富多彩的金融市场。

二、交易过程

　　企业与消费者交易的过程可分为交易前的相互搜寻过程、交易中的价值感知过程和交易后的执行过程。不同的商业模式定位，在这三个过程中的交易价值、交易成本和交易风险都不同，最终形成的商业模式价值也有所不同。

　　2012 年关于纯电商平台"颠覆线下"的争论一度占据了主流。然而从 2017 年开始，各大电商积极布局线下。当年"双 11"，阿里宣布 5 万家金牌小店、4000 家天猫小店、60 万家零售小店加入购物狂欢节，京东宣布未来 5 年将在全国开设超过 100 万家京东便利店。[①] 显然，依靠纯电商平台的零售已经步入瓶颈，而线上电商和线下零售商融合的"新零售"模式得到业界的广泛认同。纯电商的流量成本和获客成本不断提升，随着移动互联网

---

　　① 张斯 ."双 11"前阿里和京东的"朋友圈"在忙啥，一场流量之争的营销战已全面打响 [EB/OL]. 36 氪，2017 – 10 – 31.

的普及，增长空间明显遭遇上限，线上入口和渠道越来越碎片化。而需要实际感知、实际体验的场景化服务成为电商的软肋，商品的展示与体验成为客户体验最短的短板。

新零售强调以消费者为中心，让消费者获得更优质的购物体验，这也是电商积极布局线下的原因所在。电商进军线下零售，实体零售商的积极应对，为线上线下渠道的融合进行积极探索，这将影响消费者的购物体验，并决定未来零售的商业模式。这种零售模式的变化过程，与实体店和网上商店两种商业模式定位所导致的交易价值、交易成本和交易风险的差异有关。

从交易成本的角度比较，实体店顾客搜寻成本不高，商品明码标价，顾客体验感知成本低，一手交钱，一手交货，执行成本不高。网上商店顾客不需要出门，搜寻成本比实体店还低，顾客体验感知成本非常高，甚至购买后不合适还要退换货，由于担心网上支付的安全性和货不对版的风险，执行成本高于实体店。

从交易价值的角度来比较，实体店顾客不便搜索，但顾客可以充分体验产品实物，了解功能，体验感知价值较高，顾客可以立刻拿到产品，方便快捷，执行价值较高。网上商店有较为完善的搜索功能，搜寻价值较高，交易中缺乏体验环节，但执行环节中，顾客需要等待物流，不如实体店方便，执行价值较低。从交易风险的角度比较，在实体店和网上商店，顾客都有高价买到劣质产品的风险，只要额外付出的成本不多，品牌连锁超市和品牌网上商店的信誉将成为顾客规避交易风险的理性选择。因此，可以认为实体店和网上商店的交易风险一样。

由于交易过程是可拆分的，因此在环节之间切换成本不高的情况下，消费者会在不同环节选择不同的商业模式定位，最合理的选择应该是在网店搜寻，在实体店讨价还价，在实体店执行交易。考虑到网购商品物流成本低于实体店的租金成本，一般而言网购比实体店要便宜，这导致实体店对网店的支付安全性、时效性、体验性优势被价格劣势抵消，因此消费者更喜欢去实体店体验，但更多去网店消费。随着人们对产品体验感知价值和服务价值的需求的提高，以及网上商店成本的提升，新零售商业模式需求的上升就不足为奇了。对零售企业而言，它们必须在交易的这几个环节之间进行重组配置，建立兼备网上商店和实体店的混合商业模式定位，并且实现消费者在各个环节的线上线下模式之间自由切换，这样才能获得更大的客户满意度和更多的交易额。一些商家推出的无人商店，实现了客户在网上搜寻、在实体店体验、在网上商店执行交易的混合定位，这正是对实体店和网上商店的交易价值、交易成本进行优化组合的结果。

当然，交易价值和交易成本都是动态变化的。技术手段的革新会影响各环节的交易价值和交易成本，在电子支付安全性还未得到解决的情况下，网店交易的执行成本高得惊人，以至于电子商务的发展多年停滞不前；而当电子支付安全性越来越高、技术手段越来越成熟时，网店交易的执行成本大幅下降，物流系统和供应链管理的提升，则提高了网店在执行环节的交易价值。

三、产品、服务、解决方案

作为满足客户需求的方式，商业模式定位还可以从另一个维度回答一个问题：企业为客户提供的是产品、服务、解决方案还是赚钱工具？不同的答案对应不同的商业模式定位。

例如，直接销售空调机给客户，这是提供产品。企业安装好中央空调，为住户供应冷风和热风，按照面积收取管理费，这是提供服务。系统集成商为企业提供一整套的硬件、软件加培训服务的信息化系统，这是提供整体解决方案。连锁加盟品牌商为加盟商提供一整套管理规则、后台支撑系统等，这是提供赚钱工具。作为制造大国，中国不乏大量通过提供产品来赚钱的企业，但是定位于提供服务、解决方案和赚钱工具的成功企业将会越来越多。

首先是定位于服务。一般而言，处于产品下游的服务利润率更高，交易价值更高；需要投入的资源少，交易成本更低；下游业务通常能产生稳定的服务收入，一般不存在周期性波动问题，交易风险更低。当然，从定位产品转向定位服务，至少需要具备两个条件：第一，企业自己的产品在市场上占有率较高，或者企业对其他产品技术有较深刻的理解。例如，爱立信从以前销售通信设备转型为运营服务通信设备，其成功的一个要素就是多年技术的积累，使爱立信能胜任运营竞争对手的设备。第二，服务产出的现金流回收周期长，与产品销售一次性回款不同，企业要利用相应金融手段。比如，按照面积收取管理费的中央空调厂家，要么需要引入私募股权投资，借助外来资本扩张市场；要么需要将应收账款卖给银行，改善现金流结构，否则资金链断裂，服务转型就会变成一句空谈。

其次是定位于整体解决方案。把产品、服务打包在一起，与客户分开购买、自己组装、自己学习相比，同时降低了搜寻成本、讨价环节成本和执行成本，其中的便利性、高利润率则带来了更高的价值增值。比如，通用电气（GE）就为其产业合作伙伴提供了包括产品、服务和金融工具的整体解决方案，GE 旗下的金融集团和 GE 公司的各产品事业部也配合行动。以 GE 机车市场为例，除了供应零部件和提供贷款外，GE 机车事业部和 GE 金融集团还涉足机车售后和使用过程中的许多业务，包括为铁路资产提供贷款、机车维修厂的运作、车厢的调度和线路安排服务、维修车队的管理等。由于把工作重点放在客户活动上，GE 公司在销售和利润上都获得了较好的回报，同时也更了解客户的需求。通过多方面介入客户的业务，GE 公司与客户建立起牢固的关系，这对后续的产品销售也有促进作用。

最后是定位于赚钱工具。这个定位的特点在于由于交易价值很高，企业可以从中分享一部分商业模式价值。以连锁为例，连锁品牌为加盟商提供的服务是全方位的，从店面选址、装修、人员培训到广告运营等，几乎面面俱到，其目标只有一个——让加盟商能够赚钱，在让客户从定位中产生价值这个角度看，赚钱工具是最直接和最到位的，企业利润与客户利润紧紧结合在一起。类似的模式还有很多，比如在商业地产领域的一种销售模式：按照一定面积对商场物业进行分割销售，业主购买后再由物业公司承租回去，承诺最低的收益率，以推动商场物业的销售。这样就把商铺的销售直接变为一个赚钱工具。当然这种商业模式虽然对客户极具吸引力，但要求卖方拥有相对较高的资源能力，能够保障后续的持续盈利，否则就会沦为"庞氏骗局"。

第三节　商业模式定位的出发点

定位是构建一个优秀的商业模式的起点，要做好定位设计，就要紧紧围绕客户需求，一般来说，可以从以下五个方面进行商业模式定位。

一、资源能力

设计商业模式定位首先应当考虑企业自身的资源能力，找到适合自己的定位。客户的需求是复杂而综合的，满足客户需求的方式更是多样的，要设计最有效地满足客户需求的方式，必须结合自身的资源能力条件。一方面，根据企业的资源能力，选择自己最擅长的满足客户需求的方式，即这种需求满足方式是交易价值最大的，或者采用这种方式交易的成本是最低的，这样就具备将价值传递给客户或其他利益相关者的空间。另一方面，根据自己擅长的满足客户需求的方式，选择更加看重这类价值满足方式的客户群体，以形成高价值的交易，挖掘资源能力的商业模式价值，这也是从资源能力角度设计定位的有效方式。不管是传统行业还是高科技行业，无论是朝阳产业还是夕阳产业，从战略角度来看，总是存在很多的细分市场可以去拓展和创新，从商业模式角度来看，一个市场和一类需求也总是存在不同的满足方式。在进行商业模式定位的过程中，资源能力可以作为首要的考虑因素。

英国飞马旅行社是一家利用自有船只为游客提供到爱琴海群岛旅游服务的旅游公司。自20世纪50年代成立后近半个世纪内，飞马在这个领域占据着市场首位。然而20世纪90年代初，这个格局发生了变化，飞马的市场份额逐渐被两家竞争者蚕食。第一家是一家意大利公司，它的卖点在于低价——同样的服务，更便宜的价格。这个竞争者在进入爱琴海诸岛旅游市场前在意大利做运输业务，它的船不但载人，而且给诸岛运送食品和建筑材料等。"人、物混装，一船两用"的定位，很轻易就把价格降了下来。从这个角度来说，它把游岛定义成了运输业务。第二家是一家新成立的希腊公司，它的卖点在于"更大、更好"的产品，把公司的业务定位为"提供整个东地中海的游览服务"。在线路上，它从爱琴海诸岛拓展到整个东地中海，包括埃及、以色列和塞浦路斯；在服务上它提供了更具异国情调的游岛体验。

面对挑战，飞马邀请了一家有名的咨询公司，这家咨询公司向飞马提出了两个建议：第一，买更大的船，为游客提供比第二个竞争者更多的游览项目；第二，尽可能降低运营费用，将降低的费用转为更低的价格使游客受惠，与意大利对手竞争。毫无疑问，这两个建议本身是有冲突的，因此在之后的四年里，飞马的业务并未出现任何进展。后来飞马认识到自己经营爱琴海游线多年，积累了大量关于各岛的风俗、历史和最佳的航渡路线，诸如最佳路线依赖于不同的季节的知识，这半个世纪的运营经验才是飞马的优势所在。将游客快速地从一个岛运送到另一个岛只是度假体验的第一层次，飞马可以做许多其他的事情来增强游客的度假体验，如提供历史解说、品尝当地菜肴，从而使整个服务升级。飞马于是转向另一个定位，瞄准主要想游览希腊群岛的游客，使他们在这些岛上的经历尽可能令人兴奋。这个决定让公司经理们卖掉大船转而购入更小、更现代的船只；引入船上娱乐项目，包括雇用受过训练的历史学研究者解说游览的每一个海岛的历史，并提供每个海岛的特色菜，从随后两年的财务业绩看，这个定位成功了[①]。

　　飞马的新定位之所以成功，原因在于依托资源能力，以"体验"（服务）而非"旅程"（产品）作为满足客户需求的差异化的方式，从而实现扬长避短。根据重新定义的需求满足方式，企业可采取相应的行动改造原来的商业模式。一旦确定了商业模式定位，应该设计什么样的交易和运行机制也就一目了然了。

二、客户真实需求

　　定位可以从客户真实需求的角度进行创新和设计。一般而言，随着一个行业发展成熟，行业通行的商业模式会逐渐固化，形成相对稳定和有差异的业态（商业模式的另一种表达方式）。新的从业者似乎会不假思索的模仿和跟随，行业利益相关者形成的规模效应也会成为变革的障碍。然而，市场和客户需求始终是在变化的，固定的业态并不能长久地保持竞争力。因此，从最根本的客户需求的角度出发，进行客户真实需求的再探索，往往会有出乎意料的效果。循着客户真实需求的路径，发掘需求，创造性地设计不同的需求满足方式，即形成新的业态，是商业模式定位所要解决的问题。

　　网飞公司（Netflix）成立于1997年，是一家总部位于美国加利福尼亚州的在线影片租赁提供商。截至2016年底，Netflix已在全球范围内拥有超过8800万名付费用户，占据流媒体服务市场的领先地位。它的定位从碟片租赁商，转变为流媒体服务商，然后又变为自制内容制作方。

---

① 魏炜. 发现商业模式［M］. 北京：机械工业出版社，2022.

　　Netflix 初期的主要业务是网络碟片租赁，传统的实体 DVD 出租店时代，顾客必须去店里租碟，每张碟平均租价 5 美元，看完后逾期未归还则要承受高额的罚款，当时 DVD 租赁巨头 Blockbuster 将碟片逾期罚款费用作为利润的增长点，占其总营业收入的 16%，顾客的罚款比购买碟片还贵。Netflix 则针对顾客的需求，推出了全新的模式，顾客不必亲自去实体店租还碟片，只需在线预订并用快递租还，顾客支付每月 19.95 美元的固定费用就可无限制租赁 DVD，每次最多租 4 碟，无到期日、无逾期费、无邮费。Netflix 借此吸引了大量的用户，通过收取固定会员费而非按租碟数量收费，打败 Blockbuster 成为行业新王者。

　　随着网络点播的出现，DVD 租赁退出了历史舞台。2007 年，Netflix 推出流媒体在线点播服务，斥巨资买下热播剧的版权。它是美国唯一一家没有广告的流媒体，只要成为会员，就可以免费观看所有影片，享受没有任何广告介入的用户体验。此时的会员订阅费每个月仅需 7.99 美元，约为一般有线电视费用的 1/7。同时，Netflix 推出智能化的推荐体系，能够基于顾客观看评价和记录进行影片推荐。这一时期 Netflix 会员数从不到 1000 万名增加至超过 4000 万名。2012 年，Netflix 开始打造新的业务——自制剧，Netflix 利用多年运营大数据，精确提炼客户需求，并根据客户需求制作剧集。Netflix 自制内容只有在其平台上才能看到，通过自制内容强化封闭性，吸引用户订阅。自制剧《纸牌屋》的成功给 Netflix 增强了信心，随后 Netflix 持续提高原创内容的比例，减少与其他平台重复的内容，将预算集中用在增加独家内容上。其原创内容从 2012 年的 4 部增加到 2016 年的 126 部，4 年内增长了 3150%。高质量的独家内容是吸引更多用户订阅的关键因素，而平台大数据则是生产高质量内容的强力保障。始终把握客户的真实需求，以不一样的方式更好地满足客户需求，采用更新的技术手段挖掘客户需求，并持续不断地予以满足，这就是 Netflix 持续成功的关键所在。[①]

三、比较优势

　　准确的商业模式定位要做很多功课，定位可以从现有的商业模式中寻找

---

① 奈飞，奈飞，奈何非我鱼与熊掌（上）：商业模式与护城河 [EB/OL]. 雪球，2016 – 08 – 12.

革新的机会，也可以另寻思路，分析竞争对手的资源和优势，通过对比找出企业自己拥有的比较优势。由于这种比较优势是体现在需求满足方式上的，因此比较优势并不总是来自企业资源能力禀赋，而有可能来自企业对需求的差异化洞察和创新，企业由此形成稳定的交易结构，以及支撑企业交易结构的企业能力。

美国西南航空公司成立于1971年，到2016年底，西南航空拥有723架波音737飞机，通航101个城市。截至2016年6月，西南航空在美国国内的旅客数量排名第一，是美国最大的航空公司，并且连续44年盈利。在经营业绩大幅振荡、盈利水平容易受到外界因素影响的航空业，西南航空保持了一个无法超越的纪录。

航空公司的成本结构非常清晰，行业固定成本率高达60%。大多数航空公司以成熟枢纽为中心，先将乘客从中小城市送到中心枢纽城市，然后再把乘客送到目的地，通过增加乘客里程来有效分摊固定成本，而短途航线一度被认为是无利可图的。

西南航空并没有沿袭一般航空公司的定位，它没有把自己定位为一家航空公司，而是把自己视为一家运输公司，为乘客提供点到点的、短航程、高密度的航班服务。西南航空的直接竞争对手不是其他航空公司，而是长途汽车和火车公司。

西南航空商业模式的逻辑是对于行业固定成本的分摊，其他航空公司通过长途航线拉长里程的方式，西南航空则通过有效扩大乘客规模的方式。而事实证明，这种定位差异带来的价值是明显的。为了实现这一定位，西南航空在航线运营管理方面采取了一系列行之有效的措施。首先是以低价获得更大的客户规模，西南航空绝大部分票价是其他航空公司的1/6～1/3，甚至更低。其次是以价格敏感的短途商务与家庭旅行者为主要目标人群，结合这部分人群的需求特点，西南航空安排了密集的航班频次，乘客即使错过一个航班，也可以在下一小时之内就搭上同一个航线的下一个航班。此外，西南航空还在方便订票、快捷登机等方面采取了一系列的措施以降低成本。在运营方面，西南航空的飞机统一采购波音737，甚至还购买了一部分在服役期内的二手飞机，单一机型使得维修成本、人员培训、备件采购等费用大大降低。为了对冲油价波动，西南航空通过油价的套期保值（西南航空是全世界唯一一家实现此业务从未亏损的航空公司），有效地规避了成本受外部因素影响而波动的风险。尽管西南航空为人所称道的是它的成本领先战略和成本控制措施，然而在这些成本控制的组合策略背后，从商业模式的角度看，准确的定位及其分摊固定成本的逻辑匹配，才是西南航空获得成功的关键所在。[①]

四、产品定位

企业产品定位的发展变化与商业模式的定位设计紧密相关。产品定位解决的是目标客户群体和产品价值主张所传递的内容问题，商业模式定位解决的是需求满足和价值主张的传递方式的问题。同一个产品，可能会有不同的商业模式；不同的产品，可能会有相同的商业模式。

创立于 1981 年的绿山咖啡起初是一个非常传统的咖啡供应商，在原有的模式和市场竞争下，利润空间越来越微薄。绿山在接触创业公司克里格（Keurig）的产品——专利单杯咖啡机及其专用"K 杯"后，便与其展开合作，并在 2006 年完全收购 Keurig 公司。

Keurig 公司的单杯咖啡机和 K 杯是相互搭配的，并获得了专利。单杯咖啡机的平台只能对应特定的 K 杯，把 K 杯置入单杯咖啡机，按一下按钮，加压注水管就会穿破铝箔盖进入滤杯，注入热水，咖啡机会精确地控制水量、水温和压力，以保证咖啡品质，不到一分钟一杯香浓的咖啡就完成了。通过产品的更新，顾客咖啡需求的满足方式从购买咖啡豆，转到购买咖啡机和 K 杯上。顾客在家或者办公室想要喝咖啡的时候，无须出门去买，自己随时冲泡，一杯一个口味，时间短，无须清洗，消费体验更好。

绿山咖啡从传统的单纯获取销售差价的盈利模式，转换为全新的"剃刀—刀片"盈利模式。绿山咖啡的特制咖啡机按几乎是成本价的 100 美元销售，而接下来顾客会持续地消费 K 杯，绿山依靠售卖不断消耗的 K 杯赚钱，1600 万台咖啡机，每年消耗超过 50 亿个 K 杯。在产业链上游，绿山选择了建立一个开放的生态系统，将单杯咖啡机作为平台面向供应商开放，授权供应商生产和出售 K 杯，供应商需要支付每杯 6.8 美分的许可费。通过这样的授权设计，顾客可以通过放入不同的 K 杯选择不同口味，K 杯不仅

---

① 郑雪．美西南初体验：不似低成本的低成本"鼻祖"［N］．中国民航报，2019 – 11 – 27．

局限于咖啡，还包括茶和果味饮料，目前已有超过 200 个口味可供选择，除了两种是绿山咖啡自己的咖啡外，其他包括星巴克在内的主要咖啡供应商和主要茶品供应商都有对应的 K 杯。顾客有多种选择，而绿山则通过许可费获得收入，实现共赢。在新的商业模式下，2006～2010 年的 4 年间，绿山咖啡股价上升了 9 倍，企业估值超过百亿美元。①

　　同样是满足客户喝咖啡的需求，咖啡豆和咖啡机的商业模式完全不同。咖啡机的商业模式定位使得满足客户需求的思路不再局限于产品定位本身，而是基于产品定位，拓展到更大的交易空间内。咖啡机和剃须刀是完全不同的产品，但在商业模式的设计上是相同的，这是由于二者采取了类似的需求满足方式，形成了类似的商业模式定位。清晰地区分产品定位和商业模式定位，明确二者在需求满足的内容与方式上相辅相成的关系，充分挖掘产品定位及其变化给商业模式定位带来的价值，挖掘需求满足方式的潜力，与产品定位自身的优势相结合，这些对于设计好的商业模式定位是至关重要的。

五、重新定位

　　定位一经确定，企业会以此构建商业模式，企业会处于一种相对稳定的交易结构中。而当环境和商业模式的影响因素发生变化时，企业的商业模式定位就会出现不适应的情况，在这种情况下就有必要考虑重新定位商业模式。

　　商业模式定位的影响因素可能包括以下几类：第一类，客户需求或需求的价值判断发生了变化，这是对商业模式根本性的影响。比如，随着经济水平的提高，客户对产品功能性的需求退居其次，而对产品的社会属性（如体验、自我认同感或社交自信）的需求比重提高，那么满足新需求的方式可能就要发生变化。第二类，产品定位和产品设计的变化。满足哪些客户的需求、满足怎样的需求、以什么产品或服务来满足，这是产品定位的核心问题。一旦产品定位发生变化，或者产品满足客户需求的价值水平得到提升，满足需求的方式也必然随之发生转变，这也需要重新定位商业模式。第三

---

① 王占波. 绿山咖啡：卖杯子的咖啡巨头！[EB/OL]. 雪球，2014－03－03.

类，发现更好的需求满足方式。在客户需求、产品定位没有改变的情况下，随着交易主体的不断增加和变化，在交易结构和交易方式上，企业存在更高效率和更大价值空间的选择，这时就需要重新定位商业模式。

挪威 N 公司成立于 1918 年，是欧洲最大的电暖器制造商之一，其产品范围涉及电暖器系列、居室型和地板型等电暖器的温控装置，以及其他电器的节能自动控制系统。

N 公司中央空调的使用者主要是酒店、公寓或大型公共场所（如机场）和住宅区的居民，终端客户则是掌握着这些大量使用者的大型开发商。开发商在传统模式下使用中央空调要负担三笔费用：设备购买费、电费和维护费。其中最大的投入是电费，传统的中央空调每平方米一天需要支出 1.5 元。N 公司中央空调与一般的中央空调相比，其优点在于省电，但是进入中国市场后，由于客户对 N 公司产品不熟悉，省电的特点在原来的商业模式下并不能在客户购买使用前有效地体现出来。

N 公司针对这种情况推出了新的服务方案：为开发商免费提供空调设备，签订 10 ~ 15 年的收费合同，酒店、公寓或大型公共场所（如机场）按面积收费，每平方米收费定为 1.2 元，费用包含设备运营期间的电费和维护费，开发商的电费支出每平方米比原来还便宜 0.3 元；合作期满，空调设备归开发商所有。这个交易结构得到了开发商的支持。按照原来的模式，开发商购买一套中央空调需要支付购置费、电费、维护费，而在当前模式下不需要额外支付购置费和维护费，电费每平方米还少了 0.3 元，因此开发商肯定接受。

而 N 公司每年可以从开发商那里获得收益，扣除相应的维护费用、设备折旧等，盈利仍然可观。N 公司把省电利益的一部分通过新的商业模式提前转移给开发商，获得了开发商的极力支持，在中国市场也迅速打开了局面。

在这个案例中，企业设计生产出了非常有价值的新产品，但这个隐性的价值特征很难通过宣传、广告、第三方认证等方式顺利、准确地传递给客户。因此，原有的需求满足方式已经不能体现这个价值，此时需要进行商业模式的重新定位。企业重新定义了它满足客户需求的方式：由企业承担电费，为客户提供更优惠的高质量服务，变隐性的省电为显性的费用节约，让客户看到实实在在的利益，从而得到客户真心的支持，成功完成了商业模式的再定位。新的商业模式定位有效地利用了客户在产品省电这个价值特征上的认知不对称，创造了巨大的价值空间。

课后思考题

1. 请结合个人家乡或学校所在地的万达广场实际情况，说明万达广场的商业模式定位。

2. 请说明产品定位、市场定位、品牌定位、商业模式定位的关系。

3. 拼多多的商业模式定位和淘宝的商业模式定位有什么区别？

第四章

商业模式演变

❖**学习目标**

1. 了解组织间关系的建立和演变过程。
2. 掌握商业模式的构建过程。
3. 掌握商业模式的解构过程。
4. 了解商业模式演变的一般规律。
5. 熟悉商业模式演变的超循环过程。

　　企业商业模式并非一成不变，相反模式从产生以来就处于不断的变化和更新中，这种变化与时代息息相关，有一种观点认为：进步的时代已经结束，变革的时代已经来临，前者是始于文艺复兴时期，在工业时代达到巅峰。21 世纪正处于变革时代的入口，这是一个更加无序的时代，变革以一种非线性方式运动，在这个时代有更多的希望和风险，在进步时代，未来比现在更好，而在变革时代，未来与现在截然不同，想象力成为创新的有力武器，几乎每一次商业模式的创新都带来了财富的激增。

第一节　组织关系的演变

　　无论企业采用何种形式的商业模式，都涉及同样一个问题，这就是企业与企业的关系问题，即组织间关系，在商业模式视角下，组织与组织之间的关系是如何建立和如何发展演变的是要重点关心的问题。由于组织间关系是一个由多个商业模式所组成的复杂结构和制度的集合体系，它的发展演化受到组织内环境和组织外环境因素的影响，对组织间关系的建立和治理将会影响到组织间合作网络中每个成员企业的命运。组织间关系可以帮助我们认识商业模式演变对组织间关系的各种影响，明确其治理条件则可以帮助企业将组织间关系向有利于发展的方向演进。

一、组织间关系建立的界面机制

组织间关系是两个或多个企业组织之间的相对持久的资源交易、流动和联结，长期以来组织间关系问题是组织理论研究的热点。由于任何企业组织都存在一定的边界，并且每个企业与环境之间、与其他企业组织之间也存在这样或那样的联系，这就形成了联系的形式和机制。企业为生存和发展的需要，采用一定的商业模式与其他企业组织和个人发生关系，因此模式是组织间产生各种联系的基础，是建立各种关系的载体，模式决定了组织间的连接形式，因而也就是组织间关系形成的机制。模式的发展影响到组织间关系的演变，反过来组织间关系的演变也进一步推动了模式的发展。

（一）组织间关系的界面思想

企业商业模式中存在一个主体企业，即运作该模式的"核心企业"或"焦点企业"。在这样的组织间关系中，处于核心地位的企业往往有能力控制信息和资源等价值流向，能够帮助其他企业建立相互联结。联结是通过"界面（interface）"的结构设计和规则制度的安排来实现的，引入"界面"思想主要是为了方便对组织间关系的讨论，雷恩（Wren，1967）认为界面概念在组织理论中包含了组织间节点关系及其协调的意思。当组织或系统的各个组分必须相互支持、相互连接时，"界面"就产生了。埃文（Evan，1966，1972）提出组织集合（organizationset）和焦点组织（focus organization）的概念。他认为焦点组织是研究该组织和它的环境中其他组织相互作用的网络，如组织集合的相互关系。虽然他没有用"界面"这个术语，但是他建议在组织集合中应当用"跨边界人士"（boundary personnel）来描述组织间关系的相互作用，这表明组织间关系是属于关系双方的。界面的思想是一种方法论工具，喻红阳等（2005）认为，用系统的观点来解释组织的界面时，可将组织的界面定义为两个自主的组织为了达到更大的系统的目标而相互合作、相互依赖和相互作用时的接触点，是相关单元之间的交互，是相关单元之间接触方式和机制的总和。界面指的是某个商业模式的核心企业与其相关企业发生相互作用的联结方式，包括媒介、规则和协调机制（喻红阳等，2005）。博阿里（Boari，2001）认为，组织间关系是由核心企业与其协作企业构成的一个系统，如果把组织间关系的概念适当扩大一些，顾客、供应商和其他利益相关者等外部变量也可以进入这个关系网络，企业与这些外部变量发生物质、信息、能量的交换，由此可以将这些关系统称为"企业网络关系"。实际上，从广义的角度看，任何一个企业都与其他企业组织和个人发生各种各样的联系，无论是大型企业集团，还是小到几个人的合伙企业都是一个开放的系统。处于企业网络中的供货商、协作厂家、中间商、企业用户以及最终消费者，相互合作，共同降低生产、交易以及市场认知等方面的不确定性，并支持"核心企业"的价值创造活动。

（二）组织间关系的形成

企业的重要资源越来越依靠整个企业群体或企业网络，由核心企业及其协作企业构成的企业网络是一种既不同于传统企业又不同于市场的新的组织形式（任志安，2004）。杨瑞龙（2003）认为，企业网络是指由 n 个相互独立的企业通过正式契约和隐含契约所构成的互相依赖、共担风险的长期合作模式，刘东（2003）则倾向于认为企业网络是一种跨企业界面的知识共享组织。无论何种观点，企业网络的存在是组织间相互作用的结果，可以用界面思想来描述组织间关系。但首先遇到的问题是界面关系是如何形成的，在企业网络中，组织间关系成员都是一个个具有自组织特性的企业，在商业模式视角下，企业网络的形态是由商业模式决定的，核心企业通过模式创新形成了某种结构，而网络成员的构成会受到模式结构选择的影响，模式的特性决定核心企业对关系企业的选择，如采用外包生产方式进行模式建立的核心企业比一体化企业有更多的外包供应商，也就因此影响了该核心企业的组织结构和运营方式。企业网络形态进而影响了组织间关系的形态，由此形成了组织间的界面关系。此时为维持关系和结构的成立就需要一个制度安排，这就是组织间关系的界面规则（interface rules），可以认为界面规则是企业网络的内部制度，如果把企业网络理解为某种形态的内部市场，界面规则就是这个市场的"规则"。界面规则还用于处理企业网络内各节点企业的关系，解决界面各方在专业分工与协作之间的矛盾，实现组织间关系的整体控制、协作与沟通，提高组织间关系效能。在企业网络中，由于组织间关系是持续发展的，它可以使处于网络中的组织成员通过学习，利用规模经济、范围经济等途径在信息、资源、市场、技术等方面获得竞争优势（Jarillo，1988）。如果环境是稳定的，而且过去的规则代表着网络中组织间关系成功合作的经验，界面规则就倾向于复制记忆来指导网络中的组织间关系行为继续发展，如果现有界面规则不能使整个企业网络获得满意利润，那么组织间关系的界面规则就倾向于改变组织间关系。界面规则的这种自我维持或自我调整是一种有效的制度安排，既保护企业网络各成员企业的各自核心竞争力，又避免了规则的惰性。因此，组织间关系的界面规则是在成员企业之间的合作交易中逐渐培养出来的，并随着合作伙伴互动的时间越长，其关系的相互嵌入越深，范围越广。

但是不能简单地把界面规则理解为一组机械性的制度，界面规则是动态发展的，这是因为核心企业的商业模式处于不断发展演变中，其发展阶段所带来的变化如内部化和系统锁定对企业网络组织成员中的关系影响极大，不同的模式阶段的界面规则有不同的形态。在模式建立初期，网络中的核心企业与其他组织之间的界面规则处于一种不稳定状态，组织间关系主要以契约为主，随着模式发展到内部化阶段，组织间已经建立了相互信任，界面规则体现更多的是网络性；到系统锁定阶段，组织间关系成为一种相互嵌入的关系，界面规则倾向于协同的最大化而不是单纯依靠契约和信用。

除企业商业模式对界面规则的影响外，环境因素也同样发生作用，网络中的成员企业与环境之间的界面是由不同社会子系统的合作而产生的。组织间关系的界面规则是在组织间关系成员之间、组织与外部环境之间的相互作用中逐渐演化形成的。企业的界面规则涉及组织间关系成员在核心企业所创立的商业模式下的价值定位、功能确定、利益协调、知识交换等多个层面，因此可以这样认为，商业模式是组织间关系形成的机制，组织间关系通过一定的界面规则表达出来。当现有的界面规则发挥作用时，组织间关系成员倾向于保持界面规则，并发展成为网络合作伙伴。从另一个角度看，组织间关系的发展中还体现了知识的运动属性，知识影响了界面的形成和发展：一方面，企业之间知识的配置也会影响到双方关系的构成；另一方面，知识的运动也不断创造着双方的关系价值。

（三）界面规则的作用

界面规则体现了核心企业在商业模式设计中的创造性，但是界面规则的形成并不是仅仅通过模式主体企业来实现，而是由网络中的成员相互作用演化而来，因此界面规则不仅要体现模式建立和运行的需要，还要从发展的角度来审视组织间关系、组织与社会的关系，其基本作用如下所示。

1. 界面规则要体现企业网络的价值创造

企业网络离不开价值创造，其构建目的是创造更大的价值，而界面规则要有利于整个企业网络的价值创造，如果界面规则使企业网络中的价值创造活动受阻，或者价值创新活动不活跃，这种规则就是不合理的规则。界面规则要充分利用网络的协同增益效应来实现价值创造，在网络内部，通过对知识和能力的更新，可以持续保持网络的竞争优势。创造和更新的能力则有赖于公司对内部开发、市场交易、收购兼并，以及产品和知识联接等方面进行独特的管理和协调。在这种状态下，价值创造过程与传统方式有所不同，价值创造不再是直线式的链条，而是更为复杂的价值网络，网络中的成员，包括核心企业、供应商、联盟协作者和其他利益相关者一起努力，围绕顾客共同创造价值，这是一种新的价值创造方式，界面规则必须体现和有利于网络的价值创造，对网络内价值创造所需要的资源和能力进行开发和利用，如专有技术、品牌、技术标准、组织管理能力、商誉、顾客关系等，构建起网络价值创造的资源优势和能力优势。

2. 界面规则要体现市场机制与企业科层机制的协调

建立有生命力的组织间关系需要企业网络中界面规则的合理安排，使亚当·斯密的"看不见的手"（invisible hand）和钱德勒的"看得见的手"（visible hand）紧紧地握在一起，这就是拉尔森（Larsson，1993）"握手"（shaken hand）观点的来由。在企业网络中，传统的企业内部市场边界正逐渐消失，组织间的内部市场正在形成。网络中的各个企业作为组织间内部市场的经营主体，建立起一种统一性和灵活性相结合的组织间协调机制，如美国通用汽车公司的合作网络就是由300多家紧密或松散型关系协作企业所构成的组织间内部市场，而通用的实体边界正变得日益模糊化。由于交易双方是同一合作网络中的独立经营的生产单位，既可以最大限度地减少买卖双方的不确定性（uncertainty），又可以消除外部市场的不完全性（imperfect）。

界面规则还要对网络中成员企业之间的价格机制进行合理设计。随着组织间关系的发展，组织间内部市场的价格机制逐渐表现出与外部市场相同的特点，应使每一个内部市场交易主体的收支都能够与外部市场同等条件下的收支相符。界面规则对组织间内部市场价格机制的协调，其核心是强化组织间已经形成的关系，以此来推动组织间关系从公平交易关系转向合作与协调关系，如双方业务构成了一个合作网络时，表明已经建立起某种伙伴关系，此时双方关系也从市场交换转向关系交换，网络成员于是承担更多合作与协调的职能。正如戴耶（Dwyer，1987）指出的，当企业开始增加对其伙伴的承诺，表示企业间开始转向关系的交换而非市场的交换。

3. 界面规则要促进组织间信任的产生

组织间关系是嵌入社会关系当中的，界面规则必须体现组织间关系与社会关系的协调性，要符合社会关系中对商业道德的标准，也要体现企业网络中的商业文化特点。要维持和发展组织间关系首先要建立信任，摩根和亨特（Morgan & Hunt，1994）认为，组织间信任可定义为一方对其交易伙伴的可靠度以及诚实有信心。从信任的发展角度来看，对合作伙伴的满意度代表对过去合作的公平程度，过去合作的结果会影响对交换关系的信心。从交易成本来看，交易双方专用性资产投入越高的一方越容易被另一方锁定（lock-in），这种情况会导致所谓的单方依赖（unilateral dependence），进而提高投机的风险。如果风险无法有效地降低或控制，将会导致组织间交易减少甚至陷入瘫痪，企业被迫使用较高成本的契约来保障专用性资产的投入。当双方有较好的关系时，或者当双方预期网络关系会持续，制度会趋向于创造正向的交换关系，界面规则会促进自动协调机制的形成，降低双方的沟通成本。如果对方是可以信任的，则不需要花费额外的成本来监督对方，交易就会容易进行。由于信任可以替代层级式治理（hierarchical governance）带来的成本增加，产生竞争优势。可见组织间信任的作用是一种管理机制，可以减轻组织间交换中因不确定性以及依赖性所可能产生的投机行为。由于组织间关系的社会属性，界面规则的安排受到社会商业信用和商业文化的影响，在企业信用较低的社会，界面规则就可能体现对交易安全的防范，其规则的具体内容就会倾向于加强控制和监督，这对建立组织间的信任是不利的。安德森（Anderson，1990）认为，这不仅是一种关系品质，还会影响将来关系的继续发展，毕竟组织间关系建立是以信任为基础的，组织间信任对组织间关系是一种正向的因素。

二、组织间关系演变的评价

目前，有关理论研究对于组织间关系演变的评价指标缺乏统一的定量尺度。长期以来，对于组织间关系的认识，让我们更多地考虑组织间关系的结构要素而忽视系统要素间的相互关系，这使得我们可以用简单线性思维来理解组织间关系的存续和发展。企业网络中的成员之间存在各种各样的物质、信息、能量交换。李维安等（2003）认为包括知识/技能网络、信息网络、契约/信任网络、物流网络是企业网络的平台要素。由于组织间关系的结构性维度和关联性维度较多，建立关系评价体系存在一定困难，为了便于对组织间关系的认识，借用了一些其他学科概念来描述。

粘度（viscosity）常用来描述两个主体之间的关系，可以把它作为组织间关系的参考指标。奥格尔维（Ogilvie，2002）认为，粘度是指网络成员信息沟通的广度和深度，这种理解从侧面反映了组织间关系的特点。当然，信息沟通只是网络成员之间的基本活动之一，而广度和深度表明了组织间关系可以从点和面的角度来拓展。实际上，粘度是可以用来描述网络内两个组织间相互联结的紧密程度的，但需要注意的是，粘度不是网络中两个企业单个交换活动的联结方式，这是因为在企业网络中，企业之间不仅只是长期契约的交易关系，还存在隐性的涉及非契约型的关系价值，对组织间关系的评价不能仅限于对网络中节点企业的交换活动联结方式，应该从"点"的连接拓宽到企业之间乃至整个网络运营过程"面"的连接，粘度反映的是两个组织间各关系接口集成后形成一种面的连接。另外粘度还是发展变化的，是随着组织间关系演变的进程，并受到企业网络内外因素的影响而变化，粘度变化反映了网络中企业关系价值的变迁。

可以将组织间关系演变的进程作一个划分，对应用粘度指标来衡量关系演变的不同阶段，可以建立有关粘度与组织间关系演变的对应图表，如表 4-1 所示。

表 4 - 1　　　　　　　　　　　组织间关系演变评价的粘度等级

组织间关系演变	短期交易	长期交易	信息共享	知识共享	决策权共享	系统锁定
关系形式	短期契约	长期契约	信息网络	知识网络	关系网络	利益风险共同体
粘度等级	V1 级	V2 级	V3 级	V4 级	V5 级	V6 级

资料来源：曾涛. 企业商业模式研究［D］. 成都：西南财经大学，2006.

　　将粘度等级分为从低到高的 V1、V2、V3、V4、V5、V6 共 6 个等级，在低粘度区，企业之间的关系体现了相互的竞争，是一种短期契约行为；随着组织间关系的发展进程，网络企业之间更倾向于合作，从长期交易中建立起来的关系价值逐步提升，发展到企业间进行相互的信息、知识的交换，构建起信息、知识的共享和传递机制，企业网络形态具有了信息知识网络的特点；再进而发展到决策权的共享和转移，形成了关系型网络，相互间关系更加紧密，粘度进一步加强。高粘度区是系统锁定，此时网络中成员企业之间获得了高度的关系价值，成为利益和风险的共同体。

第二节　商业模式演变规律

　　无论外部和内部环境如何，任何一个企业都试图构建一个属于自己的商业模式来参与竞争。商业模式是一个万花筒世界，各种模式在同一个开放的市场中竞争，创新者不仅要与环境做斗争，还要和既有的商业模式做斗争。于是新的模式悄然兴起，短时间内积累了大量财富，旧的模式随之迅速崩溃，模式的演变是这个商业时代最主要的特点之一，透视模式纷繁复杂的演变背后，是否存在一个特有的规律值得我们重视。

一、商业模式的建构过程

　　如果仔细分析各种商业模式就会发现它们或多或少存在某些相似性，这些相似性表明商业模式并不是凭空产生的，而是演变发展的。一种模式可能源于其他模式，或者是通过竞争代替了原有的模式，对商业模式从产生到发展的过程做进一步的分析，可以寻找企业商业模式演变的规律。

（一）第一阶段：商业模式的创意产生

在由不同企业参与的价值链活动中，并不是每个环节都创造均等价值，实际上只有某些特定价值活动才真正创造价值。企业要保持竞争优势，就要在价值链某些特定环节上发挥出特别优势来创造新的价值。为此企业家和管理者们需要站在整体商业模式的高度来考虑创新，新的模式可能始于一个创意，但创意不能替代商业逻辑，创意必须发展为模式的创新，这个过程并不只是对成熟的商业模式进行微小的调整，而是以非传统方式从根本上对模式进行重新思考，目标应是创造全新模式。如戴尔、星巴克、沃尔玛、分众传媒等企业采用的都是全新的商业模式，并以此获得了巨大回报。在实际商业活动中，很少有人会创造性和整体性地去思考商业模式，原因是很少有管理者能具体描述自己企业的现行的商业模式。通常情况下，商业创意会有几个甚至十个不同的方案可供实施，而这些方案并不能全部生成商业模式，真正的模式创新是由多种模式创意经过筛选而产生的。不去尝试新的商业创意的企业多半不会生存很长时间，企业家们要认识到一个企业最重要的问题不是你现在怎样，而是你将来会怎样。模式创意产生是基于企业家和管理者对机会的洞悉、对现有模式的认知，以及对市场潜在需求的判断。在新经济下的市场状态呈现出非均衡的特点，作为一个企业，对付非均衡市场状态，手中的唯一武器就是创新。奈特（Knight，1921）认为，经济生活是不确定的，不确定性带来了风险，虽然不确定性是无法消除的，但风险是可以估算和规避的，企业家就是那些"在极不确定的环境中做出决策"并"必须自己承担决策的全部后果"的人。企业家发现利润机会可以概括为搜寻超额利润和进行企业商业模式的创意和选择两个方面，善于把握机会的企业家成为商业模式创意产生的智慧来源。

（二）第二阶段：商业模式的结构形成

由创意发展而来的模式必须构建新的结构体系，任何商业模式的创意和构想都必须得到实践的检验。商业模式结构的形成经历了从创意到结构建立的过程，由于存在多种模式的组合，进行模式创新的公司必须通过模式结构设计和实验检验，才能将好的模式创意变为可以操作的结构和流程。一般而言，企业创造财富的机会和正在进行的模式创意、正在进行实验的模式组合呈正比关系，但并不是所有的模式创意都能完成模式的结构设计。相比创意而言，结构设计要复杂得多，它涉及顾客需求、供应商组织方式，利益相关者的价值分配、资源配置等。作为企业最为重要的创新活动，商业模式的结构形成必须要通过由想象带来的创意产生、结构设计、模式实验、评估和修正、规模化五个基本阶段，称其为模式结构形成的"5步法"。第一步：创意产生，这是模式产生的基础，一个有创新精神的企业是模式创意产生的温床。第二步：结构设计，把创意描述成一个有完整的经营理念、组织内外部结构和流程以及各部分如何进行配合的结构性蓝图。第三步：模式实验，把一种结构通过一定范围的实验手段，对其可行性进行实验。第四步：评估和修正，这是对模式的进一步完善，除验证模式的可行性外，还需要证明模式具有盈利能力和价值潜力。第五步：模式的规模化，企业将经过结构验证和完善的模式培育成为一个新的业务模式，如图 4-1 所示。

图 4-1　商业模式结构的形成

资料来源：曾涛. 企业商业模式研究 [D]. 成都：西南财经大学，2006.

（三）第三阶段：商业模式的发展演变

从内部化到价值网络的系统锁定可以发现，现实中的企业通过商业模式创新往往可以逐步获得竞争优势，事实上，企业模式之间的竞争主要集中在对企业长期生存产生重要影响的战略性资源和核心能力，以及对企业短期生存有重要影响的产品和细分市场方面。模式的竞争涵盖从表层的竞争活动到深层的竞争活动，模式是企业创新活动的产物，因此，商业模式不是静态的，而是不断演变和发展的。企业所处的环境是高度不确定的，新创模式所获得的竞争优势将被企业进一步强化，为维护模式结构的稳定性，对抗其他竞争对手对模式创新的挑战，企业倾向于通过各种手段来发展自己的商业模式。由于内部化的种种优势，模式的内部化成为模式发展的主要路径，一方面，模式内部化为顾客提供了更高的价值；另一方面，企业可以提高模式壁垒，强化了竞争优势。内部化过程会导致以顾客为中心的价值网络的出现并最终形成系统锁定，这是一种具有价值网络特点的形态，系统锁定是围绕企业经营的核心指向——顾客而建立的。内部化使得原本处于无序状态的组织要素进行重新整合，增强企业组织内部要素与环境诸要素之间的匹配性，而系统锁定将这些组织要素和环境要素固化在一个价值网络内，形成相互的"嵌入"，打破原有企业的边界，改变价值实现的时空状态，使价值实现从直线平面变为立体网络，从而使模式主体企业获得更大范围的竞争优势。

二、商业模式的解构

把商业模式发展演变理解为单向路径，这显然是不够的，类似产品和企业生命周期，企业的商业模式也应具有发展演变的一般规律。在模式发展的任何阶段，企业都要时刻面临着环境的挑战，企业竞赛毕竟不是"龟兔赛跑"，竞争对手随时都在进行各种各样的模式创新，行业外潜在的进入者也随时可能改变竞争规则，企业正在运行的模式也会因此受到冲击，其结构就可能面临解构。

企业商业模式的解构是指企业正在运作的商业模式在外部环境和内部环境产生变化，即商业模式建立的假设条件发生重大改变，影响其模式结构，最后导致结构解体的现象。模式解构的原因有多种可能，如行业内突然出现一种新的模式，新模式快速成长，在竞争中占据上风；或者由于产业政策改变、技术进步、顾客需求变化造成企业现有模式的竞争力下降。模式解构来自两个方向：一种是企业为保持持续性竞争力，自身对既有模式进行重大调整而影响到模式结构；另一种则是来自外部新模式的"创造性破坏"。由于在模式发展的各个阶段，外部环境充斥着各种风险和不确定性，任何扰动都有可能导致模式的瓦解，复杂性系统的"蝴蝶效应"往往可能致使企业"突然死亡"。只要现行模式存在超额租金，就会不断有创造性破坏者来打破这种状况，那种以为模式一旦建立就可以长治久安，或者仅仅通过一些微小创新就能维持现有模式运行效果的想法是危险的。

在日益动态化的不确定环境下，企业商业模式始终面临随时解构的风险。除了来自外部的各种扰动外，从企业商业模式的发展过程来看，模式内在的某些机制也是模式解构的因素，甚至是主要因素。其一，从组织关系来看，模式通过内部化过程达到系统锁定状态时，一方面，由于系统锁定使价值网络内的组织间关系发生改变，这种改变既可能带来关系资本的优势和外部规模经济，但另一方面也可能造成关系壁垒，组织成员间的关系过分密切和嵌入过深形成的关系锁定也可能导致网络的封闭性和机会主义滋生等问题。其二，从价值网络各成员的资源角度来看，一方面各成员企业之间通过共同投资于关系专用资产形成组织间互补性的资源和能力，这样就降低了网络交易成本，使网络内企业能够获得比网络外企业更长期的竞争优势，但另一方面由于关系资产的专用性也使企业难以适应市场的突变。其三，从网络组织内部资源能力看，一方面通过降低网络内企业的异质性，促进共同学习和集体创新可以获得更大的竞争优势，但另一方面也可能使资源形成静态化锁定，导致企业间异质性与同质性协调的失衡，由此可能失去创新能力。其四，从模式自我更新看，当组织倾向于内部化和系统锁定后，其商业模式就有可能不再适应市场和顾客需求高度变化的需要，加之由于系统锁定的网络成员资产专用性提高，企业更加倾向于维持目前模式结构的稳定，即使是系统锁定的状态并不是最佳的模式状态。这种现象类似物体惯性作用一样，组织作为物质能量体也具有"组织惯性"，这种组织惯性是一种"模式惰性（model inertia）"。由于模式发展是一种不可逆性的过程，企业系统锁定效应与次优状态就有可能持久地存在，即如果某种力量导致系统的变化，即使这种力量已经消失，系统也不可能恢复到原来的状态，失去应有的自我更新能力和抗干扰的弹性使企业模式时刻走在解构的边缘。

企业商业模式在内部和外部各种因素的影响下，模式发展是常态的，稳定和静止是相对的和暂时的，模式极有可能是一个时点概念，这个时点的模式与下一个时点的模式可能完全不一样。模式从建立到发展再到解构的过程充分体现了模式发展的动态性，也体现了复杂事物演变的内在逻辑性。

三、商业模式演变的一般规律

商业模式从建构到解构的全过程是处于不断发展演变中的，那么模式演变过程是否存在某种规律？企业需要把握的关键是什么？第一，任何企业的商业模式都始于对既有模式的"破坏"，是在竞争中产生和发展的。第二，企业的商业模式从建立起就时刻面临各种其他商业模式的挑战，随时可能解体。第三，企业可以通过商业模式的创新，从一个失去竞争力的旧模式走向一个富有竞争力的新模式，新模式瞬间又成为其他模式"破坏"的对象。企业就生存在这样的环境中：一方面，建立新的结构；另一方面，又要应对随时可能的解构。因此，企业商业模式的演变是一个从建构到解构，再由解构到新的建构并不断循环的过程。

新模式对旧模式的"破坏"是企业家对市场机会的敏锐预见，它反映企业对商业模式的认知水平。新模式与旧模式之间存在各种联系和相关性，是旧模式的嬗变，新旧模式的不断交替演变是一个随着对企业经营实践的认识逐步提高而提升的过程，模式之间的竞争是认知的竞争，新模式所包含的知识是在已有知识基础上的提升，这是符合人类认识发展规律的。企业的商业模式从建构发展到解构的过程是一个生命周期，经历了从诞生到发展再到消亡的发展路径。模式的创立要么是在企业原有模式上的创新变革，要么是对行业市场内现有模式的"破坏"，这种演变是在已经存在的模式基础上产生的。生物化学中的循环现象分为从低级到高级的三个不同等级：即反应循环、催化循环和超循环。反应循环指一组相互关联的多步骤的反应序列，其中某个产物恰好是前一步的反应物；催化循环是比反应循环高一级的组织形式，至少存在一种能够对反应本身进行催化的中间物；超循环则是比催化循环更为高级的形式，是循环相互结合构成的复合化学循环。换言之，超循环是自催化剂或自复制单元通过功能耦合而联系起来的高级循环组织，每个复制单元既指导自身的复制，又对下一个中间物的产生提供催化支持，这样就可以组成更高层次的超循环，如图 4 - 2 所示。

商业模式的构建过程		
模式创意产生	模式结构形成	模式内部化和系统锁定
第一阶段	第二阶段	第三阶段

商业模式的解构过程		
旧模式解体	新旧模式竞争	新模式出现
第三阶段	第二阶段	第一阶段

图 4-2 商业模式的循环过程

资料来源：曾涛. 企业商业模式研究［D］. 成都：西南财经大学，2006.

在现实中观察到的商业模式的演变是一种不断催化的复合循环，无论是在行业中的企业还是新进入行业的"破坏者"，它们所创立的模式无不得益于旧模式的催化作用，而且与既有模式存在诸多相关性。在经营状况良好的企业，商业模式的创新活动则形成自催化剂，通过模式创新，不断复制旧模式中的有机部分，支持新模式所创立的结构。这些现象正好说明模式发展符合超循环演变的特点，不断交替更新的现象是商业模式不断演变的结果。模式的超循环演变使企业在商业模式的创立上加快对知识的利用，模式的超循环使企业组织形成一种多层次、全方位、开放性的形态，这将有利于加强企业与模式相关的其他组织或要素之间的联系，产生知识协同、交叉催化和正反馈效应，提高企业的有序程度。同时，超循环可以使企业对物质、信息和能量，特别是知识进行多次利用，并且在循环过程中通过重新组合产生更多、更新的知识和信息，使得模式新创造出来的知识直接作用于企业的经营活动和管理活动并产生知识增值的效用，形成组织技能的生产（skills production）能力，这一过程非常类似野中郁次郎（Nonaka，1991）提出的"知识螺旋"。模式的超循环演变还延展了企业的资源和能力，主动进行模式更新的企业可以适时调整资源配置的结构来适应环境的变化，继续保持企业的核心能力，并且由于相干效应和协同效应的作用，模式的不断更新将更有利于促进更高一层次超循环的产生，实现企业模式的整体优化。在这里模式的不断创新是一个关键环节，因为只有不断创新才能构成循环，而一个因果或连续因果循环是企业商业模式发展的基础。一旦循环形成，企业也就有了维系和延续模式生命周期的"新陈代谢"，这是模式不断演变和进化的基础，是企业模式变异的前提和保障。

充分利用循环带来的竞争优势可以促使企业商业模式发生突变，企业因此可以获得更长久的竞争力。因此，模式的超循环演变体现的是企业不断创新和持续变革的特点，企业商业模式创新是最活跃的创新，也是企业最重要的核心能力。

第三节　商业模式演变与企业进化

作为一个具有实体概念的"企业"，是由一些无生命的物质，如各种生产设备、场所、信息、组织结构等构成的系统。这个系统使用同样是无生命的物质，即各种原料等投入物，通过组织所选择的商业模式的作用，输出无生命的物质，如各种产品。在此过程中，企业与其他组织、个人以及环境发生各种联系，企业的任何活动都有人的参与，企业活动都是人的生命活动，企业与人之间建立了特殊的关系，正是这种企业与人的特殊关系形成了企业的生物特性，因而类似其他生物体一样，企业具有进化的特点。

一、企业进化的一般含义

（一）企业生命周期

对企业生命周期的研究可以探寻企业存续时间及其存续时间内各个发展阶段所表现出来的特征，观察这些特征则对企业目前所处的发展阶段有清楚的认识，进而找到企业发展演变的规律。美国哈佛大学的葛瑞纳（Greiner，1972）在《组织成长的演变和变革》一文中首次提出了企业生命周期的概念。爱迪思（Adizes，1989）从企业文化角度对企业生命周期进行了系统研究，他在 1989 年的著作《企业生命周期》中将企业生命周期划分为十个阶段：孕育期、婴儿期、学步期、青春期、盛年期、稳定期、贵族期、官僚化早期、官僚期、死亡。爱迪思认为，企业的成长与老化同生物体一样都是通过灵活性和可控性这两大因素之间的关系来表现的，灵活性与可控性决定了企业在生命周期中所处的位置。陈佳贵（1988，1995）通过对正常发育型企业进行研究，探讨企业成长各个阶段的主要特征，并专门对企业衰退期做了研究，认为企业进入衰退期后，存在两种前途：衰亡和蜕变，在衰退期企业以各种方式蜕变。任佩瑜（2003）从复杂性科学的角度分析企业生命周期的复杂过程，探讨企业发展变化的内在机理。顾备华（2000）认为，所有企业都要经历各个不同的发展阶段，一个完整的企业发展生命周期可分为：新建、扩张、专业化、巩固、创新、整合、衰落和复兴 8 个阶段。这种划分在很大程度上是与企业组织发展的规模和程度相联系的，其中前 4 个阶段属于组织趋于成熟的时期，前 6 个阶段属于组织趋于超成熟的时期，最后一个阶段为组织超成熟后时期。在每一阶段，都存在一个或多个关键性的任务需要特别地加以注意。这些任务主要包括：建立一个有利的市场定位、开发产品和服务、获得资源、建立经营系统、管理系统、管理企业文化等。企业的生命周期特征十分复杂，尽管对企业生命周期的划分存在不同的意见，甚至有的学者还利用实证方法来进行研究，但有一点是肯定的，企业存在类似生命周期的特征，企业生命周期现象是企业发展中的客观规律。

（二）企业进化的含义

企业进入衰退期后面临着生命的决策，是通过一定方式进行蜕变，还是直接死亡？在现实中可以观察到，即使是企业所有人决定终止企业，并完成法律意义上的终止，比如破产清算、关闭停业等，原有企业的资源和人员将重新参与到新的企业中，而通过企业生命活动创造而形成的企业管理思想、经验、技能等隐性知识也被传递到新的企业中。因而不管是在物质上，还是在精神上，新企业都对其前身具有某种延续性和继承性。从法律角度看，企业有明确的产生（注册登记）和消亡界限，从整个产业看，新企业诞生是原有企业的涅槃和嬗变，都带有原企业的某些风貌，而整个行业表现出进化的特征。

根据生物进化论的解释，生物进化（evolution）是指生物种群多样性和适应性的变化，或一个群体在长期遗传组成上的变化。这种改变导致生物总体对其生存环境的相对适应。企业进化是否也具有这样的生物特征？从企业发展的历史看，无论是小规模的手工业作坊还是跨国经营的企业集团，无疑也是在变化的自然环境和社会环境中长期发展的结果，这个过程与生物进化的历史现象之间具有惊人的相似性，因此完全可以借助现代生物进化理论的研究成果来认识企业进化的特征。

所谓企业进化指的是企业在适应环境的变化中，为谋求生存和发展所发生的一系列相对稳定的变化和由此获得的结果。当然，企业进化与企业生命周期和企业成长具有不同的含义，企业生命周期指的是企业具有的生物特征，企业成长是指企业个体从产生、生长、成熟到衰亡的整个过程，而企业进化是企业在有限理性下的变化，在获取资源、利用资源等方面的能力不断提高的过程。有限理性表明企业往往不会一开始就能找到最优方式，而是在市场竞争过程中通过学习机制和创新变革寻找到更好的发展模式，从而完成企业的进化。

二、商业模式演变的超循环

目前有关企业进化的理论成果主要是以组织生态学和演化经济学的相关范式为基础，在此之前，制度经济学家凡勃伦（Veblen，1899）就把达尔文进化思想引入经济学研究领域，他指出问题不是事物如何在静态中自我稳定，而是它们如何不断地生长和变化，凡勃伦对组织演进和制度变迁进行研究，由此建立基于累积因果的经济制度演进范式。马歇尔用进化论思想解释企业存在的问题，他指出经济学家的麦加圣地在于经济生物学而非经济力学，经济学不过是广义生物学的一部分，生物学发现适者生存原则，因此经济学家在研究社会组织特别是工业企业组织时，可以把它与高等动物机体上所发现的许多奥妙进行对比（Marshall，1890）。演化经济学家阿尔钦（Alchian，1950）指出，进化机制会有助于实现企业种群对业已改变的外部市场情况做出反应，这种情况也是符合正规经济理论预测的。尼尔森和温特论证了企业之间的竞争过程实质上就是企业对不断变化的外部市场做出反应和适应的调整过程（Nelson & Winter，1982）。市场是环境，企业是市场中的行为主体，市场的选择决定着企业的生存和发展，市场环境提供企业成长的界限，这一界限与企业存活能力和增长率有密切的关系。企业之间的竞争过程实质上就是企业对不断变化的外部市场作出反应和适应的调整过程。该理论还认为，企业的成长是通过生物进化的三种核心机制（即多样性、遗传性和自然选择）来完成的。组织生态学派的汉南和弗里曼创立了组织种群生态学，他们认为，由于种群内不断出现新的组织，因此组织种群不断地进行着变化，种群变化的过程分为三个阶段：变种、选择和保留。这三个过程带来新组织形式在组织种群内的建立，组织在环境中是否能够生存和生物的适者生存规律是相同的，环境依据组织结构和组织与环境的适度对组织进行选择（Hannan & Freeman，1977）。

从以上对企业进化的研究中可以看出，任何一个企业其所处的环境中，不断有新的组织形式出现，企业本身需要不断进行反应以适应环境的变化来"适者生存"，整个行业种群也随之不断进化，那么对于一个具体企业而言，是如何进行进化的？其进化特征又如何呢？

1. 企业进化的自组织（self-organization）和他组织（heler-organization）

企业发展是建立在企业持续竞争优势基础之上的，竞争优势来源于企业的核心能力、资源以及商业模式的创新。企业发展与其所采用的商业模式高度相关。那么，在竞争环境中企业商业模式与企业进化存在一种什么样的关系是要重点关心的问题。

第一，企业进化是建立在以其商业模式超循环演变为特征的"自组织"基础上，企业及其商业模式具有复杂性特点，作为复杂性组织，模式具有了耗散结构特征。在现实中可以观察到没有一个企业在其成长发展过程中自始至终采用同一种模式而不做任何改变，企业以既有的模式作为自催化剂，通过模式创新，不断复制旧模式中的有机部分，支持新模式所创立的结构。企业自身对商业模式的创新是企业组织耗散结构的动力学特征，也是企业系统导入负熵流的根本源泉，模式在不断进行超循环演变中，模式的创新就成为企业自组织有序的触发器，促使企业由低序结构向高序结构演化。企业商业模式经历从创意到建构，再发展到解构，再进入新的建构的不断循环过程是企业的自组织行为，商业模式这种超循环演变的规律体现了企业作为复杂性组织的自组织现象。第二，企业进化还建立在以行业商业模式"创造性破坏"为特征的"他组织"基础上。企业进化中还受到"他组织"的影响，"他组织"是指企业系统受外界的特定干预，获得空间、时间或功能的有序结构。在竞争环境下，企业时刻面临行业中新模式的"创造性破坏"，为应对这种情况，企业就需要不断通过吸收环境的能量、物质和信息，通过协同和突变，促使内部各要素沿着环境的特定作用方向作有序运动。随着各要素有序运动的增强，企业系统在质和量上都会有不同程度的提高，即在各种要素的非线性作用下，企业与环境不断地进行物质、能量、信息的交换，当变化达到某个临界值时，通过突变，企业由原来的混沌无序状态形成一种时间、空间或功能有序的状态，或者从一种有序状态演化成一种新的有序状态。企业通过商业模式的创新使组织演化为一个适应性组织，其中"自组织"体现了企业向自身发展的历史中学习；而"他组织"则体现了企业向环境学习。这样企业能够逐步学会采取合理的商业模式，不断地尝试和发现各种可能性，通过建立各种反馈机制向更有序的组织状态进化。

2. 模式超循环是企业进化的路径依赖

演化经济学把企业的规则和行为方式称为"惯例（routine）"，惯例是企业的固定行为方式，也是企业的组织记忆，执行着传递技能和信息的功能，犹如生物的遗传基因。企业的惯例由经营特点、增长率和企业搜寻三个方面构成，具有学习效应的获得性遗传（heredity）特征，惯例可以通过企业之间的学习行为而被遗传，也会随着环境的变化而变化。当市场需求、政策、技术等环境因素发生变化，企业自身生存受到威胁时，就会改变自己的运行方式和规则，这样惯例就发生了"基因变异"，企业的惯例在企业进化过程中所起的作用与基因在生物进化中的功能类似。

企业可以通过"自组织"和"他组织"来改变自身惯例以实现变异，一种是利用自身创新能力培养新的惯例，另一种则是通过对外界的"搜寻"来实现，也就是在市场中已知的技术和行为规则中寻找最适合自己的，并与自身资源和能力相匹配的惯例，变异后的惯例能否生存下去，主要取决于环境的选择作用。如果新惯例比旧惯例能够创造更多价值并在市场中获得更高报酬时，新惯例就会被承认，成为企业商业模式的一部分。环境承担了对企业变异进行自然选择的作用，企业惯例是一个有机体，在企业进化中所起的作用是构建新与旧之间的联系，既继承旧模式中的有用部分，又催生新模式的产生。新旧模式的不断循环更迭是由于企业商业模式中的价值创造机制发挥了作用，更高的价值创造代替了更低的价值创造，与生物进化不同，企业进化不需要孕育下一代，企业的遗传与变异是由于模式中的价值创造机制发生了更迭，价值创造的提升是伴随着模式的超循环过程的，因此商业模式中的价值创造机制就是企业进化的基因。良好的价值创造机制可以使企业不断通过模式创新获得持续性竞争优势，企业进化的路径正是通过模式的不断创新来实现的，模式超循环是企业进化的路径依赖。企业进化还具有时间的不可逆性，按照进化的观点，企业组织的系统锁定效应与次优状态有可能持久存在，如果某种力量导致了系统的变化，即使这种力量已经消失，系统也不可能恢复到原来的状态，因此企业进化既具有时间上的不可逆性又具有强烈的路径依赖。

3. 未来商业模式的发展方向：价值星系

企业实践丰富了商业模式的形态，从商业模式创新的驱动来看，模式的灵魂是其价值创造机制的生成和发展，未来商业模式的重点是价值创造活动，商业模式的创新将向价值网络和价值星系的方向发展。

由于竞争环境的快速变化，企业价值创造的基本思维已经发生改变。"企业在价值链上的定位"在今天已过时，在全球性的竞争、快速变化的市场以及不断推陈出新的科技环境下，企业必须开拓价值创造的新模式。从新经济中的产业关系来看，波特所提出的产业内各环节间通过竞争性、对立性、议价性市场交易相互联结，构成一个垂直整合式价值链与价值体系的产业世界观是静态的。邓肯（Duncan，1997）认为，传统价值链无法反映员工与团队、顾客、利益相关者对组织的认识度、信任感和所有利益相关者的价值，必须用"价值范畴（value category）"来代替。企业经营的重点集中在价值创造系统，在系统内的供应商、合作伙伴、顾客与企业一起构成共同创造价值的协作网络，在这个网络中，成员的角色发生了变化，它们共同创造价值并分享成果，各种价值链交织于一起形成了网状的星系（constellation），星系内包含了多个产业和多条价值链。在这种状态下，企业不能仅仅在传统的线性结构价值链中进行定位，而是在一个结构更为复杂的立体网络中选择自身位置，当然这个价值网络的中心仍然是顾客。在价值网络和价值星系视角下，企业商业模式的创新与单一依靠某种要素创新有所不同，是可以在立体网络中实现多维度的创新。价值星系是一种协作网络与系统化的商业模式新方向，实现了利用网络优势来进行顾客价值创造。未来企业的商业模式将围绕价值创造的方式和过程来设计，价值创造的系统结构和机制将成为企业经营创新的主战场。

课后思考题

1. 如何将商业模式画布和商业模式构建与演化相结合？
2. 商业模式的建立过程中，是否需要组织关系的变革，为什么？
3. 请结合实例说明商业模式演变的超循环过程。

商业模式创新和重构

❖**学习目标**

1. 掌握商业模式创新的概念。
2. 熟悉商业模式创新的内涵。
3. 掌握商业模式创新的特征。
4. 熟悉商业创新的关键因素和驱动因素。
5. 熟悉商业模式创新的路径。
6. 了解商业生态系统。
7. 掌握商业模式创新的过程。
8. 熟悉商业模式重构的背景和时机。
9. 掌握商业模式重构的要素和方法。

党的二十大报告指出，"必须坚持科技是第一生产力、人才是第一资源、创新是第一动力"①，创新不仅体现在技术创新上，还体现在机制创新和管理创新。商业模式和商业模式创新是两个不同的概念（Lindgren，2010），商业模式研究包括商业模式创新的研究。商业模式创新的研究发端于战略管理学、产业经济学和市场营销学（Aspara，2010），相关研究主要探讨商业模式创新的驱动因素、商业模式创新成功的关键因素研究、商业模式创新的过程、商业模式创新的结果等主题。

---

① 习近平. 高举中国特色社会主义伟大旗帜 为全面建设社会主义现代化国家而团结奋斗[M]. 北京：人民出版社，2022.

第一节　商业模式创新的内涵和特征

一、商业模式创新的概念

界定商业模式创新（business model innovation，BMI）是一个看似简单、实则困难的事情。说其简单是因为商业模式就其最基本的意义而言，是指企业做生意的方法（Rappa，2001），那么同样也可以简单地将企业利用前所未有的有效方式做生意界定为商业模式创新。然而由于商业模式概念的不确定性和复杂性，特别是商业模式构成要素的多样性，如何界定商业模式创新这一概念，目前仍然未有一致的定义，普遍存在具有差异的观点。虽然学者们对于商业模式创新的界定各有侧重，但是均将商业模式创新看作是企业的一种潜在的持续战略导向，而不是一次性的创新项目，可以通过打破规则、改变竞争本质等方式重构现有市场，以达到最大限度地提高顾客价值和企业高速增长的目的（Schlegelmilch，2003）。

商业模式创新作为一个学术术语，最初是由战略管理学科（Amit & Zott，2001；Hamel，1998；Kim & Mauborgne，1999a；Markides，2006；Tucker，2001）和产业经济学科（Augier & Teece，2007；Chesbrough & Rosenbloom，2002；Christensen，2002）提出的，后来受到市场营销学科的广泛关注（Matthyssens，2006；Michel，2008；Schlegelmilch，2003；Sharma，2001）。企业管理人员包括战略营销经理和主管，也将战略决策的核心任务认定为是商业模式创新，希望企业可以通过商业模式创新改变现状，突破传统，以帮助企业创造并传递优异的顾客价值（Aspara，2010）。

回顾有关商业模式创新的理论文献，可以发现虽然对商业模式创新的讨论分别来自不同的学科领域，但归纳起来可以从以下两个角度来描述商业模式创新。

（1）从顾客价值角度出发定义商业模式创新，认为商业模式创新是以前所未有的方式为顾客提供系统的解决方案。哈默（Hamel，2000）将商业模式创新定义为颠覆现有商业模式，从而为顾客创造全新价值，并为利益相关者创造财富。克里斯滕森（Christensen，2002）认为，商业模式创新是与破坏性技术创新相对应的，企业应以发现非顾客消费群体为目的，从为顾客创造价值的角度出发，找出阻碍顾客消费的原因，通过争夺非顾客消费群体来参与竞争。米特德尔（Mitehdl，2003）指出，商业模式创新是指企业要以最合适的方式提供给顾客产品或服务，并将顾客不满意或不需要的东西剔除出去，该过程可以发生在顾客服务、市场营销、广告或顾客关系管理等各个经营环节。奥斯特瓦尔德（Osterwalder，2005）把商业模式创新看作是一种设计过程，其中涉及顾客价值主张、流程、资源等运营模式，以及收入、成本等盈利模式。约翰逊（Johnson，2008）指出，商业模式创新是一种外向的、极具创意的探索过程，首先是要发展强有力的顾客价值主张，其次是建构利润公式，为公司创造价值，同时比较新旧商业模式，确立关键资源和流程。伯克（Bock，2010）认为，商业模式创新是企业在面对新的机遇时，对自身价值主张的一种革命性重构，商业模式创新是一种重大的、不连续的变化。阿斯帕拉（Aspara，2010）指出，商业模式创新是一种面向顾客潜在需求，重塑既有市场结构、设计独一无二的业务系统、开发新渠道，从而实现顾客价值跳跃式增长或者彻底改变竞争规则的创新。卡萨德苏斯－马萨内尔（Casadesiis－Masanen，2011）将商业模式创新定义成为利益相关者寻找创造和俘获价值的企业新逻辑和新方法，主要侧重于发现获取利润的新方式，并重新定义企业对顾客、供应商及合作者的价值主张。

（2）从商业模式的构成要素来定义商业模式创新，强调单一要素的改变并不能称为商业模式创新。米特德尔（Mitehell，2003）指出，并非所有的商业模式改变都能实现商业模式创新。林德加特（Lindgardt，2009）提出，当商业模式中的两个或多个要素被彻底改造，并以一种全新的方式传递价值时，商业模式创新才真正发生。桑托斯（Santos，2009）将商业模式创新定义为企业现有商业模式中的运营活动的重构，这种重构对于企业所参与竞争的产品或服务市场是全新的。佐托和埃米（Zott & Amit，2010）认为，商业模式创新是以改良现有运营系统或者设计新的运营系统为目的的，对企业现有资源和合作伙伴的重组。德米尔和莱科克（Demil & Lecocq，2010）把商业模式创新定义为可能会动摇整个行业根基的一种根本性创新，这种创新是通过商业模式内部不同要素之间的互动，从而引发企业新的选择，促使企业提出全新的价值主张、创造新的资源组合，或者驱动组织系统的演变，最终使得其中一环发生重要改变，继而影响其他要素及其构成维度，如表 5 – 1 所示。

表 5 – 1　　　　　　　　　不同学科的商业模式创新定义

学科	作者	商业模式创新的描述	特征
产业经济学	克里斯滕森（Christensen，2002）	破坏性创新、发现非顾客、蚕食原有厂商顾客	过程
	切萨布鲁夫（Chesbrough，2010）	建立启发式逻辑、技术商业化	过程
	蒂德和贝桑特（Tidd & Bessant，2012）	非连续式、潜在思维模式变化、对问题和游戏规则的重新定义和重构	范式创新
	谢（Tse，2012）	不是新科技、新产品或新服务，而是创造新价值、新理念	源创新
战略学	哈默（Hamel，1998）	为顾客创造新价值，打乱竞争对手，为利益相关者带来新财富，重新构思已有的行业模式	战略创新
	马基德斯（Markides，1999，2006）	重新细分和定义客户，颠覆已有的行业模式，引进新的商业规则	战略创新
	施莱格尔米尔奇（Schlegelmilch，2003）	颠覆规则、改变竞争本质、根本性重构商业模式和市场、实现高增长	战略创新
	金和莫博涅（Kim & Mauborgne，2005）	结构再造、创造新市场或探索出新机会	实践
	雅各比德斯（Jacobides，2006）	重构产业结构、获得高额利润	定位
	尼杜莫鲁（Nidumolu，2009）	发现新传递和获取价值方式、改变竞争基础	变革阶段
	提斯（Teece，2010）	识别并采用新颖的机会组合	组织创新
	伯克（Bock，2010）	公司级的、探索新机会、特质的、反常规的、长期的变革	过程
营销学	艾森曼（Eisenmann，2006）	双边市场、平台、匹配需求、规模递增、赢家通吃	过程
	阿斯帕拉（Aspara，2010）	主动市场导向、重构已有市场结构、阐明顾客潜在需求、创造顾客价值非连续性跨越、设计独特商业系统、开发新渠道、从根本上变革竞争游戏规则	过程

续表

学科	作者	商业模式创新的描述	特征
商业模式学	奥斯特瓦尔德（Oster-walder，2005）	四大模块十要素的设计过程	过程
	约翰逊（Johnson，2008）	价值主张、目标顾客等商业模式构成要素的变化	过程
	德米尔和莱科克（Demil & Lecocq，2010）	新选择、新价值主张、新资源组合、动摇整个行业根基	根本性创新
	佐托和埃米（Zott & Amit，2010）	设计一个改良或新活动系统、跨越产权边界、重新组合现有资源和合作伙伴、创造和占有价值	途径
	卡萨德苏斯－马萨内尔和里卡特（Casadesus－Masa-nell & Ricart，2010）	重新为供应商、合作伙伴及顾客定义价值主张，是利益相关者创造和获取价值的新方法	企业变革

资料来源：冯雪飞. 商业模式创新中顾客价值主张研究［D］. 大连：大连理工大学，2015.

以上是学术界从两个不同的角度阐述的商业模式创新概念，通过上述归纳总结可以发现目前对商业模式创新内涵的研究仍处在探索阶段，且商业模式创新本身是一个多维度复杂的概念，涉及诸多环节，但总的来说，商业模式创新是企业整体层次上的一种战略变革，它同以往的技术创新、产品创新等传统创新方式截然不同，是一种极具颠覆性的激进式的全新创新。

二、商业模式创新的内涵

对商业模式创新内涵的研究可追溯到熊彼特技术创新理论（Schumpeter，1982）。熊彼特所提出的技术创新理论囊括了产品创新、工艺创新、市场创新、供应来源创新、组织管理创新以及企业经营管理等方面所涉及的创新活动。从商业模式的功能要素的角度看，熊彼特技术创新理论中的市场创新、供应来源创新和组织管理创新等内容均可以纳入商业模式创新的范畴，它们是不同于产品创新、工艺创新等与产品生产技术直接相关的创新活动。在熊彼特之后，真正将商业模式创新作为一项新型创新形态来研究的历史并不长。但随着互联网技术、电子信息产业的快速发展，商业模式创新案例也日渐增多，相关研究也日益丰富。

米切尔和科尔斯（Mitchell & Coles，2003）最早提出商业模式创新的概念，认为企业应以一种前所未有的方式为最终用户提供产品和服务。随着信息技术的快速发展，越来越多的学者开始关注商业模式创新的重要作用，商业模式创新已成为企业持续性发展的不可或缺的因素（Morris，2005）。商业模式创新是一种颠覆性创新（Spieth & Schneider，2016；Ghezzi & Cavallo，2020），企业在商业模式创新的过程中能够实现基于市场导向的经济价值最大化，从而迅速建立竞争优势（肖红军和阳镇，2020）。目前，商业模式创新已成为学界和业界关注的焦点，虽然大多数学者对商业模式创新的运行机制和发展路径进行较多的研究，但是关于商业模式创新的内部逻辑，学术界还没有达成统一的共识，学者们基于不同的研究视角对商业模式的创新内涵进行界定。

（1）构成要素视角。强调商业模式创新是多个要素变动的结果，以一种未曾出现过的方式为顾客提供产品及服务。不同于商业模式改进与变革，创新更突出的是未曾应用于商业实践的变革。通过对商业模式内部构成要素的改善，可以开放性地建立系统层面的竞争优势。比较有代表性的模型有：约翰逊和克里斯滕森（Johnson & Christensen，2008）提出的商业模式四要素框架，即顾客价值主张、关键资源、关键流程、利润方程，强调商业模式是对企业和客户创造和传递价值的一种描述。奥斯特瓦尔德和皮尼厄（Osterwalde & Pigneur，2011）提出商业模式"九宫格"，即用价值主张、市场细分、核心资源、核心业务、渠道通路、客户关系、收入来源、成本结构、重要合作九个要素来描述企业价值创造、价值传递及价值获取的原理。魏炜和朱武祥（2012）构建了商业模式六要素模型，具体包括市场定位、关键业务、盈利模式、资源能力、企业价值和现金流结构。

（2）价值维度视角。玛格丽特（Magretta，2002）认为，可以通过对价值链改进而设计一种新的商业模式。通过对当前组织结构和市场体系进行重组，不借助于新的商业逻辑来创造和获取价值，提高企业绩效。商业模式创新本质是对商业模式构成模块进行重组优化的过程，至少包含价值提供、价值体系结构、盈利模式三个方面。价值创造是商业模式的核心，而商业模式创新的起点是顾客，是企业对顾客价值主张的重新理解和定义（项国鹏，2014；Zott，2011）。数字经济时代，商业模式创新内部的价值创造机理与发生机制融合了多元利益相关方的价值诉求,这种创新不仅是为顾客创造价值的过程,还包括企业内部员工、供应商、合作伙伴、政府等主体价值共创的过程(肖红军和阳镇,2020)。

(3)系统运营的视角。佐托和埃米(Zott & Amit,2010)认为,商业模式创新是企业对现有业务系统的改进和完善,跨越边界不断调整与各个利益相关者之间的交易模式,如效率型、新颖型、锁定型与互补型商业模式创新。伯克(Bock,2012)认为,企业通过对内外部资源整合可以实现对现有运作模式的改善或者创造出一种新的运营模式,商业模式创新是企业整体系统性的改变,即识别新商业机会、设计新商业模式、实现新业务模型,最终达到整体运营系统变革。马萨(Massa,2017)提出,商业模式创新是对组织提升运营管理与创新运营业务的描述,阐述了组织管理对实现目标的作用,是组织运营管理过程中一系列元素的体现。

(4)知识管理视角。诸多学者一直认为,新技术推动了商业模式创新(Timmers,1998;Amit,2012)。也有学者提出知识是组织创新的知识源泉,外部知识搜寻能够弥补企业内部知识的不足,以商业化的方式为企业实现经济收益提供保障(Alberti,2019)。从知识管理的角度来看,商业模式创新过程也是企业对价值创造逻辑方面的知识进行管理的过程。李长云(2012)认为,知识是驱动商业模式从静态结构演变为动态结构的主要因素,由此提出"知识流"的概念,即信息流—知识流—价值流之间的互动匹配可以适应外部环境,进而实现商业模式创新。赵宇楠和井润田(2019)基于复杂系统理论,认为商业模式创新可以经过模仿、移植、塑造、探索四个过程,其中模仿和移植适用于商业模式显性知识学习,而塑造和探索更侧重对环境等隐性知识探究。隐性知识探究主要依赖管理者智慧及管理视野,通过对外部信息和知识进行搜集与积累可以突破认知局限。知识管理视角下企业商业模式创新的步骤为:一是商业模式隐性知识显性化处理,即对商业模式的构成进行分析;二是商业模式显性知识转化为隐性知识,即经过分析后产生的新创意;三是隐性知识转化为显性知识,即商业创意整合后所形成的新商业模式(郭毅夫,2009)。

学者们从不同视角对商业模式创新进行解析。首先,从商业模式创新的程度来看,可以将其分为渐进性创新和根本性创新(Chandy & Tellis,1998)。当商业模式构成要素的创新程度较低,则认为是渐进性的创新,而对于商业模式根本性的改变则是构建了全新的价值主张或者是开辟新的市场空间。其次，从商业模式创新意图来看，外部环境是触发商业模式创新的导火线。认知学派认为，管理者认知能够借鉴其他概念，获取创新知识并整合到现有商业模式中，从而建立一个全新的商业模式，称其为前摄性商业模式创新；而另外一种说法是基于演化学习理论，认为商业模式创新是企业对外部环境的反应行为，是一种试错性学习，能够减少不确定性而推动商业模式创新（Martins & Rindova，2015）。最后，从创新的来源将其划分为原始商业模式创新和商业模式二次创新。蒂斯（Teece，2010）提出商业模式可以被复制、模仿、学习。但是发达国家跨国企业将其原始的商业模式引入发展中国家的市场仍会遇到阻力。不难理解，商业模式需要与国家的经济体制、市场环境等特征相匹配，因此即便是成功的商业模式也是需要被修正、调整以后才能适合被移入市场环境，即二次商业模式创新。

由此可见商业模式创新并不是简单的技术创新和商品创新，其实质是商业模式功能要素在功能载体或实现形式上的变革，或者是寻找新的商品价值空间，或者是改变企业的价值链流程或者是优化企业的影响途径等。

三、商业模式创新的特征

基于以上的商业模式创新概念和内涵，可以总结出与其他形式的传统创新相比，商业模式创新具有外向性、系统性、颠覆性和双边性或多边性四个特征。

（一）外向性

外向性是商业模式创新的本质特征，商业模式创新是从根本上重新设计和思考企业的经营活动，注重从顾客和市场的角度出发，视角更为开放和外向。企业在进行商业模式创新时，将会努力挣脱现实的产权边界和业务边界束缚，秉承无边界拓展原则，追求以企业自身为核心的商业生态系统的建立。因此与传统的组织创新、技术创新、产品创新和流程创新等创新行为相比，商业模式创新并不是基于企业内部的资源，从而在市场中寻找相应的顾客群体予以匹配，而是用外向的视角从顾客及利益相关者出发，挖掘他们的潜在需求，从而在多个商业模式关键环节进行系统性创新，实现企业的快速增长。

（二）系统性

商业模式创新更多的是系统和根本，涉及企业内外方方面面，如技术、产品、工艺、组织等多方面的创新。商业模式创新常常不是单一要素的变化，而可能涉及多个要素同时发生重大改变，常需要组织结构的较大战略调整。这里要求各要素都能发挥作用，相互间产生关系，并在一定的动力运行机制下进行。总的来说，商业模式可以被看成是由"要素、联系和动态性所构成的系统"（Afuah & Tucci，2001），而商业模式创新是一种系统的集成创新。

（三）颠覆性

商业模式创新强调的是开发并创建前所未有的、极具创意的创新理念。企业在商业模式创新过程中通过对外部环境进行解构，运用顾客价值分析方法，找到整个环境的薄弱点，在整合外部资源的情况下，通过重新建构商业生态，逐步塑造企业的能力和资源，推动和影响新的系统形成，最终打破行业现存的价值——成本互替定律，构建新的最优行为规则。因此，商业模式创新具有明显的非线性、不连续等颠覆性创新特征，它不仅局限于抢占现有市场，还包括开辟新的市场，颠覆性同时说明了商业模式创新的程度。

（四）双边性或多边性

商业模式创新往往要求企业同时面对两类或更多类截然不同的顾客，通过双边或多边市场来对他们的不同需求进行匹配，从而在网络效应的作用下使这个需求匹配过程遵循规模递增和赢家通吃的规则。双边市场的战略着眼点是组合一边市场成员的资源及能力为另一边市场的顾客提供价值。双边市场的新理念关乎启发及满足其中一边顾客的需求及欲望，这往往需要超越顾客现有的需求并建立新的生态系统才能实现，而这个生态系统要求至少有两条价值链互动从而形成网络效应，所以这种双边性成为商业模式创新的重要特征，这也是为什么在提到商业模式创新时学者们更为强调企业生态系统的建立（Tse，2012）。

第二节 商业模式创新因素和路径

一、商业模式创新的驱动因素

商业模式创新对于企业而言是非常具有挑战性的一项活动，有必要对商业模式创新的影响因素进行进一步探究。

（1）技术驱动。早期学者们普遍认同以互联网技术为代表的新技术是商业模式创新的驱动力量。网络经济的高速发展，使得商业模式这一理念不断被社会认可，所以新兴的网络企业在商业模式的创新历程中也是最原始的形式。蒂默斯（Timmers，1998）指出，商业模式的创新在早期的发展过程中最核心的动力主要是以网络技术为代表的。威尔斯姆斯坦（Willesmstein，2007）基于生物医药行业的案例研究，提出内部先进技术的发展是企业商业模式创新的驱动力量。吴晓波等（2013）通过对阿里巴巴商户的案例进行研究，发现企业技术创新能力可以有效支撑商业模式创新。王茜（2011）提出，企业通过提升 IT 能力可以促进商业模式创新，进一步解释了二者之间的路径机制，为企业开辟了除产品创新之外的另一条创新升级路线。技术进步可以推动企业内部业务流程再造、客户关系管理、市场营销等方面的提升，由此驱动商业模式创新。李文博（2016）对大数据背景下企业商业模式创新的机理进行了研究，以 100 家企业为案例研究基础，基于话语分析方法，得出数据、行为、属性、情景 4 类范畴下共 16 个语素的驱动因子。田剑和徐佳斌（2020）采用系统动力学的研究方法，对平台商业模式创新系统进行了全面分析，得出大数据能力是平台商业模式创新最为关键的驱动因素。学者们基本认同商业模式创新是企业技术商业化的一种表现，对商业模式创新的研究更强调在"创新"上。

（2）需求变化。除了受技术因素的驱动以外，商业模式创新也受市场需求变化的影响，需求结构的转变为企业拓展新业态和新的商业模式提供机会。德钦（Deloitte，2002）基于案例分析的研究方法，对企业商业模式创新的影响因素进行分析，发现顾客潜在需求是驱动企业商业模式创新的主要力量，而不是来自经济、法规和技术的变化。网络经济环境下，商业模式创新就是要迎合顾客需求，焦凯（2015）认为顾客价值主张创新是数字经济背景下企业商业模式创新的源头，由此才能进一步完成企业价值创造与价值实现。提摩太（Timothy，2020）提出商业模式创新对企业长期生存发展至关重要，构建了顾客体验驱动下的商业模式创新框架，确保顾客价值与企业发展战略保持一致。马尔霍特拉（Malhotra，2000）主张传统公司的商业模式往往被固化，公司想要保持竞争优势，就应当进行动态化、无可预知的、不断创新的商业环境的塑造，实现商业模式的创新。索斯纳（Sosna，2010）提出，不确定的商业模式是不可能永远持续进行的，所以从可持续发展上来说，公司需要对商业模式进行持续不断的创新。

（3）外部环境因素。环境的变化对商业模式创新具有很大挑战，在环境动态变化程度较强时，产品和服务的开发周期被迫缩短，企业往往倾向于通过技术创新或商业模式创新来解决危机（Miller，2018）。维卢和钱德（Velu & Chander，2015）研究发现，受环境不确定因素影响，在价值网络内，主导型企业往往会为保护现有的商业模式而进行防御保护，而跟随型的企业则更乐于采用渐进式的方式进行商业模式创新。罗珉（2015）提出外部环境动态变化时，创新机会增加，商业模式创新将给企业带来更多收益，企业进行商业模式创新的意愿也会加强。另外当外部环境复杂性加剧时，企业还要面对有限资源竞争问题，这也会导致企业需要通过与利益相关者之间高效互动来获取市场信息。库瓦莱宁（Kuivalainen，2007）对杂志网站商业模式的演化进行了纵向单案例研究，指出网络论坛会驱动杂志社进行商业模式创新，杂志的电子版和纸质版二者之间是互补而不是替代的关系。鲁弗（Reuver，2009）通过多个行业中的 45 个纵向案例对企业生命周期中的商业模式创新的驱动因素进行了研究，指出与管制因素相比，技术和市场相关的力量在驱动商业模式创新的过程中发挥着更主要的作用，而且在企业生命周期的早期阶段要比成熟阶段对商业模式创新有更大的影响。处于经济危机或者经济倒退时代，依然可以积极应对压力并表现出色的企业依赖的不单单是其运营及财务创新能力，更关键的是他们可以有效把握并在关键时期合理运用。在特殊情况下，公司对商业模式进行创新的原动力必定是对市场机遇的充分把握。文卡塔和亨德森（Venkata & Henderson，2008）通过研究得出公司经营方式的改变将会在一定程度上给企业的发展造成压力，如果这一压力累积到一定程度，那么就要对公司的商业模式进行创新。

（4）行业竞争。学者认为行业内的竞争压力是驱动企业商业模式创新的主要因素（Venkatanman & Henderson，2008）。维鲁和雅各布（Velu & Jacob，2016）通过实证研究，认为商业模式创新是企业超越竞争对手取得竞争优势的主要原因。行业内同质化竞争加剧，使企业不得不逼迫自己不断成长，获得持续发展的竞争优势，在此过程中形成了新的商业模式，并且原本集中在资本和价格上的竞争也会发展为知识和模式创新的竞争。

（5）高管团队。大量研究表明，高管团队对商业模式创新具有重要的推动作用。马廷斯（Martins，2015）认为，企业创新最主要的因素是来自管理者认知，管理者需要不断进行推理、分析及概念融合才能实现。奥西耶夫斯基和德瓦尔德（Osiyevskyy & Dewald，2015）认为，高管团队的机会感知、风险经验、绩效降低感知等与探索型商业模式创新呈正相关。纳拉扬（Narayan，2020）提出，企业管理团队的认知与意识形态差异会影响团队对商业模式创新的关注度及企业商业模式创新的强度，通过对美国印刷出版业企业纵向数据分析发现，随着时间的推移，高管团队认知和意识形态多样性对商业模式创新有正向影响。

（6）企业内部资源与能力。蒂斯（Teece，2009）认为，企业只有在自身资源能力充沛的情况下才能成功地创新商业模式。企业集合了大量的资源，只有对资源进行合理配置，提出创新性的价值主张，并与企业自身资源和能力相匹配，才能确保商业模式创新成功。企业动态能力在实现商业模式创新及应用中具有关键作用（Leih，2014）。周飞和孙悦（2016）通过实证研究发现，跨界搜寻外部创新知识可以对商业模式创新具有显著影响，而动态能力在市场知识搜寻与商业模式创新之间具有调节作用。任会朋和戴洛特（2020）以高新技术产业为研究对象，通过实证研究发现企业外部知识获取和内部知识创造对企业商业模式创新具有促进作用，外部环境以及管理注意力具有调节作用。单标安（2020）通过实证研究发现高管创造力对企业商业模式创新具有重要影响，并且组织共享愿景越高，高管创造力对商业模式创新的影响作用越强。林格伦（Lindgren，2010）对网络层面商业模式的开发与创新进行了多案例研究，发现网络层面的商业模式可能是个别企业商业模式创新的主要驱动力，尤其是企业竞争所需要的关键能力难以从内部获得，需要通过与其他企业进行合作才能获得时就更加如此，并且网络层面的商业模式创新的水平更高，更可能是突破性创新。

二、商业模式创新的路径

（一）基于策略的商业模式创新路径

将使商业模式创新由"直觉推动型"过程转向创造性与理性有机结合的可控过程，这就要求掌握商业模式基础策略的信息，目前商业模式创新路径基本上都是从这个角度出发的。对商业模式创新的路径分析基本上散见于许多学者的观点之中而没有形成体系，如克里斯（Chris，2004）认为企业商业模式创新要从客户的不满、厌倦和感受中寻找灵感，要对公认的假设进行挑战，而不是采纳和其他对手差不多的策略。大前研一（Kenichi Ohmae，2018）认为，日本在商业竞争中取得成功的原因是其商业模式创新以增强竞争地位为依据，在创新时考虑公司、顾客和竞争对手，这三个因素中每一项都是一个有独立利益和目标的实体。

1. 基于价值链理论的商业模式创新路径

高闯和关鑫（2006）从价值链创新角度来分析商业模式创新，认为在明确的外部假设条件、内部资源和能力前提下，企业商业模式是其价值链的一个函数，并可以将其看作是一种基于价值链创新的企业价值活动，即对其所涉及的全体利益方进行优化整合，以实现企业超额利润的制度安排的集合。所以基于价值链创新理论提出商业模式的五种基本类型也是创新方法价值链延展型、价值链分拆型、价值创新型、价值链延展与分拆结合型、混合创新型。其他研究者提出的重新定义顾客，提供特别的产品和服务；改变提供产品/服务的路径；改变收入模式；改变顾客的支持体系；发展独特的价值网络等商业模式创新路径实际上也是基于价值链思想提出的。蒂默斯（Timmers，1998）所提出的分类体系基于交互模式和价值链整合，商业模式构建的系统化方法包括价值链分解和价值链重构。典型的商业模式构建和实施一般需要识别价值链要素（如采购物流、生产、销售物流、营销、研发、采购、人力资源管理等）、交互模式以及技术的最新发展。利用此方法可以构建许多不同的商业模式，不过其中只有一些在现实中是可行的，此分类体系提供了商业模式创新的一般思路。

2. 基于商业模式分类体系的商业模式创新路径

这种创新的路径是先提炼商业模式的构成元素或总结现有商业模式的合理分类，开展基于构成元素或分类的商业模式创新方法研究，以此为商业模式设计提供方法论指导，从而有助于企业制定切合实际的商业模式创新战略。原磊（2007）提出商业模式的"3－4－8"的构成体系，其中"3"代表联系界面，包括顾客价值、伙伴价值、企业价值；"4"代表构成单元，包括价值主张、价值网络、价值维护、价值实现；"8"代表组成因素，包括目标顾客、价值内容、网络形态、业务定位、伙伴关系、隔绝机制、收入模式、成本管理，从而提炼出基于价值模块的商业模式变革路径、基于界面规则的商业模式变革路径、基于二者混合的商业模式变革路径。王刊良（2003）将商业模式的基本框架界定为5P4F，其中5P是指产品、价格、渠道、促销和公共关系；4F是指信息流、资金流、物流和商务流，而因特网和技术的网络经济为企业改变的每一个环节和流程关系提供了极大的便利和可能。

3. 基于多学科视野的商业模式创新路径

从战略管理的角度来说，商业模式对于企业有着和战略相类似的功能，因此商业模式创新的过程也可采用类似战略规划的方法，包含四个步骤：一是环境分析，即分析外部因素的变化趋势以及它们之间的关系；二是组织现状分析，确定企业的核心能力；三是价值提升，即进行商业模式设计，描述组织角色；四是实施变革，即从旧的商业模式转变为新的商业模式。这种研究视角的优点在于简单明了，较容易被企业接受使用。但是在许多行业中，企业面临的是一个不连续变化的外部环境，如果采取这种方法进行商业模式变革，那么就会影响商业模式变革的动态性和适应性。从知识管理的角度来看，商业模式创新过程也是企业实施知识管理的过程。商业模式的功能就是帮助企业显现、确定、分析、储存和传播关于价值创造逻辑方面的知识。因此奥斯特瓦尔德（Osterwalder，2004）认为，企业商业模式创新可以分三步走：一是对商业模式进行显化，并对商业模式的不同部分进行描述，即将隐性知识转化为显性知识；二是对商业模式进行深入分析，形成新的商业创意，即将显性知识转化为隐性知识；三是对商业创意进行整合，形成新的商业模式，即将隐性知识再转化为显性知识。从这点来看，商业模式创新与改变管理者心智模式的能力有关，因此有必要将双环学习引入心智模式，通过整体、广泛、长期和动态的观察来重新设计商业模式。这种研究视角的优点在于充分强调了商业模式变革中人的因素和企业家精神的作用，使商业模式变革研究与创业理论更好地结合在一起。

（二）基于要素的商业模式创新路径

1. 基于产品或服务的创新

波特（Porter，1985）提出如果一个企业能为顾客提供某种具有独特性的效用，那么它就具备了不同于其他竞争者的经营创新性，提供什么样的产品或服务是商业模式的重要组成部分，也是企业盈利产生和发展的起点。商业模式创新常常以产品或服务的设计创新为基本途径，为顾客创造独特的体验和附加价值，以便更有效地获得利润。基于产品或服务创新的商业模式创新比较普遍，任何企业在开发新产品、拓展新领域的过程中多数采取这种方式。

2. 基于运营渠道的创新

渠道创新是指通过企业在直销或间接销售过程中，对原来形成的单一的、多渠道的，或者网店的、实体店铺等销售平台因素进行商业模式创新的过程，它是产品或服务价值实现途径的创新。企业往往通过增加压缩渠道的层次和环节，改变与分销商的合作形式，或者采用全新的渠道等方式，实现企业营销成本的节省，提高分销的效率。渠道创新的最终目的是增加对目标顾客的覆盖，使顾客更便捷地得到产品和服务，进而创造更多的顾客价值。在网络经济背景下，一系列 B2B、B2C 及专业网站出现，比如阿里巴巴、京东商城等，这些依托网络兴起的电子商业对传统商业运作过程和方式产生了巨大影响，大大简化交易过程，提升交易效率，降低交易成本。基于运营渠道的创新的实现，一方面是企业建立自身的营销网络，如佰草集。另一方面是专业电子商务网站提供便捷的在线服务，如阿里巴巴。

3. 基于收入实现方式的创新

田志龙等（2006）曾对商业模式创新如何取得收入进行了系统研究，

他认为灵活地改变收益方式所包含的要素，可以刺激顾客的消费欲望，增加购买，或者提高单位产品的收入。商业模式创新要以低成本获取经济租金，还需要形成有效的收入方式，除了产生收入的载体（产品或服务）外，所需要的交易方式（即取得收入的渠道与方法）以及计费方法（收入介质定价的界定）等方面也特别重要。在网络经济环境下，随着网上购物与网上支付的消费者越来越多，为了集成收入实现方式中的潜在价值，针对收入实现方式的商业模式创新也不断涌现，比如支付宝等。

4. 基于价值链或网络重构的创新

瞿祥华（2005）、姜奇平（2010）、孙莹丽（2009）提出网络经济环境下，企业生产出现模块化分工的趋势，进而使企业的价值链由原有的链条转变成价值网络。企业价值网络的出现，使企业将利润产生环节的选择与自身实力的判断有机结合起来，在价值链中选择符合自身实力的合理位置，并围绕该环节发展与供应商、分销商、合作伙伴的联系，构筑共同为顾客提供价值的网络。而这些独特联系的价值网络，会给网络中的企业带来难以模仿的竞争优势。拉手网、丰田汽车等企业的商业模式就是利用这一变化所带来的机遇。

5. 基于重新整合客户群的创新

夏会军（2008）、肖凯（2009）研究认为，随着收入水平的提升，消费者的个性化消费需求必将成为一种趋势，同时网络环境将给消费者的个性化消费需求提供更广阔的空间。随着市场细分和客户需求的个性化和复合化，企业根据目标顾客的需求提出对顾客的价值主张，通过合适的产品和服务去满足顾客需求就成为一种必然选择。企业需要根据市场变化来重新明确客户群，选择新的细分顾客群，并明确相应的市场价值，进而更好地适应顾客需求，获取市场利润，从根本上变革企业的商业模式。春秋航空就是这方面的典型代表，春秋航空避开了与大航空公司的竞争，通过抓住了观光度假旅客和中低收入商务旅客的需求，仅对顾客提供最基本的服务，如在飞机上仅提供一瓶免费的矿泉水等，创造了国内唯一的"廉价航空"商业模式。

6. 基于客户双向互动支持体系的创新

随着现代通信技术和交流技术的发展，以往从供给到需求的"单向联系"被互联网支撑的"双向联系"取代，将形成互动营销的价值链（叶嘉颖，2009）。在此背景下，企业可以通过创新的客户支持体系，为顾客提供更多的额外价值，从而提高顾客的转换成本，有助于提升顾客忠诚度。同时，顾客对产品的点评和反馈可以被更多人获取，并且可能激发出明显的从众效应。大众点评网、海尔集团等企业就充分挖掘了这一商业模式的经济潜力。如海尔集团依靠其庞大而有效的信息化组织保障，建立了闭环式的服务体系，顾客只需拨打"海尔全程管家"的热线，就可以预约海尔提供的先设计后安装、清洗、维护家电的全方位服务。

商业模式的创新是一个系统工程，而不是仅仅就某一个环节进行改良的企业改革。在创新商业模式的过程中，应该更多地基于系统的观点，对商业模式关键环节做出成功创新后，还要对整体商业模式进行审视，并以系统功效最大的原则做出相应的调整和创新。

三、商业模式创新的过程

企业在商业模式创新方面，也有四个对应的途径，分别是设界、补缺、再造和觅新，但是这四个途径也并不存在严格的时间顺序和先后逻辑，企业可以灵活选择和组合。

（一）设界

设界就是设定企业边界。一个商业生态系统中有很多交易角色，不同的交易角色会有不同的价值空间、交易成本，以及对整个商业生态的影响力。无论是新进入企业还是在位企业，都要考虑自己应承担哪些交易角色，同时放弃哪些交易角色。新进入企业必须站在商业生态系统的视角选择交易角色，同时形成企业的商业模式；在位企业则要不断地考虑哪些交易环节以前由自己承担，而现在需要交由别的企业承担，哪些交易环节则需要从别的企业那里拿回来。设界就会涉及对传统商业模式的创新，同样是设计环节，在传统的日用品领域，设计是由厂家而非零售商来做的，名创优品则承担了设计和零售两个环节；在传统服装行业，设计是由品牌商来做的，海澜之家却将这个角色交给供应商完成。

一般来说，设界的主要路径有三条：第一，把市场交易转化为非市场交易，承担自己上下游的一些业务活动和特定角色；第二，把非市场交易转化为市场交易，把自己承担的一些角色和业务活动交给市场；第三，当市场不变时，改变角色的归属，主动选择自己要从事的业务活动和交易角色。设界带来的交易价值的增加，主要来自资源能力的效率重构——选择怎样的业务活动和交易环节，取决于不同交易角色及其具备的关键资源能力带来的交易价值和交易成本的差异。

（二）补缺

补缺是指增加业务活动角色以提高生态系统交易效率的方法。生态系统的发展完善过程中存在许多可以增加业务活动和交易角色的空间，把握这些空间，一方面可以提高商业生态系统整体的价值空间，另一方面可以让企业把握新的商业机会。补缺的商业模式创新，要对现有商业生态系统有清晰的洞察和敏锐的判断，要自上而下地俯瞰商业生态系统，找到当前商业生态的瓶颈和痛点，把握商业机会。支付宝的诞生，就是抓住了电商发展初期，商业信用尚未建立，交易难以达成的痛点。补缺带来的是第三方支付的角色，这个角色不但对阿里巴巴在电商领域的发展至关重要，而且推动整个电商商业生态系统释放巨大的交易价值。

补缺主要有两条途径：一是对现有生态系统角色的边界和范围进行补充与扩展，通过补缺提高在位企业的交易价值；二是创造新的交易角色，改善整个商业生态系统的交易价值。补缺是对交易结构效率的完善，是对影响交易效率的结构性因素，包括业务活动的缺失或短缺以及对应的交易角色的缺失或短缺，进行结构性弥补。补缺拓宽了交易的通道，提高了交易效率，提升了交易价值。

（三）再造

再造是指在当前的商业生态系统中，在利益主体边界既定的情况下，改变交易主体的交易结构要素以获取价值增量的办法。商业模式再造是指企业基于当前的商业生态，设计新的商业模式。它不仅需要创新与变革，更需要深度认知商业逻辑。商业模式再造可以改变的交易结构要素包括成本结构、盈利模式、收入结构、现金流结构等。以拼多多为例，它改变了电商的盈利模式，将其他电商常用的分成模式、价差模式改为团购模式，将交易方式从"搜索"方式变成"社交"方式。这个再造过程并没有改变商业生态系统和利益主体的边界，而是在商业生态系统内部进行结构性变革，这种变革让单一企业和整个商业生态系统获得了不同的价值创造能力。

商业模式再造有两条途径：一是企业基于现有商业生态和新的商业逻辑，设计不同的商业模式，完成从价值创造到价值捕获的闭环，推动商业生态以多元交易结构扩大生态价值；二是借助技术创新，改变或改善某个业务活动环节，实现商业模式的再造，如移动互联网技术对交易搜寻成本的改变，催生出许多新的商业模式。很显然，再造对商业生态系统交易价值的贡献主要来自结构性效率的提高，因此企业应持续不断地审视和判断商业生态系统内的交易结构，以及时优化商业模式的结构性效率。

（四）觅新

觅新是指寻觅新的外部利益相关者或新的资源能力，并在与当前生态系统的联结互动中获取发展的机会，促进现有生态系统的成长。觅新要求企业保持开放与好奇，放眼全局，在生态系统内部和外部搜寻与内部相关联的潜在机会，展开全新合作，实现跨界拓展，创造新价值或降低交易成本。企业要做到觅新，主要通过两条途径：一是发掘并交易当前生态系统中未被交易的资源能力，通过设计新的交易结构令它产生价值，如电商企业将其积累的数据和计算能力拓展、移植到传统企业中；二是引入其他生态系统的资源能力，如其他行业、新技术带来的资源能力，令生态系统具有更大价值。

觅新对商业生态系统价值的贡献主要来自潜在资源效率的提升。这个潜在的资源既可能存在于当前商业生态系统之内，与外部的生态系统产生联结与互动，也可能存在于当前商业生态系统之外，实现当前商业生态系统的跨界拓展。

第三节　商业模式重构的背景和时机

一、商业模式重构的背景

商业生态系统的演进和商业模式的创新，为企业商业模式重构提供了前提和背景。在商业实践活动的复杂性和时效性特征日渐凸显的环境下，商业模式重构受到越来越多企业的重视。1998～2007 年，在《财富》500 强的 27 家企业中，有 11 家认为它们成功的关键在于商业模式重构。2008 年 IBM 对一些企业首席执行官的调查发现，几乎所有接受调查的首席执行官认为任职公司的商业模式需要调整，2/3 以上的首席执行官认为有必要进行大刀阔斧的变革，而其中一些企业已经成功重构商业模式。① 商业模式重构之所以如此受到重视，是因为当前的商业环境正在发生巨大的变化。

首先，人口结构变化和居民收入增长带来了消费理念与消费行为的迅速变化，企业经营行为和消费者消费行为与消费习惯的互动影响日益明显。在需求快速变化的形势下，单纯依靠内生式的发展，企业很难跟上环境的变化。企业需要重新定位客户价值，更准确地把握市场需求的变化，重构满足客户需求的方式。

其次，交通、通信、技术等外部环境因素和研发、制造、物流、营销、服务等企业的资源能力正在发生巨大变化，特别是互联网信息技术的革命性变化，从根本上改变了产业链价值分布、企业边界、运营条件及传统商业模式的有效性。企业必须有效利用新技术和存量资源能力，重构商业模式。

最后，金融系统正在发生巨变，金融工具日益丰富，金融市场类型多样。一方面，这提供了评价企业的新标准，要求企业关注投资价值实现的效率、能力和风险；另一方面，金融原理、金融工具和交易机制为企业提供了创造价值、分享价值及管理风险的新工具。企业可以利用金融原理、金融工具和交易机制，扩大市场规模，改变传统业务的现金流结构，解除利益相关者的疑虑或企业自身的分歧，聚合关键资源能力，为利益相关者提供更好的服务。

通常，企业获取竞争优势的战略包括成本领先、差异化和聚焦。在现实竞争中，保持持续的成本领先和差异化极为不易。技术加速迭代带来了后发企业优势，以及包括人为成本、社会责任和规范成本、环境成本、服务成本、原材料成本等在内的企业成本的上升。越来越多的企业发现，面对新的商业环境，仅仅对战略、营销、技术、组织行为等进行调整和改善，越来越难以奏效。企业要消除成长瓶颈、摆脱成长困境，必须重构商业模式，以摆脱规模收益和效率递减、风险和管理难度及经营成本递增的困扰，实现规模

---

① 分析商业模式的几个工具［EB/OL］. 雪球，2014 – 11 – 17.

收益递增、规模风险递减，保持竞争优势。

在新的商业环境中，企业应系统地设计商业模式的总体架构，把握企业在商业生态中的本质——利益相关者的交易结构安排者，不断根据商业环境的变化，优化或重构商业模式，再造高效成长机制。重构商业模式的内容包括：重新定位满足顾客需求的方式，发现新的巨大成长机会；重新确定企业的业务活动边界，界定利益相关者及其合约内容；重新设计收益来源和盈利方式，转变成本形态，调整成本结构，培育新的持续盈利能力。

中国经济总量不断扩大，已成为世界第二大经济体。中国正在转变经济发展模式，商业环境正在发生翻天覆地的变化，这为中国企业带来空前的挑战和难得的机遇。一方面，商业环境明显改善，增长机会众多，市场空间巨大；另一方面，不少企业面临增长瓶颈，进入规模收益递减阶段，必须重构商业模式。而国内一些引领行业发展潮流的优秀企业，早已察觉商业环境的巨大变化和重构商业模式的迫切性，并着手启动商业模式重构，一些中小企业也通过重构商业模式，在细分市场获得佳绩。

二、商业模式重构的时机

企业的生命周期可分为六个成长阶段：起步阶段、规模收益递增阶段、规模收益递减阶段、并购整合阶段、垄断收益递增阶段和垄断收益递减阶段。每个阶段的供求特征和行业状况不同，面对的挑战和机会也大不相同。每个阶段的主要矛盾以及解决主要矛盾的路径也有差异，如企业在成长初期，可能依靠自己的关键资源能力；到了成长期，需要引入金融等利益相关者以快速扩大规模，同时还要考虑整合上下游的利益主体和资源能力。因此，在向不同的阶段过渡时，企业需要重构商业模式，即重构企业内外交易结构安排。在企业生命周期的六个成长阶段中，重构商业模式的契机主要有三个：起步阶段、规模收益递减阶段、垄断收益递减阶段。抓住这三个重构机会，企业就有可能走出与竞争对手不同的发展道路，从而以内生性、结构性的改变，以新的商业逻辑跳出企业生命周期的传统规律。

（一）起步阶段

在起步阶段，企业的主要任务是发现商业机会，构想商业模式，并通过实践不断试错和重构。企业之所以创立，是为了满足某类客户的某种需求，或者是为某项技术或者资源寻求商业应用和推广。在起步阶段，企业的第一要素是获得生存空间。起步时，企业资产和员工规模较小，组织架构也简单，商业模式构建和重构所遇到的阻力也会相对较小。

在线少儿英语品牌（VIPKID）从正式上线到估值达 200 亿元，只用了短短三年半的时间——VIPKID 成就了一段创业神话，然而 VIPKID 在起步阶段重构商业模式的往事并不为大多数人所知。定位为少儿英语培训机构的 VIPKID 独创了包含 7 ~ 8 分钟的课前预习视频、25 分钟的一对一互动直播课程、课后线上游戏化的作业和线下复习手册的翻转课堂方式。美国的中小学教师多达数百万人，他们的平均年收入只有 3 万 ~ 4 万美元，在美国处于较低收入水平，而他们大多数拥有较高的教学水平，也拥有较多的课余时间。一开始 VIPKID 用发邮件、打电话等多种方式邀请教师，然而一年半的时间里仅仅招到 20 位教师，远远没有达到预期水平。

通过重新审视教师和家长的口碑、圈层和销售的资源能力，VIPKID 决定重构商业模式。一方面，VIPKID 鼓励老师拍摄短视频分享在 Facebook 和 YouTube 上，形成口碑传播效应。通过这一模式的变化，VIPKID 的外教数量呈现指数型增长态势。2016 年 4 月 VIPKID 有 2000 名外教，5 月外教数达 2500 名，10 月已达 4000 名。截至 2019 年 8 月，VIPKID 已经拥有超过 7 万名外教。高品质外教的规模增长为保证课程质量和效果奠定了良好基础。另一方面，VIPKID 注重发掘家长的圈层资源和销售能力，用推荐获取免费课程的方式激励家长，提高介绍率。家长成功帮 VIPKID 介绍一个用户就可以获得免费课程奖励，介绍得越多奖励越多。尤其对家境不是特别富裕，又想让孩子能在家接受美国纯正英语学习的家长而言，他们非常乐意做 VIPKID 的推销员。通过发掘教师和家长的资源能力，到 2019 年 8 月，VIPKID 已经拥有付费学员超过 50 万人，学员遍布 63 个国家和地区，成为估值百亿元的独角兽企业。

在起步阶段，企业的资源能力有限，因此重构商业模式并不需要打破原有的路径依赖，有利条件是内部阻力比较小，不利条件是外部借力的可能性也很小。在这个阶段，企业的很多资源能力还未成长起来，很难借助外部的客户资源、供应商资源等渡过难关。此时重构商业模式与创业很相似，实际就是换一种方式创业。一旦企业在起步阶段形成了固定的模式，并由此积累了相关的资源能力，就为今后的商业模式重构同时准备了资源和障碍。①

（二）规模收益递减阶段

在规模收益递减阶段，市场的增量需求开始下降，并在某个时点，供给增长等于需求增长，此时市场出现拐点，利润率下降。在这个阶段的大多数企业，资产规模和负债水平显著增加，固定成本递增并呈现刚性，而利润率、投入资本收益率下降，规模收益递减，现金流出的规模增加。内部运营方面，人工成本增加，管理边际效益下降，为满足现金流要求，企业需要增加债务，其中一些企业容易由此陷入经营和财务的双重困境。

这个阶段的企业如果继续保持原有交易结构，那么这种压力毫无疑问将持续存在，直至企业面临的压力在某个环节爆发。在遇到阶段性的成长上限时，企业应当通过商业模式重构来增强企业竞争力、改善经营。企业可以做加法和减法（包括转换成本形态、成本结构），以降低资产占销售收入的比例，减少固定成本等；还可以通过积累的资源能力去发展一些新的盈利点，重新实现规模收益递增。

在这个阶段重构商业模式也存在一些有利因素。随着综合实力增强，企业对各种资源的整合能力也会提升，此时重构商业模式会获得更加充分的支持。特别是行业内的优秀企业，它们具备了某些环节的竞争优势，重构商业模式时可以把不具备竞争优势的环节售出或者转为合作，为优势环节重新设立交易结构，寻求以优势环节为中心的市场扩张。通过加法和减法，这些企业在竞争对手陷入困境时，凭借商业模式重构的竞争力实现逆势增长。

控制 2700 多家酒店的万豪，其固定资产只有 23 亿美元，仅占公司总资产的 27%。这一秘诀就是在正确的时间重构了商业模式，转换了成本结构。1993 年，万豪酒店集团一分为二：万豪服务和万豪国际。前者专营酒店地产业务，对名下地产进行证券化包装，为投资者提供投资工具，让万豪享受税收减免，并释放以固定资产形式存在的、地产业务中蕴藏的巨大现金流。后者专营酒店管理业务，几乎不直接拥有任何酒店资产，只是以委托管理的方式赚取管理费收益。通过做减法，万豪大幅降低了固定资产比率，控制了经营风险，两家公司分离之后，合作仍然紧密，万豪服务融资新建或改建酒

---

① VIPKID 米雯娟：口碑裂变的根基，是长期的用户价值 [EB/OL]. 搜狐，2020 – 05 – 26.

店，然后与万豪国际签订长期委托经营合同；万豪的品牌效应则保证了万豪服务的证券化收益。在分离之后，万豪国际在直营的同时还开发了特许业务；经营地产业务的万豪服务则将业务延伸到万豪品牌以外，开始为其他酒店品牌处置固定资产。重构商业模式后，万豪酒店集团的舞台进一步扩大，实现了规模收益递增。[①]

（三）垄断收益递减阶段

当垄断竞争到了一定程度，行业重新进入收益递减阶段。企业的资产与人员规模庞大、管理复杂，加上管制和规范要求，刚性成本上升，原有产品线和业务进入成熟阶段，缺乏增长机会，出现了替代产品或者成本更低的企业，企业经营和财务风险增大。进入垄断收益递减阶段的企业，要么拥有丰富的产品线，要么通过横向并购等方式消灭了主要竞争对手，形成了专业化寡头公司。前者会因产品线复杂而陷入管理成本巨大的困境，后者则可能面临单一专业化市场经营风险过大的问题。当面临这种状况时，优秀企业会重构商业模式，追求新的增长点，让企业焕发新的生机。在这一阶段重构商业模式一般有三种做法。

一是企业选择重构已有资源能力。以 IBM 为例，其从开始的单纯卖设备升级为提供硬件整体解决方案；通过中间件的布局，又升级为软件整体解决方案提供商，以软件拉动硬件系统的销售；之后又以多年的 IT 运营经验为基础，并购普华永道咨询业务，实现在软硬件集成基础上的知识集成。这个过程既源于已有资源能力，又不拘泥于原有资源能力，在传承之上持续拓展，重构商业模式。

二是企业追求不相关多元化运营。这是很多中国企业最直接的选择，也是类似通用电气这样的企业曾经辉煌的路线。然而，全球范围内不相关多元化运营成功的例子委实乏善可陈。从商业模式的视角看，不相关多元化运营并不是交易结构的改进，而是资源能力的溢出，是在新业务上重构新的业务形态，进入新行业以重新回到规模收益的初期阶段。然而企业同时要面对内部管理指令与不相关多元化业务的不匹配，以及由此带来的内部管理成本——实质上也是交易成本，因此容易导致失败。

---

① 万豪 REITs：轻重资产并行［EB/OL］. 搜狐，2017 - 02 - 04.

　　三是做企业内部的企业风险投资。以英特尔为例，公司对相关事业群（包括供应商、销售体系、互补产品、技术创新）进行风险投资，为公司发掘新的成长事业、技术和市场机会，同时为英特尔现有的核心技术与核心产品寻求可以利用的外部资源，以提高市场竞争力。截至 2008 年第一季度，英特尔在 45 个国家和地区共投资 75 亿美元，约 1000 家科技公司，其中 150 家以上的创业公司上市，160 家创业公司被并购。企业风险投资从交易关系和治理关系两个方面，打开了重构企业商业模式的一扇新窗户，挖掘了企业已有资源能力，拓展了交易价值空间。

第四节　商业模式重构要素与方法

一、商业模式重构的要素

（一）重构定位

　　定位是企业满足客户需求的方式。这个定义的关键词是方式，企业选择什么样的方式与客户交易，决定因素是交易成本。寻求交易成本最小化，是企业选择定位的动因，交易成本由搜寻成本、讨价还价成本和执行成本三部分组成，好的定位能够降低其中的某一项或某几项交易成本。例如，连锁模式增加了与客户的触点，降低了客户的搜寻成本；中介模式为交易两边的客户缩小了谈判对象规模，降低了讨价还价成本；网上支付模式突破了银行运营时间、地点的限制，为客户降低了执行成本；整体解决方案模式为客户减少了交易商家数量，同时降低了搜寻成本、讨价还价成本和执行成本。重构定位就是寻找和选择交易成本更低的需求满足方式。

　　杰克·韦尔奇接任总裁时，通用电气的股票市值为 131 亿美元。通用电气是一个包括工业制造和消费品生产的多元化制造型企业集团。20 世纪 80 年代初期，企业成功获得超额收益的关键在于以质量和价格赢得更多的市场份额。到了 20 世纪 80 年代中期，由于制造能力过剩，客户选择权增强，企业的竞争优势和利润面临严峻挑战。新的利润区正从产品本身转移到产品出售以后的业务活动，好产品只是客户需求的一部分，服务和金融比直接销售产品的收入和利润高出数倍。因此，韦尔奇将通用电气的定位从产品制造转为提供服务导向的整体解决方案，具体包括产品＋系统设计、融资服务、维护与技术升级服务等。客户服务解决方案所需的产品、技术等资源可以从外部获得，不一定完全由自己制造。经过定位重构，通用电气股东价值大幅提升。股东价值与销售收入的比值从 1981 年的 0.5 上升到 1997 年的 2.7，股东价值年增长率为 19.9%。①

（二）重构业务系统

交易结构最直观的体现就是业务系统。重构商业模式，离不开业务系统的重构。参与商业模式的利益相关者不仅包括产业价值链上的合作伙伴和竞争对手，如研发机构、制造厂商、供应商、渠道商等，还包括企业内部的员工和金融机构等。设计与这些利益相关者的交易内容与交易方式，是企业商业模式构建的核心。业务系统直接决定了企业竞争力所在的层级，当现有业务系统不足以建立或者保持竞争优势时，企业就要及时重构业务系统，改变原有交易结构，提升竞争力层级，以获取竞争优势。

51 信用卡多次重构业务系统，最终完成从理财工具到金融生态的转型升级。51 信用卡最开始的商业模式是：作为一个工具，帮助用户快速抓取邮箱里的信用卡账单，进行账单管理，并提醒用户每个月的欠款金额和还钱时间。通过这一业务系统，51 信用卡很快获取了 3000 万用户。接下来，51 信用卡基于用户变现开始重构业务系统。51 信用卡与广发银行展开深度合作，以在线的方式帮助广发银行推广信用卡，广发银行需要一个季度才能完成的发卡目标，51 信用卡一个月就实现了，当时 51 信用卡一天就有 30 万 ~ 50 万元的营业收入。

51 信用卡马上发现，要想获得更大的价值，需要让每个用户每次贡献的价值更高，且要延长每个用户的生命周期。然而，51 信用卡将用户导流给广发银行，只赚取很少的佣金，客单价很低，也无法继续从用户身上获取价值。而广发银行得到这些信用卡用户，可以鼓励他们刷卡消费，通过分期

---

① 解析世纪传奇 CEO 杰克·韦尔奇的战略领导力［EB/OL］. 中欧国际工商学院，2022 – 08 –
06.

还款源源不断地赚取利息。于是 51 信用卡与宜信金融合作，开发了"瞬时贷"贷款产品，由宜信金融负责风控规则的设计。"瞬时贷"在 51 信用卡的一个二级页面上有一个入口，不必与客户见面，通过客户账单数据加上用户社交媒体数据交叉印证即可防止欺诈。51 信用卡的用户都有账单且被银行验证，放贷风险比较小。"瞬时贷"上线初期，每天都有 1000 多人申请贷款，每人的贷款金额为 3 万~6 万元。

接着，51 信用卡组建了金融风控团队，开发了自己的"51 人品"贷款服务 App。与"瞬时贷"相比，"51 人品"可以定更低的贷款利率以吸引用户。据统计，51 信用卡的用户每月被银行扣除 30 亿元的生息费用，背后的生息资产高达 3000 亿元，这相当于银行给 51 信用卡用户发放的贷款额高达 3000 亿元。"51 人品"的利息低于很多网贷平台，而且放贷金额又比普通的银行信用卡高，方式更灵活。2015 年底，51 信用卡并购了"99 分期"，整合出一款针对无信用卡人群的新产品"给你花"，贷款金额为 3000~5000 元，还款期为半年。此外，51 信用卡还通过成立产品投资基金以丰富产品和生态，与多家城市商业银行开展业务合作以获取低廉的资金来源等，不断重构业务系统以实现爆发式的增长。①

(三) 重构盈利模式

盈利模式是按利益相关者划分的收入结构和成本结构，是企业利益相关者之间利益分配格局中企业利益的表现。盈利模式包括盈利来源和计价方式，当原有盈利模式不再有效、企业面临盈利困境、计价方式缺乏吸引力时，企业就应该重新审视盈利模式是否有重构空间。一般来说，盈利来源有以下选择：直接销售产品，出让产品的所有权；把产品租出去，出让使用权而保有所有权；对于生产资料，销售用该生产资料生产出的产品，直接满足终端需求；在稳定生产下游产品的同时，把原产品以固定收益证券化资产包的方式，卖给固定收益基金，企业得到流动资金。而计价方式也有很多：以量计价、以时间计价、以收益的固定和剩余价值计价等。盈利模式重构就是在这众多的可能性中选择最适合的选项与组合。

成立于 2006 年的猪八戒网，发展到 2014 年已经成为涵盖创意设计、网

---

① 从互联网账单管理工具，到负债管理的金融生态 [EB/OL]. 36 氪，2016 – 07 – 21.

站建设、网络营销、文案策划、生活服务等多种业务的众包平台。此时，猪八戒网买家和卖家的交易方式主要是悬赏模式与店铺模式。悬赏模式是雇主发任务，设置任务赏金，并由平台托管赏金；有能力的威客接受任务并完成后，雇主若判定其任务合格，则将赏金打给做任务的威客。悬赏模式的问题在于受众面过小，只适合拼创意的小单，不太适合金额高、开发周期长的项目。店铺模式是买家发布需求后，卖家报价，然后买家选择一个卖家去做一对一的交易。猪八戒网的盈利模式是：利用中介价值赚信息不对称的钱，其交易佣金收入占总收入的 90%。这种盈利模式最大的问题是跳单，即买方和卖方跳过猪八戒网完成交易。

2014 年，猪八戒网认识到互联网是一个没有围墙的世界，把用户"圈养"起来"薅羊毛"的盈利模式是不可持续的，由此开启了重构盈利模式之路。猪八戒网彻底免除佣金，依靠商标注册、知识产权、财税金融等延伸服务盈利。原来佣金占平台收入的 90% 以上，免除佣金后，延伸服务收入占平台收入的约 70%，而且平台交易更活跃，会员费和广告费收入也进一步增加，到 2018 年会员费和广告费占平台总收入的近 30%。

新的盈利模式使猪八戒网沉淀的买家数据、卖家数据、原创作品数据、用户和订单交易行为数据快速增长，猪八戒网可以靠海量的数据为用户提供延伸服务。为了匹配新的盈利模式，猪八戒网成立了"商镖局"，在原有的商标设计服务的基础上，引入商标注册服务。企业完成注册后，在交易阶段、面对纠纷及"走出去"时，都需要服务机构的介入。在知识产权领域，猪八戒网成立的"八戒知识产权"，已经成为国内最大的知识产权服务商。除了知识产权服务外，猪八戒网延伸的服务还包括财务代理服务、印刷服务、金融服务、教育培训、创业产业园服务等。猪八戒网的新盈利模式延伸出的每一项服务都有千亿级的市场，未来想象空间巨大。①

（四）重构关键资源能力

关键资源能力是商业模式运转必需的、有形或无形的、重要的资源和能力。商业模式不同，背后支撑的关键资源能力也不同。每个企业在成长过程中都积累了各种各样的关键资源能力。随着商业环境或企业业务目标的变

---

① 深燃，邹帅. 撑了 16 年，猪八戒网还在"取"［EB/OL］. 易简财经，2022 – 10 – 22.

化，原有关键资源能力是否适应新商业模式发展的要求，企业应当进行系统审视。对于不适应新环境或新目标的关键资源能力，企业要及时予以转型或舍弃。反之，企业要及时培养新商业模式下必需的关键资源能力。

2015 年以前，谷歌（Google）最普及的应用就是搜索引擎。一边是为用户提供搜索结果，另一边则是与关键词相关的广告栏，用户每次点击都可以让 Google 获得广告收入，这就是最早的 AdWords 关键词模式。随后，Google 把这种模式复制到更多的中小网站上，形成 Adsense 联盟模式。中小网站一般是针对某个领域的垂直网站，内容相对聚焦，但每家的浏览量并不高，Google 联合这些中小网站分发广告主的广告业务，使 Google 的影响力进一步增大，同时让这些中小网站获得收益。随着互联网广告的扩容，一个广告主通常需要面对几十乃至上百个发布者，这催生了专门为供需双方服务的互联网广告交易平台 Ad Exchange。Google 旗下的 Double Click 就是 Ad Exchange 平台之一。每家 Ad Exchange 平台的看家本领是数据管理平台 DMP（data-management platform），DMP 能整合分散的数据并纳入统一的技术平台，对这些数据进行标准化和细分处理，并把结果推向广告交易平台。由此，广告主就可以知道访问广告位的用户对什么感兴趣了。Google 凭借多样的数据来源和过硬的技术，掌握了这种广告交易平台模式的关键资源能力，成为其中的领先者。

而新 Google 则试图建立完全不同的资源能力。2015 年 8 月 10 日，Google 宣布对企业架构进行调整，创办一家名为 Alphabet 的"伞形公司"，分离旗下搜索、YouTube 及其他网络子公司与研发投资部门。重整后的 Google 成为 Alphabet 母公司下的一家子公司，并且只含有与之前广告变现模式相关的一些业务板块，包括搜索、安卓、YouTube、安卓手机移动应用、地图、广告业务等。而包含无人驾驶汽车、无人机、可穿戴眼镜等各种超前黑科技业务的 Google X 实验室、生命业务公司（Life Sciences）、智能家居公司（Nest）、超高速千兆光纤公司（Fiber），以及投资公司 Google Vertures 和 Google Capital 等之前包含在老 Google 内的创新业务，都将直接分拆为与 Google 一样的子公司并归属于 Alphabet。新 Google，也就是 Alphabet 及旗下子公司，已经从一个靠搜索和广告盈利的公司转变为一个孵化平台。基于自身的搜索和互联网基因，Google 重构了资源能力，鼓励内部孵化和外部投资，对未来领域进行布局，形成多元化结构，当然每一个领域的投资能否成功，还有待时间的检验。①

（五）重构现金流结构

现金流结构是在时间序列上按利益相关者划分的企业现金流入和现金流出的结构。相同的盈利模式可以对应不同的现金流结构，对交易价值的影响也不同，长期持续的交易既可以选用预付费方式，也可以采用现结方式。对于前者，企业使用的是用户的资金，可以提前获得充沛的现金流；对于后者，企业则需要先将自身的现金流投入运营服务。在客户初期投入较大的情况下，借助金融工具，采用分期付款或融资租赁，降低客户一次性购买门槛，无疑会吸引更多的客户。当企业面临现金流压力时，就要考虑重构现金流结构以改善商业模式。在设计与客户交易的现金流结构的同时，企业一方面要考虑和评估不同现金流结构对企业资金压力的影响，另一方面可以引入新的利益主体——金融机构，借助不同的金融工具化解现金流压力。

成立于 2013 年的名创优品，到 2018 年已在全球 79 个国家和地区开设了 3500 多家门店，营业收入达 170 亿元，员工突破 30000 人。名创优品以加盟店为主，在其他连锁企业的基础上巧妙重构现金流结构是名创优品快速扩张的秘籍。以一家面积为 150 平方米的标准名创优品店为例，加盟商首先要缴纳 20 万元的品牌使用费、80 万元的货品保证金（退出返还），承担约 50 万元的货架和装修费、150 万元的房租和流动资金，总投入约 300 万元。

店铺的货品由名创优品公司免费提供，统一上架，店员由名创优品统一培训，店员工资、社保由名创优品代发、代缴。店铺开业后每天总营业收入中的 62% 归名创优品所有，剩余 38%（食品为 33%）是加盟商的收入，在第二天由名创优品转入加盟商账户。加盟商无须承担任何运营事务：加盟商每天分现金，而且只负责投资和开店，后面的经营管理由名创优品负责；滞销、库存、损耗等都与加盟商无关，全由名创优品负责。若加盟商的加盟费不够，则可向名创优品的核心控制人叶国富名下的 P2B 理财平台——分利宝申请借款，年利率为 18%。名创优品现金流结构的背后是由于名创优品在渠道谈判中的话语权极大，能够吸引最优质的店铺资源，因而能大幅缩短

---

① 刘莎.谷歌成立新的母公司 Alphabet 架构大调整意欲何为？［EB/OL］.界面新闻，2015 - 08 - 11.

回报周期。名创优品全国单店平均日营业额为 2 万元，加盟商一年就能够分到 273.6 万元，这对加盟商无疑有着较大的吸引力。①

二、商业模式重构的方法

（一）从固定成本结构到可变成本结构

固定成本和可变成本看似由行业特征决定——很多行业的成本结构是约定俗成的，然而只要进行重构，就有可能实现从固定成本结构向可变成本结构的转变。

苏威（Solvay）集团是一家总部设在比利时首都布鲁塞尔的知名制药公司，在全球 50 个国家拥有近 2 万名员工，2009 年全球销售额达到 85 亿欧元。昆泰跨国公司（Quintiles Transnational Corp.）是一家世界领先的制药服务机构，向世界 20 家顶级药物公司中的 19 家提供服务。2001 年，苏威集团将研发外包给昆泰，约定苏威按昆泰的研发给自己带来的实际效益支付研发费用。合同公布时，两家公司的股价开始上涨。5 年的合作成绩斐然：苏威完成了三个第三阶段临床试验计划，提前完成了两种成分药从第二阶段到第三阶段的试验计划，为其他两个项目提供了第二阶段结论性数据并终止项目，提前释放了研究资源。苏威首席执行官考特雷尔斯认为，和苏威独立研发相比，与昆泰的合作，使苏威的项目推进得更为快速、灵活性也更高。②

和苏威相比，宝洁走了一条更为开放的道路。2000 年，雷富礼被任命为宝洁公司 CEO，其上任后的第一件事就是大刀阔斧地整顿研发部门，提出“开放式创新”的概念，把研发改名为联发，创立创意集市网站，在上面发布解决办法的需求信息并寻求回应。雷富礼计划到 2010 年引入 50% 以上的外部创新，事实上，这个目标在 2006 年就提前实现了。2007 年，宝洁建立了“C＋D”英文网站，全球研发人员都可以在“C＋D”网站上提交方案，并在 8 周内得到回复。网站上线一年半就收到来自全球各地的 3700 多

---

① 名创优品：站在“世界十字路口”的中国品牌 [EB/OL]. 腾讯网，2024 – 02 – 28.
② 黄子. 如何通过轻资产化使固定成本结构变成可变成本结构？[EB/OL]. 搜狐，2017 – 12 – 22.

个方案。2004~2008 年，宝洁公司的研发投入不断增加，但研发投入占销售额的比例却从 3.1% 下降到 2.6%。开放式创新取得了巨大的成功。此外"C＋D"网站还负责出售宝洁自己的专利，宝洁从中也获利不菲。①

对现代企业而言，产业链条上各种利益相关者的种类齐全、数目繁多，任何一种需求都有可能通过合作伙伴得到满足，这为固定成本转变为可变成本提供了前提条件。从设计和实施的角度来说，把固定成本结构变为可变成本结构有两个方向。第一个方向是改革企业成本结构，企业通过合作把原本需要大规模投入的固定成本变成可变成本，节约了成本，提高了增长率，降低了运营风险。第二个方向是设计将固定成本转为可变成本的交易结构，并应用于客户，这类应用包括房地产按揭、以租代买、提供外包服务等。通过把固定成本结构变为可变成本结构，企业有效地降低了投资及管理成本，打破了扩张的关键资源能力约束，同时降低了客户的使用门槛和当期的购买压力，增加了交易价值。

（二）重资产向轻资产转换

轻资产的概念起源于 2001 年，很多明星企业执行轻资产战略。在很长一段时间里，轻资产战略似乎成了企业发展的一个必然选择。随着企业竞争力和软实力的增强，不少企业剥离重资产，将企业资产从重变轻，这似乎成了一个流行趋势。从商业模式的角度来看，轻重资产的转换，其实是重构交易模式的一种选择，是一种手段而不是目的。是否选择轻资产战略，很多时候与交易结构的选择有关。评价轻重资产的最终依据是企业关键资源能力与交易结构的匹配程度，以及交易价值是否最大化。

一般而言，轻资产模式指企业自有资源能力的杠杆率高，有两种具体解释。第一种解释是固定资产少，可变资产多，轻资产就是通过合适的交易方式，将交易中固定资产产生的固定成本转变为可变成本。第二种解释是企业重点构建产品设计、品牌建设、营销渠道、客户管理等方面的软实力资产，而把自己不具备优势或难以管理的业务环节交给合作伙伴，从而减少自身的投资和管理成本。轻资产的实现策略有两种：一种是一开始就设计轻资产商业模式；另一种则是随着企业发展重构商业模式，从重转轻。

---

① 宝洁：开放式创新的践行者［EB/OL］. 搜狐，2016－08－17.

重资产模式指企业持有的资源能力杠杆率低，特别是固定资产类的资源比较多，在业务管理和运营能力方面的投入较大。企业究竟该选择重资产模式还是轻资产模式，需要进行综合评估，没有证据表明轻资产模式就一定比重资产模式高效或交易价值更大。

企业在刚进入市场的时候，受先天条件所限，往往采取轻资产模式，选择产业链中自己收益最大的环节，这就是典型的轻资产模式。在企业实力逐步提升的过程中，企业发现自身在相关的其他价值链环节具有更强的行业控制力，开始进行重资产的结构调整，目的是凭借关键资源能力获得更大的交易价值；而在进入成熟阶段、资产收益比较稳定的情况下，企业可以将资产本身以固定收益证券形式售出，在借助资产运营管理能力获得资产剩余收益的同时，回归轻资产模式。

（三）盈利来源多样化

传统企业的盈利来源往往比较单一，依赖主营业务获得直接收入，企业自己支付成本、承担费用。随着竞争加剧，收入的边际贡献降低，而边际成本不断增加，企业很容易陷入经营的不良循环，这时就要考虑从盈利模式多样化的角度实施商业模式重构，扩展盈利模式。盈利模式的一个可行选择是专业化经营，多样化盈利。企业规模的扩大会给企业带来内生的资源能力，这些资源能力可以支撑企业不断开辟新的收益来源。虽然主营业务利润率可能下降，但是净资产收益率和投资价值可以持续递增。

赫兹（Hertz）租车是全球最大的汽车租赁公司，在150多个国家拥有8100多家营业门店，能提供55万辆来自福特、通用和丰田等厂家的汽车。赫兹租车通过规模优势创造了多个收益来源。第一，由于赫兹租车的采购量大，汽车厂商给予高折扣优惠。赫兹70%的车有回购协议，剩余30%可通过二手车销售部门卖出。赫兹的车辆一般只使用一年，一年后还保有八九成新，不管是被汽车厂商回购还是在二手市场销售，都能够以与购买时差不多的价格售出。赫兹用新车的价格做租赁生意，却让汽车厂商分摊了最大的一笔固定成本，等于让汽车厂商免费提供新车。第二，由于赫兹租车的广告经常出现汽车的形象，汽车厂商由此也分担了部分广告费用。第三，赫兹和航空、铁路、酒店、银行、旅行社、邮政快递、传媒业等合作，不但获得了很多客户，而且让合作伙伴分摊了部分营销成本。多元化的角色为赫兹带来了多样化的收益来源。最近 20 年里，赫兹收入年均增长率达到 7.7%，位列"全球 100 个最有价值品牌"①。

（四）利益相关者角色的多元化

每个利益相关者都是一个复杂个体，拥有各种不同属性。如果能充分挖掘每个利益相关者各种属性之间的关系，并在设计和重构商业模式的过程中恰当运用，往往就会收到意想不到的效果。

自 2004 年起，中央连续多年出台"一号文件"聚焦"三农"。这一方面反映了政府对"三农"问题的关注，另一方面也映射出解决"三农"问题的难度和复杂性。"三农"问题的难度和复杂性的根源，在于农村产业结构单一，以及由此导致的农民在产业中扮演角色的单一。如果改变思路，发挥农民在交易模式中多元化属性的优势，就有可能带来不同的效果。成都市锦江区三圣花乡在城市乡村旅游市场上设计了一种商业模式，倾力打造五朵金花，赋予农民多元化的角色，通过重构农村商业模式破解"三农"难题，取得了令人赞叹的成果。在三圣花乡的商业模式中，农民至少可以选择五种角色：土地出租人、工人、老板、股东、参保人。五种角色对应五种收入来源：出租土地，获得租金；到企业打工，获得工资；开办服务业，获得投资收益，例如，农家乐、景区的车辆服务、工艺品制作等；入股宅基地，获得企业和艺术馆等外来投资实体的股份分红；参与社会保障获得福利收入，农户达到社会保障条件后，每月可领取固定的养老金、低保金、报销住院费等福利性保障收入。不是每个农民都会同时扮演五种角色，但同时扮演三四种角色，获得多种收入来源，对三圣花乡的农民来说是再普通不过的事情。三圣花乡农民的人均收入远远超过周边区域，老百姓对政府的满意度为 100%。

（五）从刚性到柔性

随着企业规模的扩张，企业沉淀的固化的资源和约束越来越多，如预算的刚性、资产的刚性、成本的刚性等。刚性的增加一方面是企业规模扩张和实力增强的标志，另一方面意味着企业灵活性下降，柔性不足，抵御系统风

---

① 美国赫兹公司［EB/OL］. MBA 智库，2020 - 05 - 25.

险的能力下降。在这样一个阶段，企业应该重构商业模式，化解过高的企业刚性，同时从内部管理的角度提高企业的运营效率，降低企业的经营风险。

　　柔性的商业模式重构核心仍然是切割、分拆和重组业务活动，将其中刚性较强的部分交给适合的利益相关者，而焦点企业掌握最为柔性和核心的业务活动，包括通过信息流撬动产品流、服务流和现金流；通过交易结构整合所有业务活动；通过软一体化的管理掌控业务流，以管理跨企业的业务流程协作等，完成全部交易活动。

课后思考题

　　1. 结合第三节内容和企业生命周期理论，论述何时应进行商业模式创新。

　　2. 在当前的时代背景下，企业进行商业模式创新时的路径发生了哪些变化？

　　3. 淘宝应如何进行商业模式创新？

　　4. 结合个人商业画布和商业模式创新，阐述个人应如何创新和重构个人能力。

数据管理与数据治理

❖学习目标

1. 掌握数据和信息的关系。
2. 熟悉数据管理的原则和挑战。
3. 熟悉各种数据管理模型。
4. 掌握数据治理的目标和原则。
5. 了解数据治理项目。

很多组织已经认识到，数据是一种至关重要的企业资产，数据和信息能使他们洞察顾客、产品和服务，帮助他们创新并实现其战略目标。尽管如此，却很少有组织能将他们的数据作为一项资产进行积极管理，并从中获得持续价值（Evans & Price，2012）。从数据中获取的价值不可能凭空产生或依赖于偶然，需要有目标、规划、协作和保障，也需要管理和领导力。

数据管理（data management）是为了交付、控制、保护并提升数据和信息资产的价值，在其整个生命周期中制定计划、制度、规程和实践活动，并执行和监督的过程。数据管理专业人员（data management professional）是指从事数据管理各方面的工作（从数据全生命周期的技术管理工作，到确保数据的合理利用及发挥作用），并通过其工作来实现组织战略目标的任何人员。数据管理专业人员在组织中担当着诸多角色，从高级技术人员（如数据库管理员、网络管理员、程序员）到战略业务人员（如数据管理专员、数据策略师、首席数据官等）。

数据管理活动的范围广泛，包括从对如何利用数据的战略价值做出一致性决定，到数据库的技术部署和性能提升等所有方面，因此数据管理需要技术的和非技术的双重技能。管理数据的责任必须由业务人员和信息技术人员两类角色共同承担，这两个领域的人员需要相互协作，确保组织拥有满足战略需求的高质量数据。

第一节　数据管理的基本概念

一、数据

长期以来，对数据的定义强调了它在反映客观事实方面的作用。在信息技术中数据也被理解为以数字形式存储的信息，尽管数据不仅限于已数字化的信息，还与数据库中的数据相同，数据管理的原则也适用于纸面上的数据。但是今天人们可以获得如此之多的电子信息，与这些早期不可能被称为"数据"的数据，如姓名、地址、生日、周六晚餐吃的东西、最近买的书等有关。

诸如此类的个人事实信息可以被汇总、分析并用于营利，以及改善健康或影响公众政策等。此外，技术可以测量各种事件和活动（从宇宙大爆炸的影响到人们的心跳），可以收集、存储并分析从前不被视为数据的各种事物的电子版本（视频、图片、录音和文档等），这几乎超越了人们将这些数据合成为可用信息的能力。要利用各种数据而不被其容量和增长速度所压倒，需要可靠的、可扩展的数据管理实践。

大多数人认为数据代表事实，数据是这个世界中与某个事实结合在一起的一种真实表达。但"事实"并不总是简单或直接的。数据是一种表示方法，它代表的是除自身以外的事物（Chisholm，2010）。数据既是对其所代表对象的解释，也是必须解释的对象（Coleman，2013）。这是人们需要语境或上下文使数据有意义的另一种说法。语境可被视为数据的表示系统，该系统包括一个公共词汇表和一系列组件之间的关系，如果知道这样一个系统的约定，就可解释其中的数据，这些数据通常记录在一种特殊类型的数据——元数据中。

可是，由于人们经常在如何表达概念时会做出不同选择，他们创造了表示相同概念的不同方式。从这些不同的选择中，数据呈现出不同的形态。参考人们对日期数据的多种表示方法就可以理解，因此对这个概念要有一个约定好的定义。现在考虑一些更复杂的概念（如客户或产品），其中需要表示内容的颗粒度和详细程度并不总是显而易见的，表示过程也会变得更复杂。随着时间的推移，管理这些信息的过程也会变得更复杂。即使在一个组织中，也常有同一概念的多种表示方法。因此，需要对数据架构、建模、治理、管理制度以及元数据和数据质量进行管理，所有这些都有助于人们理解和使用数据。

二、数据和信息

关于数据和信息的描述早已汗牛充栋。数据被称为"信息的原材料"，而信息则被称为"在上下文语境中的数据"。通常，金字塔模型用于分层描述位于底层的数据、信息、知识与位于顶层的智慧之间的关系。虽然金字塔有助于描述数据需要良好管理的原因，但这种表示方式为数据管理带来了三个异议。

（1）基于数据是简单存在的假设，但数据并不是简单存在，而是要被创造出来的。

（2）人们将数据到智慧描述为一个自下而上的逐级序列，但未认识到创建数据首先需要知识。

（3）金字塔模型意味着数据和信息是分开的，但事实上这两个概念是相互交织并相互依赖的。数据是信息的一种形式，信息也是数据的一种形式。

组织内部在数据和信息之间画一条线，可能有助于清晰地沟通不同利益相关方对不同用途的需求和期望，如"这是上季度的销售报告"（信息）。它基于数据仓库中的数据。下一季度，这些结果（数据）将用于生成季度绩效指标（信息）。认识到要为不同的目的准备数据和信息，将使数据管理形成一个核心原则：数据和信息都需要被管理；如果再将两者的使用和客户的需求结合在一起进行管理，则两者应具有更高的质量。

三、数据是一种组织资产

资产是一种经济资源，能被拥有或控制、持有或产生价值，资产可以转化为货币。尽管对将数据作为资产进行管理意味着什么仍在不断发展，但是数据已经被广泛认可为一种企业资产。在 20 世纪 90 年代初，一些组织发现商誉的价值是否应该被赋予货币价值是值得怀疑的，现在"商誉价值"已经通常显示为损益表上的一个项目。同样虽然数据的资产化还没有得到普遍认可，但越来越常见，在不久的将来，就会被看作损益表上的一个特征。

如今的组织依靠数据资产做出更高效的决定，并拥有更高效的运营。企业运用数据去理解他们的客户，创造出新的产品和服务，并通过削减成本和控制风险的手段来提高运营效率。政府代理机构、教育机构以及非营利组织也需要高质量的数据来指导他们的运营、战术和战略活动。随着大量组织越来越依赖数据，可以更清楚地确定数据资产的价值。许多组织把自己定义为"数据驱动"型组织。想要保持竞争力的企业必须停止基于直觉或感觉做出决策，而是使用事件触发和应用分析来获得可操作的洞察力。数据驱动包括认识到必须通过业务领导和技术专业知识的合作关系，以专业的规则高效地管理数据。

此外，当今的业务发展速度意味着变革不再是可选项，数字化转型已经成为共识，为了做出反应，业务部门必须与技术数据专业人员共同创建信息解决方案，并与相应的业务团队一起工作，他们必须计划如何获取并管理那些他们知道的用来支持业务战略的数据。

四、数据管理原则

数据管理和其他形式的资产管理具有共同的特性，它涉及了解一个组织拥有什么数据以及可以用它完成什么，然后确定利用数据资产来实现组织目标的最佳方式。同其他管理流程一样，数据管理也必须平衡战略和运营需求。这种平衡最好是遵循一套原则，根据数据管理的特征来指导数据管理实践。

（1）数据是有独特属性的资产。

数据是一种资产，但相比其他资产，其在管理方式的某些方面有很大差异。对比金融资产和实物资产，其中最明显的一个特点是数据资产在使用过程中不会产生消耗。

（2）数据的价值可以用经济术语来表示。

将数据称为资产意味着它有价值，虽然有技术手段可以测量数据的数量和质量，但还未形成这样做的标准来衡量其价值。想要对数据做出更好决策的组织，应该开发一致的方法来量化该价值，同时还应该衡量低质量数据的成本和高质量数据的好处。

（3）数据管理意味着对数据的质量管理。

确保数据符合应用的要求是数据管理的首要目标，为了管理质量，组织必须了解利益相关方对质量的要求，并根据这些要求度量数据。

（4）数据管理需要元数据。

管理任何资产都需要首先拥有该项资产的数据（员工人数、账户号码等），用于管理和如何使用数据的数据都称为元数据。因为数据无法拿在手中或触摸到，要理解它是什么以及如何使用它，需要以元数据的形式定义这些知识。元数据源于与数据创建、处理和使用相关的一系列流程，包括架构、建模、管理、治理、数据质量管理、系统开发、IT 和业务运营以及分析。

（5）数据管理需要规划。

即便是小型组织，也可能有复杂的技术和业务流程蓝图。数据在多个地方被创建，且因为使用需要在很多存储位置间移动，因而需要做一些协调工作来保持最终结果的一致，需要从架构和流程的角度进行规划。

（6）数据管理须驱动信息技术决策。

数据和数据管理与信息技术和信息技术管理紧密结合，管理数据需要一种方法，确保技术服务于而不是驱动组织的战略数据。

（7）数据管理是跨职能的工作。

数据管理需要一系列的技能和专业知识，因此单个团队无法管理组织的所有数据，数据管理需要技术能力、非技术技能以及协作能力。

（8）数据管理需要企业级视角。

虽然数据管理存在很多专用的应用程序，但它必须能够有效地被应用于整个企业，这就是为什么数据管理和数据治理是交织在一起的原因之一。

（9）数据管理需要多角度思考。

数据是流动的，数据管理必须不断发展演进，以跟上数据创建的方式、应用的方式和消费者的变化。

（10）数据管理需要全生命周期的管理。

不同类型数据有不同的生命周期特征。数据是有生命周期的，因此数据管理需要管理它的生命周期，因为数据又将产生更多的数据，所以数据生命周期本身可能非常复杂。数据管理实践活动需要考虑数据的整个生命周期。不同类型数据有不同的生命周期特征，因此它们有不同的管理需求。数据管理实践需要基于这些差异，保持足够的灵活性，以满足不同类型数据的生命周期需求。

（11）数据管理需要纳入与数据相关的风险。

数据除了是一种资产外，还代表着组织的风险，数据可能丢失、被盗或误用。组织必须考虑其使用数据的伦理影响。数据相关风险必须作为数据生命周期的一部分进行管理。

（12）有效的数据管理需要领导层承担责任。

数据管理涉及一些复杂的过程，需要协调、协作和承诺，为了达到目标，不仅需要管理技巧，还需要来自领导层的愿景和使命。

五、数据管理的挑战

由于数据管理具有源自数据本身属性的独有特性，因此遵循这些原则也带来了很多挑战。下面将讨论这些挑战的细节，其中许多挑战涉及多个原则。

（一）数据与其他资产的区别

实物资产是看得见、摸得着、可以移动的，在同一时刻只能被放置在一个地方，金融资产必须在资产负债表上记账。然而数据不同，它不是有形的，尽管数据的价值经常随着时间的推移而变化，但它是持久的、不会磨损的。数据很容易被复制和传送，但它一旦被丢失或销毁，就不容易重新产生了，因为它在使用时不会被消耗，所以它甚至可以在不损耗的情况下被偷走。数据是动态的，可以被用于多种目的，同样数据甚至可以在同时被许多人使用，而对实物资产或金融资产来说，这是不可能的。数据被多次使用产生了更多的数据，大多数组织不得不管理不断提升的数据量和越来越复杂的数据关系。

这些差异使得给数据设定货币价值具有挑战性，如果没有这种货币价值，就很难衡量数据是如何促进组织成功的。这些差异还引发了影响数据管理的其他问题，如定义数据所有权、列出组织拥有的数据量、防止数据滥用、管理与数据冗余相关的风险以及定义和实施数据质量标准。尽管在测量数据价值方面存在很大的挑战，但大多数人已认识到数据确实存在价值。一个组织的数据对它自身而言是唯一的，如果组织唯一的数据（如客户列表、产品库存或索赔历史）被丢失或销毁，则重新产生这些数据将是不可能的或极其昂贵的。数据也是组织了解自身的手段——它是描述其他资产的元资产（meta-asset），因此它为组织的洞察力提供了基础。

无论是在组织内部，还是在各组织之间，数据和信息对于开展业务都是至关重要的。大多数业务交易涉及信息交换，大多数信息是以电子方式交换的，从而创建了一个数据流。除了标记已发生的交换之外，此数据流还可用于其他目的，如可以提供关于组织如何工作的信息，由于数据在任何组织中都扮演着重要的角色，因此需要谨慎地管理数据。

（二）数据价值

价值（value）是一件事物的成本和从中获得利益的差额。对于有些资产而言，如存货，计算价值就非常容易，就是它的购买成本和销售价格之间的差额。但对于数据而言，无论是数据的成本还是利润都没有统一标准，这些计算会变得错综复杂。每个组织的数据都是唯一的，因此评估数据价值需要首先计算在组织内部持续付出的一般性成本和各类收益。

（1）获取和存储数据的成本。（2）如果数据丢失，更换数据需要的成本。（3）数据丢失对组织的影响。（4）风险缓解成本和与数据相关的潜在风险成本。（5）改进数据的成本。（6）高质量数据的优势。（7）竞争对手为数据付出的费用。（8）数据潜在的销售价格。（9）创新性应用数据的预期收入。

评估数据资产面临的主要挑战是数据的价值是上下文相关的（对一个组织有价值的东西可能对另一个组织没有价值），而且往往是暂时的（昨天有价值的东西今天可能没有价值）。也就是说，在一个组织中，某些类型的数据可能会随着时间的推移而具有一致的价值，例如，获取可靠的客户信息。随着越来越多与客户活动相关的数据得以积累，客户信息会随着时间的推移而变得更有价值。在数据管理方面，将财务价值与数据建立关联的方法至关重要，因为组织需要从财务角度了解资产，以便做出一致的决策。数据评估过程也可以作为变更管理的一种手段，要求数据管理专业人员和他们支持的利益相关方了解他们工作的财务意义，可以帮助组织转变对自己数据的理解，并通过这一点转变对数据管理的方法。

（三）数据质量

确保高质量的数据是数据管理的核心。组织想要管理自己的数据是因为他们想要使用它，如果他们不能依靠这些数据来满足企业需求，那么收集、存储、保护和访问数据就是一种浪费。为了确保数据满足商业需要，他们必须与数据消费方共同合作来定义需求，其中包括对高质量数据的具体要求。很大程度上因为数据和信息技术紧密联系，管理数据质量一直被视为"事后诸葛亮"。IT团队通常对他们创建的系统应该存储的数据不屑一顾，很可能是某个程序员第一次看到了"垃圾进，垃圾出"的数据，毫无疑问，他也不想管。但对于想要使用这些数据的人来说却不能忽略数据质量问题，他们通常假设数据是可靠且值得信任的，直到他们有确凿证据才开始怀疑。一旦他们不再相信数据可靠，重新获得信任就变得很困难。

多数情况下要在运用数据的过程中进行学习，并进一步创造价值，例如，了解客户习惯以改进产品或服务质量，评估组织绩效或市场趋势以制定更好的业务战略。低质量的数据会对这些决策产生负面影响，同样重要的是，低质量的数据对任何组织来说都是代价高昂的。尽管估计值不尽相同，但专家认为，企业在处理数据质量问题上的支出占收入的10%～30%。很多低质量数据的成本是隐藏的、间接的，因此很难测量。其他如罚款等直接成本则是非常容易计算的。低质量数据的成本主要来源为：

（1）报废和返工。（2）解决方法和隐藏的纠正过程。（3）组织效率低下或生产力低下。（4）组织冲突。（5）工作满意度低。（6）客户不满意。（7）机会成本，包括无法创新。（8）合规成本或罚款。（9）声誉成本。

高质量数据的作用包括：

（1）改善客户体验。（2）提高生产力。（3）降低风险。（4）快速响应商机。（5）增加收入。（6）洞察客户、产品、流程和商机，获得竞争优势。

正如这些成本和收益所暗示的那样，管理数据质量并不是一次性的工作。生成高质量数据需要做好计划并执行，以及拥有将质量构建到流程和系统中的观念。所有的数据管理功能都会影响数据质量，可能很好，也可能很糟糕，所以在执行任何数据管理工作时都必须考虑到这一点。

（四）数据优化计划

从数据中获取价值不是偶然的，需要以多种形式进行规划。首先要认识到组织可以控制自己如何获取和创建数据，如果把数据视作创造的一种产品，他们将要通过它的生命周期做出更好的决定。这些决策需要系统思考，因为它们涉及：（1）数据也许被视为独立于业务流程存在。（2）业务流程与支持它们的技术之间的关系。（3）系统的设计和架构及其所生成和存储的数据。（4）使用数据的方式可能被用于推动组织战略。

更好的数据规划需要有针对架构、模型和功能设计的战略路径，它也取决于业务和 IT 领导之间的战略协作，以及单个项目的执行力。挑战在于，通常存在组织、时间和金钱方面的长期压力，因而阻碍了优化计划的执行，组织在执行战略时必须平衡长期目标和短期目标，只有明确权衡，才会获得有效决策。

（五）元数据和数据管理

组织需要可靠的元数据去管理数据资产，从这个意义上讲应该全面地理解元数据。它不仅包括业务、技术和元数据操作，还包括嵌入在数据架构、数据模型、数据安全需求、数据集成标准和数据操作流程中的元数据。元数据描述了一个组织拥有什么数据，它代表什么、如何被分类、它来自哪里、在组织之内如何移动、如何在使用中演进、谁可以使用它以及是否为高质量数据。数据是抽象的，上下文语境的定义和其他描述让数据清晰明确，它们使数据、数据生命周期和包含数据的复杂系统易于理解。挑战在于元数据是以数据形式构成的，因此需要进行严格管理，通常管理不好数据的组织根本不管理元数据，因为元数据管理是全面改进数据管理的起点。

（六）数据管理是跨职能的工作

数据管理是一个复杂的过程，在数据生命周期中，不同阶段由不同团队进行不同的管理。数据管理需要系统规划的设计技能、管理硬件和构建软件的高技术技能、利用数据分析理解问题和解释数据的技能、通过定义和模型达成共识的语言技能以及发现客户服务商机和实现目标的战略思维。挑战在于，让具备这一系列技能和观点的人认识到各部分是如何结合在一起的，从而使他们能够协作并朝着共同的目标努力。

(七) 建立企业的视角

管理数据需要理解一个组织中的机会和数据范围。数据是组织中的"横向领域"之一，它跨越不同垂直领域，如销售、营销和运营，数据不仅对组织是独特的，有时对部门或组织的其他部分也是独特的。由于数据通常被简单地视为操作流程的副产品（如销售交易记录是销售流程的副产品），因此通常不会制订超出眼前需求的计划。甚至在组织内部，数据都可能是迥然不同的，数据源于组织内的多个来源，不同的部门会用不同的方式表示相同的概念（如客户、产品、供应商）。参与数据集成或主数据管理项目的人都可以证明，代表性选择中的细微（或明显）差异在整个组织中都存在挑战。但同时利益相关方会假定一个组织的数据应该是一致的，管理数据的目标是使其以合理的方式组合在一起，以便广大的数据消费者可以使用它。数据治理变得越来越重要的一个原因是帮助组织跨垂直领域做出数据决策。

(八) 数据管理需要多角度思考

现在的组织既使用他们自己产生的数据，也使用从外部获取的数据，必须考虑不同国家和行业的法律和合规要求。生产数据的人常常忘记后续有人需要使用数据，了解数据的潜在用途有助于更好地规划数据生命周期，并据此获得更高质量的数据，由于数据会被误用，因此要考虑减少误用的风险。

(九) 数据生命周期

像其他资产一样，数据也有生命周期，为了有效管理数据资产，组织需要理解并为数据生命周期进行规划。以组织如何用好数据为管理数据的目标，这是战略性的管理要求，从战略上讲，组织不仅要定义其数据内容需求，还要定义其数据管理要求。这些要求包括对使用、质量、控制和安全的制度和期望，企业架构和设计方法，以及基础设施和软件开发的可持续方法。数据的生命周期基于产品的生命周期，它不应该与系统开发生命周期混淆，从概念上讲，数据生命周期很容易描述（见图 6-1）。它包括创建或获取、移动、转换和存储数据并使其得以维护和共享的过程，使用数据的过程，以及处理数据的过程。在数据的整个生命周期中，可以清理、转换、合并、增强或聚合数据。随着数据的使用或增强，通常会生成新的数据，因此其生命周期具有内部迭代，而这些迭代没有显示在图表上。数据很少是静态的，管理数据涉及一系列内部互动的过程，与数据生命周期保持一致。

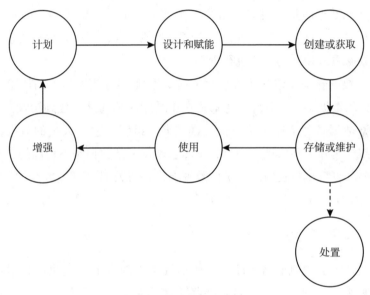

图 6 - 1　数据生命周期中的关键活动

资料来源：DAMA International. DAMA 数据管理知识体系指南［M］.2 版 . 北京：机械工业出版社，2020.

组织中数据生命周期的细节可能非常复杂，因为数据不仅具有生命周期，还具有血缘，数据从起点移动到使用点的路径，也称为数据链。了解数据血缘需要记录数据集的起源，以及在访问和使用它们的系统中的移动和转换。生命周期和血缘相互交叉，有助于相互理解，一个组织越了解数据的生命周期和血缘关系，管理数据的能力就越强。

数据管理对数据生命周期的关注有几个重要影响。

（1）创建和使用是数据生命周期中的关键点。对数据进行管理必须在理解如何生成或获取数据以及如何使用数据的情况下执行。生产数据需要花费资金，只有当数据被消费或应用时，它才是有价值的。

（2）数据质量管理必须贯穿整个数据生命周期。数据质量管理是数据管理的核心，低质量的数据意味着成本和风险，而不是价值。组织经常发现管理数据质量具有挑战性，如前所述，数据通常是作为操作过程的副产品创建的，并且组织通常不为数据质量设置明确的标准。由于数据的质量水平可能会受到一系列生命周期事件的影响，因此数据质量必须作为数据生命周期的一部分进行规划。

（3）元数据质量管理必须贯穿整个数据生命周期。因为元数据是数据的一种形式，并且由于组织依赖它来管理其他数据，所以元数据质量必须以与其他数据质量相同的方式进行管理。

（4）数据管理还包括确保数据安全，并降低与数据相关的风险，那些需要保护的数据必须在其整个生命周期中受到保护（从创建到销毁）。

（5）数据管理工作应聚焦于关键数据。组织产生了大量的数据，其中很大一部分实际上从未被使用过，试图管理每一条数据是不可能的。生命周期管理要求将重点放在组织关键的数据上，并将数据 ROT ［冗余的（redundant）、过时的（obsolete）、碎片化的（trivial）］降至最低（Aiken，2014）。

（十）不同种类的数据

不同种类的数据有各自不同的生命周期管理需求，这使得数据管理变得更加复杂。任何管理系统都需要将管理的对象进行分类，可以按数据类型分类，如划分为交易数据、参考数据、主数据、元数据，或者类别数据、源头数据、事件数据、详细交易数据；也可以按数据内容（如数据域、主题区域）、数据所需的格式或保护级别、存储或访问的方式和位置进行分类。由于不同数据类型具有不同的需求，与不同的风险相关，并且在一个组织中扮演不同的角色，因此许多数据管理工具都集中在分类和控制方面（Bryce，2005）。例如，主数据与交易数据具有不同的用途，因此管理要求也不同。

（十一）数据和风险

数据不仅代表价值，还代表风险，不准确、不完整或过时的低质量数据，因为其信息不正确而明显代表风险，数据的风险在于，它可能被误解和误用。最高质量的数据带给组织最大的价值——可获得、相互关联、完整、准确、一致、及时、适用、有意义和易于理解。然而，对于很多重要的决定而言存在信息的缺口——已知信息和须知信息之间的差异。企业在信息缺口方面的欠缺，对经营效率和利润有潜在的深远影响。意识到高质量数据价值的组织能够采取具体的、主动的措施，在监管和伦理文化框架内提高数据和信息的质量和可用性。

随着信息作为组织资产的作用在所有部门中越来越大，监管者和立法者越来越关注信息使用中潜在的滥用问题。从专注于控制从交易到资产负债表的金融交易数据准确性和有效性的萨班斯法案（Sarbanes – Oxley）到专注于支持保险行业风险模型和资本充足率的偿付能力标准Ⅱ（Solvency Ⅱ），再到过去10年中数据隐私法规的快速增长，显而易见，虽然仍在等待财务部门将信息作为资产负债表上的资产，但监管环境越来越希望将其列入风险登记册，并采取适当的缓解和控制措施。

同样，随着消费者越来越了解他们的数据是如何使用的，他们不仅希望操作流程更加顺畅和高效，还希望保护他们的信息和尊重他们的隐私。这意味着针对数据管理专业人员而言，战略层面利益相关方的范围通常比传统情况下更广泛了。不幸的是，当这些风险没有得到管理时，股东会通过抛售股票表达意见，监管者会对公司运营施加罚款或限制，客户会用钱包做出选择，从而导致数据管理对资产负债表的影响越来越大。

（十二）数据管理和技术

数据管理活动范围广泛，需要技术和业务技能，因为现在绝大多数的数据是以电子方式存储的，所以数据管理策略受到技术的强烈影响。从一开始，数据管理的概念就与技术管理紧密结合在一起，这种状况还在延续。在许多组织中，在构建新技术的动力和拥有更可靠数据的愿望之间存在着持续的紧张关系，就好像这两个组织是对立的，而不是彼此必需的。成功的数据管理需要对技术做出正确的决策，但管理技术与管理数据不同。组织需要了解技术对数据的影响，以防止技术诱惑推动他们对数据的决策，相反与业务战略一致的数据应该推动有关技术的决策。

（十三）高效的数据管理需要领导力和承诺

《领导者的数据宣言》（2017）认为，"组织有机增长的最佳机会在于数据"，对于大多数已经将数据视为资产的组织来说，他们距离数据驱动还很远。许多人不知道他们拥有什么数据，或者对业务最关键的数据是什么，他们混淆了数据和信息技术，并对两者进行了错误管理，他们没有关于数据的战略蓝图，同时低估了与数据管理相关的工作，这些条件增加了管理数据的挑战。一个对组织成功至关重要的因素是：坚定的领导和组织中各级人员的参与，数据管理既不简单也不容易，正是由于很少有组织能很好地做到这一点，因此这也是一个很大程度上尚未开发的机会。要想变得更好，需要有远见、计划和改变的意愿。倡导首席数据官（chief data officer，CDO）的作用源于认识到管理数据会带来独特的挑战，成功的数据管理必须由业务驱动，而不是由 IT 驱动。CDO 可以领导数据管理计划，使组织能够利用其数据资产并从中获得竞争优势，然而 CDO 不仅领导倡议发起，他还必须领导文化变革，使组织能够对其数据采取更具战略性的方法。

六、数据管理战略

战略是一组选择和决策，它们共同构成了实现高水平目标的高水平行动过程。在国际象棋比赛中，战略是一系列的动作，以将死对方取胜或以平局生存。战略计划是为实现高水平目标而采取的高水平行动，数据战略应该包括使用信息以获得竞争优势和支持企业目标的业务计划，数据战略必须来自对业务战略固有数据需求的理解：组织需要什么数据，如何获取数据，如何管理数据并确保其可靠性以及如何利用数据。

通常，数据战略需要一个支持性的数据管理战略——一个维护和改进数据质量、数据完整性、访问和安全性的规划，同时降低已知和隐含的风险。该战略还必须解决与数据管理相关的已知挑战。在许多组织中，数据管理战略由 CDO 拥有和维护，并由数据治理委员会支持的数据管理团队实施。CDO 会在数据治理委员会成立之前起草一份初步的数据战略和数据管理战略，以获得高级管理层对建立数据管理和治理的支持。

数据管理战略的组成应包括：（1）令人信服的数据管理愿景。（2）数据管理的商业案例总结。（3）指导原则、价值观和管理观点。（4）数据管理的使命和长期目标。（5）数据管理成功的建议措施。（6）符合 SMART 原则（具体、可衡量、可操作、现实、有时间限制）的短期（12~24 个月）

数据管理计划目标。（7）对数据管理角色和组织的描述，以及对其职责和决策权的总结。（8）数据管理程序组件和初始化任务。（9）具体明确范围的优先工作计划。（10）一份包含项目和行动任务的实施路线图草案。

数据管理战略规划的可交付成果包括：（1）数据管理章程。包括总体愿景、业务案例、目标、指导原则、成功衡量标准、关键成功因素、可识别的风险、运营模式等。（2）数据管理范围声明。包括规划目的和目标（通常为3年），以及负责实现这些目标的角色、组织和领导。（3）数据管理实施路线图。确定特定计划、项目、任务分配和交付里程碑。

第二节　数据管理框架

数据管理涉及一组相互依赖的功能，每个功能都有自己的目标、活动和职责。数据管理专业人员需要考虑从抽象的企业资产中获取价值所固有的挑战、平衡战略和运营目标、特定业务和技术要求、风险和合规性需求，并理解数据所包含的内容以及数据是否高质量。上面提到的很多东西需要跟踪管理，这就是为什么需要一个框架来全面了解数据管理，并查看其组件之间的关系。因为这些组件功能相互依赖、需要协调一致，所以在任何组织中，各方面数据管理人员都需要紧密协作才能从数据中获得价值。

DAMA（data management association）框架针对不同抽象级别提供了一系列关于如何管理数据的路径。这些视角提供了可用于阐明战略、制定路线图、组织团队和协调职能的洞察力。DMBOK2（data management body of knowledge. 2nd edition）中提出的想法和概念在不同的组织中都可以应用。组织所采用的数据管理方法取决于某些关键要素，如其所处行业、所应用的数据范围、企业文化、成熟度、战略、愿景以及待解决的问题和挑战。本节描述的框架中提供了一些视角，通过这些视角审视数据管理并应用 DMBOK 中提出的概念。

（1）前两个模型，即战略一致性模型和阿姆斯特丹（Amsterdam）信息模型，展示了组织管理数据的高阶关系。

（2）DAMA – DMBOK 框架（DAMA 车轮图、六边形图和语境关系图）描述了由 DAMA 定义的数据管理知识领域，并解释了它们在 DMBOK 中的视觉表现。

（3）最后两个模型是以 DAMA 为基础重新排列组件，以便于更好地理解和描述它们之间的关系。

一、战略一致性模型

战略一致性模型（strategic alignment model，SAM）抽象了各种数据管理方法的基本驱动因素（Henderson & Venkatraman，1999），模型的中心是数据和信息之间的关系。信息通常与业务战略和数据的操作使用相关，数据与信息技术和流程相关联，这些技术和过程支持可访问数据的物理系统，围绕这一概念的是战略选择的 4 个基本领域：业务战略、IT 战略、组织和流程及信息系统。

战略一致性模型的完整阐述比图 6 - 2 所示的更复杂。每个角的六边形都有自己的下层结构，例如，在业务和 IT 战略中，都需要将范围、能力和治理纳入考虑，运营必须考虑基础设施、流程和技能，研究各部分间的关系有助于理解不同组件适配战略和功能集成，图 6 - 2 描述的模型也可以帮助理解数据和数据管理是如何影响组织决策的。

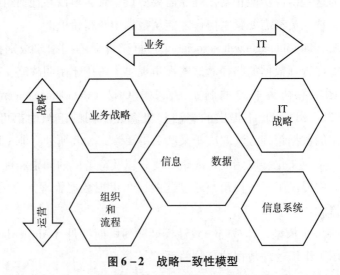

图 6 - 2   战略一致性模型

资料来源：DAMA International. DAMA 数据管理知识体系指南［M］. 2 版. 北京：机械工业出版社，2020.

二、阿姆斯特丹信息模型

阿姆斯特丹信息模型（the amsterdam information model，AIM）与战略一致性模型一样，从战略角度看待业务和 IT 的一致性（Abcoower & Maes，1997），共有 9 个单元，它抽象出一个关注结构（包括规划和架构）和策略的中间层。此外，还要认识到信息通信的必要性。SAM（战略一致性模型）和 AIM（阿姆斯特丹信息模型）框架从横轴（业务/IT 战略）和纵轴（业务战略/业务运营）两个维度详细描述组件之间的关系，如图 6-3 所示。

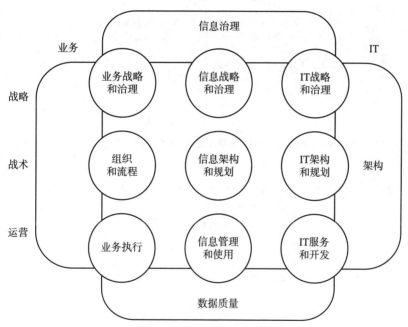

图 6-3 阿姆斯特丹信息模型

资料来源：DAMA International. DAMA 数据管理知识体系指南［M］. 2 版. 北京：机械工业出版社，2020.

三、DAMA-DMBOK 框架

DAMA-DMBOK 框架更加深入地介绍了构成数据管理总体范围的知识领域。通过 3 幅图描述了 DAMA 的数据管理框架：（1）DAMA 车轮图（见

图6-4）。（2）环境因素六边形图（见图6-5）。（3）知识领域语境关系图（见图6-6）。

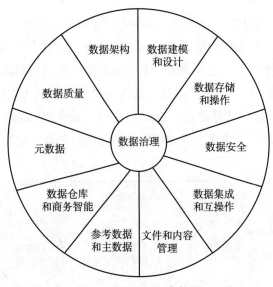

图6-4　DAMA 车轮图

资料来源：DAMA International. DAMA 数据管理知识体系指南［M］. 2 版 . 北京：机械工业出版社，2020.

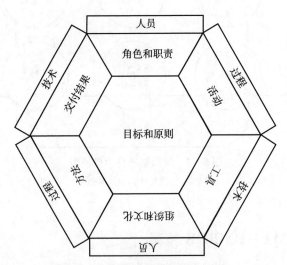

图6-5　DAMA 环境因素六边形

资料来源：DAMA International. DAMA 数据管理知识体系指南［M］. 2 版 . 北京：机械工业出版社，2020.

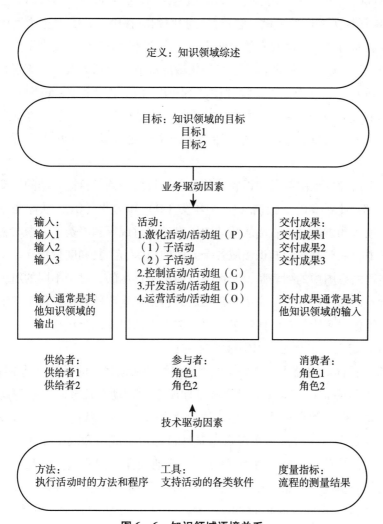

图 6-6 知识领域语境关系

资料来源：DAMA International. DAMA 数据管理知识体系指南［M］. 2 版 . 北京：机械工业出版社，2020.

DAMA 车轮图定义了数据管理知识领域，它将数据治理放在数据管理活动的中心，因为治理是实现功能内部一致性和功能之间平衡所必需的。其他知识领域（数据体系结构、数据建模等）围绕车轮平衡，它们都是成熟数据管理功能的必要组成部分，但根据各组织的需求，它们可能在不同的时间实现。

环境因素六边形图显示了人、过程和技术之间的关系，这是理解 DMBOK 语境关系图的关键。它将目标和原则放在中心，因为这些目标和原则为人们如何执行活动及有效地使用工具成功进行数据管理提供了指导。

知识领域语境关系图描述了知识领域的细节，包括与人员、流程和技术相关的细节，它们基于产品管理中的 SIPOC 图〔供应者（supplier）；输入（input）；流程（process）；输出（output）；客户（customer）〕的概念。语境关系图将活动放在中心，这些活动生产了满足利益相关方需求的可交付成果。

每个语境关系图都以知识领域的定义和目标开始。目标驱动的活动分为四个阶段：计划（P）、控制（C）、开发（D）和运营（O）。从左侧流入活动中是输入和供给者，右侧从活动中流出是交付成果和消费者，参与者列在活动下方，底层是影响知识领域各个方面的技术、工具和度量指标。

语境关系图中的列表是说明性的，而不是详尽的，对于不同的组织活动事项有不同的应用方式。高级角色列表只包括最重要的角色，每个组织都可以调整该模式来满足自己的需求。语境关系图的组成部分包括：

（1）定义。本节为知识领域的简要定义。

（2）目标。它描述了每个知识领域内指导活动执行的目的、基本原则。

（3）活动。它是实现知识领域目标所需的行动和任务。一些活动可以按子活动、任务和步骤进行描述。活动分为四类，即计划、控制、开发和运营。①计划活动（P）。为实现数据管理目标设定战略和战术工作。计划活动为经常性活动。②控制活动（C）。持续地确保数据质量，以及数据存取和使用的完整性、可靠性和安全性。③开发活动（D）。围绕系统开发的生命周期（software development life cycle，SDLC）开展的分析、设计、构建、测试、准备和部署等活动。④运营活动（O）。支持系统和流程的使用、维护和增强，通过这些系统和流程进行数据的存取和使用。

（4）输入。它是每个知识领域启动其活动所需的有形事物，许多活动需要相同的输入，例如，许多领域需要了解业务战略并把它作为输入。

（5）交付成果。它是知识领域内活动的产出，是每个职能部门负责生产的有形事物，交付成果可能以其自身或其他活动的输入为目的，几个主要的交付成果是由多个功能创建的。

（6）角色和职责。描述个人和团队如何为知识领域内的活动作出贡献，对角色在概念上进行了描述，聚焦重点是大多数组织所需的角色组，个人的角色是根据技能和资格要求来定义的。信息时代的技能框架（the skills framework for the information age，SFIA）被用于帮助调整角色头衔，许多角色将是跨职能的。

（7）供给者。负责提供或允许访问活动输入的人员。

（8）消费者。直接受益于数据管理活动产生主要交付成果的消费方。

（9）参与者。执行、管理或批准知识领域活动的人员。

（10）工具。它是实现知识领域目标的应用程序和其他技术。

（11）方法。它是用于在知识领域内执行活动和产生可交付成果的方法和程序，它还包括共同约定、最佳实践建议、标准和协议以及新出现的一些合适的替代方法。

（12）度量指标。它是衡量或评估绩效、进度、质量、效率或其他影响的标准，这些指标用于定义每个知识领域内完成工作的可量化事实。度量指标也可以用于测量更抽象的特性，如提升或价值，DAMA 车轮图呈现的是一组知识领域的概要，六边形图展示了知识领域结构的组成部分，语境关系图显示了每个知识领域中的细节。现有的 DAMA 数据管理框架还没有描述不同知识领域之间的关系，重新制定 DAMA 新框架就是为解决这一问题所做的努力，这将在接下来的两部分中进行描述。

四、DMBOK 金字塔（Aiken）

如果被问道，许多组织都会说想从他们的数据中获得最大的好处——他们正在努力实现高级应用实践的金字塔（数据挖掘、分析等）。但是，金字塔只是一个更大结构的顶部，一个巨大基础之上的顶峰，大多数组织在开始管理数据之前都没有定义完整的数据管理战略，相反通常都是在不太理想的条件下朝着这种能力发展。

艾肯（Aiken）的框架中使用 DMBOK 知识领域来描述许多组织演化的情况，使用此框架，组织可定义一种演化路径，达到拥有可靠的数据和流程的状态，支持战略业务目标的实现。为了实现这一目标，许多组织都经历了类似的逻辑步骤（见图 6 – 7）。

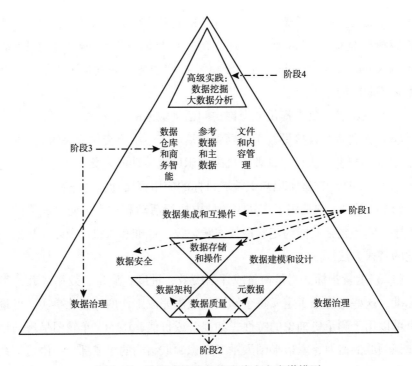

图6－7　购买或构建数据库能力金字塔模型

资料来源：DAMA International. DAMA 数据管理知识体系指南［M］. 2 版. 北京：机械工业出版社，2020.

第 1 阶段：组织购买包含数据库功能的应用程序。这意味着组织以此作为数据建模、设计、数据存储和数据安全的起点，要使系统在其数据环境中运行，还需要做数据集成和交互操作方面的工作。

第 2 阶段：一旦组织开始使用应用程序，他们将面临数据质量方面的挑战，但获得更高质量的数据取决于可靠的元数据和一致的数据架构，它们说明了来自不同系统的数据是如何协同工作的。

第 3 阶段：管理数据质量、元数据和架构需要严格地实践数据治理，为数据管理活动提供体系性支持。数据治理还支持战略计划的实施，如文件和内容管理、参考数据管理、主数据管理、数据仓库和商务智能，这些金字塔中的高级应用都会得到充分的支持。

第 4 阶段：该组织充分利用了良好管理数据的好处，并提高了其分析能力。

艾肯（Aiken）的金字塔是基于 DAMA 车轮图构建出来的，展示了各知识领域之间的关系。各领域之间并非都可以互换，它们有多种相互依赖的关联关系，金字塔框架有两个驱动因素：第一，建立一个基础，每个组件都出现在合适的位置上、彼此之间相互支持；第二，某些矛盾的观点认为，这些组件可以任意顺序出现。

五、DAMA 数据管理框架的进化

艾肯（Aiken）的金字塔中描述了一个组织如何向更好的数据管理实践发展的路径，学习 DAMA 知识领域的另一种方法是探索它们之间的依赖关系。图 6-8 中的框架由苏伊格恩斯（SueGeuens）开发，他认识到商务智能和分析功能依赖于所有其他数据管理功能，它们直接依赖于主数据和数据仓库解决方案。但反过来它们又依赖输入信息的系统和应用，可靠的数据质量、数据设计和数据交互操作实践是可靠系统和应用的基础。此外，该模型中的数据治理包括元数据管理、数据安全、数据架构和参考数据管理，这些功能提供了所有其他功能依赖的基础。

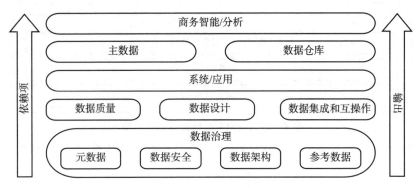

图 6-8　DAMA 功能领域依赖关系

资料来源：DAMA International. DAMA 数据管理知识体系指南［M］. 2 版. 北京：机械工业出版社，2020.

图 6-9 中描述了 DAMA 车轮图的第三种替代方案。该图借鉴了体系结构概念，呈现了 DAMA 知识领域之间的一组关系。为了澄清这些关系，提供了一些知识领域内容的附加细节，该框架从数据管理的指导目标开始：使组织能够像从其他资产中获取价值那样，从其数据资产中获取价值。派生价值需要

生命周期管理，因此与数据生命周期相关的数据管理功能在图的中心进行了描述，这包括为可靠、高质量的数据进行规划和设计；建立过程和功能来使用和维护数据；在各种类型的分析活动以及这些过程中使用数据，以提高其价值。

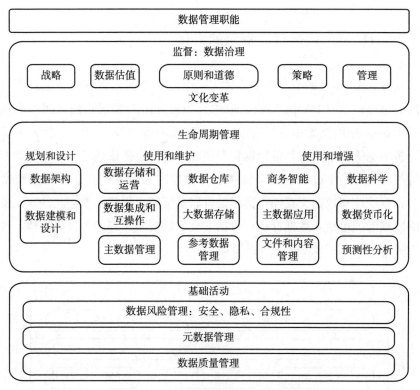

图 6-9　DAMA 数据管理功能框架

资料来源：DAMA International. DAMA 数据管理知识体系指南［M］. 2 版. 北京：机械工业出版社，2020.

　　数据管理的挑战中描述了支持传统数据使用（商务智能、文件和内容管理）所需的数据管理设计和运营职能领域（建模、体系结构、存储和操作等），还认可新兴的数据管理领域（大数据存储），支持新兴的数据使用（数据科学、预测分析等）。在将数据真正作为资产进行管理的情况下，组织可以通过将其数据出售给其他组织（数据货币化）从而获得直接价值。关注直接生命周期功能的组织，从其数据中获得的价值要少于那些通过基础活动和治理活动支持数据生命周期的组织，基础活动，如数据风险管理、元数据和数据质量管理，跨越了数据生命周期，它们促进决策更加有效和数据更易于使用。如果这些管理工作都能很好地执行，那么数据的维护成本就会降低，数据消费者对它有更多的信心，并且使用数据的机会也会扩大。

为了成功地支持数据的生产和使用，并确保基本的活动是以规范的方式执行，许多组织以数据治理的形式建立了监督职能。数据治理项目通过制定战略和支持原则、制度和管理实践，使组织能够以数据为驱动力，确保组织认识到并利用从其数据中获得价值的机会。数据治理项目还应与组织变革管理活动联系在一起，以培育组织并鼓励能够战略性使用数据的行为。因此，必要的文化变革贯穿数据治理各项职责，特别是当组织的数据管理实践成熟时。

DAMA 数据管理框架也被描述为另一种形式的 DAMA 车轮图，数据治理范围内的应用活动围绕着数据管理生命周期内的各项核心活动进行（见图 6 - 10）。

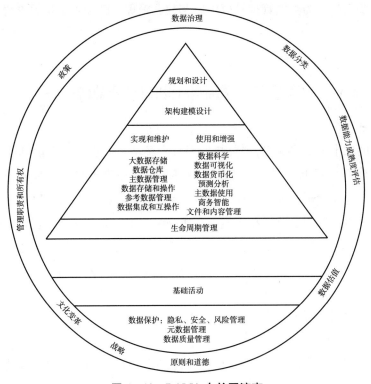

图 6 - 10　DAMA 车轮图演变

资料来源：DAMA International. DAMA 数据管理知识体系指南 [M]. 2 版. 北京：机械工业出版社，2020.

如图 6 - 10 所示，核心活动位于框架中心，包括元数据管理、数据质量管理和数据结构定义（架构）。生命周期管理活动可以从多个方面定义，如计划的角度（风险管理、建模、数据设计、参考数据管理）、实现的角度（数据仓库、主数据管理、数据存储和操作、数据集成和互操作、数据开发技术）。生命周期管理活动源于数据的使用：主数据使用、文件和内容管理、商务智能、数据科学、预测分析、数据可视化。许多情况下都会基于现有数据进行增强性的开发，获取更多洞察，产生更多的数据和信息，数据货币化的机会可以确定源于数据的使用。数据治理活动通过战略、原则、制度和管理提供监督和遏制，它们通过数据分类和数据估值实现一致性。

DAMA 数据管理框架采用多种方式描述的原因是期望提供额外的视角，并就如何应用 DMBOK 中呈现的概念展开讨论。随着数据管理重要性的提高，这些框架成为数据管理社区内以及数据管理社区和利益相关方之间沟通的有力工具。

第三节　数据治理的基本概念

党的二十大报告提出，"加快发展数字经济，促进数字经济和实体经济深度融合"，① 数据治理是保证数字经济和实体经济相结合的基础条件。数据治理（data governance，DG）的定义是在管理数据资产的过程中行使权力和管控，包括计划、监控和实施。在所有组织中，无论是否有正式的数据治理职能，都需要对数据进行决策，建立正式的数据治理规程及有意向性地行使权力和管控的组织，能够更好地增加从数据资产中获得的收益。

一、数据治理项目

数据治理职能是指导所有其他数据管理领域的活动。数据治理的目的是

---

① 习近平. 高举中国特色社会主义伟大旗帜 为全面建设社会主义现代化国家而团结奋斗 [M]. 北京：人民出版社，2022.

确保根据数据管理制度和最佳实践正确的管理数据，而数据管理的整体驱动力是确保组织可以从其数据中获得价值，数据治理聚焦于如何制定有关数据的决策，以及人员和流程在数据方面的行为方式。数据治理项目的范围和焦点依赖于组织需求，但多数项目都包含如下内容：

（1）战略（strategy）。定义、交流和驱动数据战略及数据治理战略的执行。

（2）制度（policy）。设置与数据、元数据管理、访问、使用、安全和质量有关的制度。

（3）标准和质量（standards and quality）。设置和强化数据质量、数据架构标准。

（4）监督（oversight）。在质量、制度和数据管理的关键领域提供观察、审计和纠正等措施，通常称为管理职责（stewardship）。

（5）合规（compliance）。确保组织可以满足数据相关的监管合规性要求。

（6）问题管理（issue management）。

为了实现这些目标，数据治理时将制定制度和实施细则，在组织内多个层次上实践数据管理，并参与组织变革管理工作，积极向组织传达改进数据治理的好处以及成功地将数据作为资产管理所必需的行为。

对于多数企业，采用正式的数据治理需要进行组织变革管理，以及得到来自最高层管理者的支持，如 CRO（chief risk officer）、CFO（chief financial officer）或者 CDO（chief data officer）。

产生和分享数据、信息的能力改变了个人及经济的互动。在充满活力的市场环境中随着将数据作为差异化竞争优势的意识提升，促使组织调整数据管理职责，上述改变已经很明显地出现在金融、电子商务、政府和零售领域。各个组织都在努力成为数据驱动型组织，主动将数据需求作为战略发展、项目规划和技术实施的一部分，然而这样做通常会带来企业文化上的挑战。此外，鉴于企业文化可以影响任何战略目标，进行数据治理时需要努力将文化变革部分纳入考虑，以期获得强有力的领导支持。

要从作为企业资产的数据中受益，组织必须学会衡量数据和数据管理活动的价值。即使拥有最佳的数据战略，数据治理和数据管理计划也可能不会成功，除非企业愿意接受并进行管理变革。对很多组织而言，文化变革是一项主要的挑战，变革管理的基础信条是，组织变革需要个人的改变（Hiatt & Creasey，2012）。当数据治理和数据管理要求显著的行为变化时，为了成功，一定需要正式的变革管理。

二、数据治理的驱动因素

数据治理最常见的驱动因素是法规遵从性，特别是重点监控行业，例如，金融服务和医疗健康，需要引入法律所要求的治理程序。高级分析师、数据科学家的迅猛发展也成为新增的驱动力。尽管监管或者分析师可以驱动数据治理，但很多组织的数据治理是通过其他业务信息化管理需求所驱动的，如主数据管理（master data management，MDM）等。一个典型场景是，一家公司需要更优质的客户数据，它选择开发客户主数据平台，然后接下来意识到成功的主数据管理是需要数据治理的。

数据治理并不是到此为止，而是需要直接与企业战略保持一致。数据治理越显著地帮助解决组织问题，人们越有可能改变行为、接受数据治理实践。数据治理的驱动因素大多聚焦于减少风险或者改进流程。

（一）减少风险

（1）一般性风险管理。洞察风险数据对财务或商誉造成的影响，包括对法律（电子举证 E – Discovery）和监管问题的响应。

（2）数据安全。通过控制活动保护数据资产，包括可获得性、可用性、完整性、连续性、可审计和数据安全。

（3）隐私。通过制度和合规性监控，控制私人信息、机密信息、个人身份信息（personally identifiable information，PII）等。

（二）改进流程

（1）法规遵从性。有效和持续地响应监管要求的能力。

（2）数据质量提升。通过真实可信的数据提升业务绩效的能力。

（3）元数据管理。建立业务术语表，用于定义和定位组织中的数据；确保组织中数量繁多的元数据得到有效管理和应用。

（4）项目开发效率。在 SDLC 中改进，以解决整个组织的数据管理问题，包括利用数据全周期治理来管理特定数据的技术。

（5）供应商管理。控制数据处理的合同，包括云存储、外部数据采购、数据产品销售和外包数据运维。

在整个组织内澄清数据治理的业务驱动因素是基础性工作，将它与企业整体业务战略保持一致。经常聚焦"数据治理"往往会疏远那些认为治理产生额外开销却没有明显好处的领导层。对组织文化保持敏感性也是必要的，需要使用正确的语言、运营模式和项目角色。在 DAMA – DMBOK2 编写过程中，术语"组织"被诸如"运营模式"或"运营框架"之类所取代。人们有时表示难以理解数据治理是什么，治理本身是一个通用概念。与其发明新的概念，数据管理专家可以将其他治理的概念和原则应用于数据治理。通常将审计、会计与数据治理放在一起比较，审计员和财务主管设置管理财务资产的规则，数据治理专家制定管理数据资产的规则，然后其他领域执行这些规则。

数据治理不是一次性的行为。治理数据是一个持续性的项目集，以保证组织一直聚焦于能够从数据获得价值和降低有关数据的风险，可以由一个虚拟组织或者有特定职责的实体组织承担数据治理的责任。只有理解了数据治理的规则和活动才能达到高效执行，为此需要建立可运转良好的运营框架，数据治理程序中应该考虑到组织和文化的独特性问题，以及数据管理在组织内面对的具体挑战和机遇。

数据治理要与 IT 治理区分开来，IT 治理要制定关于 IT 投资、IT 应用组合和 IT 项目组合的决策，从另一个角度还包括硬件、软件和总体技术架构。IT 治理的作用是确保 IT 战略、投资与企业目标、战略的一致性。COBIT（control objectives for information and related technology）框架提供 IT 治理标准，但是其中仅有很少部分涉及数据和信息管理。其他一些重要法规，如萨班斯法案（sarbanes-oxley）则覆盖企业治理、IT 治理和数据治理多个领域。相反，数据治理仅聚焦于管理数据资产和作为资产的数据。

数据治理和管理语境关系如图 6 – 11 所示。

定义：对数据资产管理行使权力、控制和共享决策（规划、监测和执行）的系列活动

目标：
提升企业管理数据资产的能力
定义、批准、沟通和实施数据管理的原则、政策、程序、指标、工具和责任监控以及指导政策合规性、数据使用和管理活动

业务驱动因素

输入：	活动：	交付成果：
业务策略和目标 IT策略和目标 数据管理和数据策略 组织原则和标准 商业文化评估 数据成熟度评估 监管要求	1.规划组织的数据治理（P） （1）执行就绪评估 （2）探索与业务保持一致 （3）制定组织触点 2.制定数据治理战略（P） （1）制定数据治理运营框架 （2）制定目标、原则和制度 （3）推动数据管理项目 （4）参与变更管理 （5）参与问题管理 （6）评估法规遵从性要求 3.实施数据治理（O） （1）发起数据标准和规程 （2）制定业务术语表 （3）协调架构团队 （4）发起数据资产估值嵌入 4.数据治理（C，O）	数据治理策略 数据策略 业务/数据治理行动路线图 数据规范、数据治理策略过程 操作框架 路线图和实现战略 操作计划业务术语 数据治理计分卡 数据治理网站 沟通计划 识别数据价值 实践结果成熟度评估

供给者：	参与者：		消费者：
业务人员 数据专员 数据所有者 领域专家 成熟度评估专家 监管方 企业架构师	管理委员会 首席数据官 高级数据管理专员 业务数据管理专员 合规团队 变更管理者 项目管理办公室 审计人员	首席信息官 首席数据管理专员 协调数据管理专员 数据治理组织 DM高管 企业数据架构师 治理组织 数据专家	数据治理机构 项目管理者 合规团队 数据管理相关利益方 数据管理团队 业务管理方架构师 合作伙伴组织

技术驱动因素

方法：	工具：	度量指标：
简洁的信息 联系人列表 图标 Logo	网站 业务术语表 工作流工具 文档管理工具 数据治理计分卡	遵从法规和内部数据规范价值 有效性 持续性

图 6–11　数据治理和管理语境关系

资料来源：DAMA International. DAMA 数据管理知识体系指南 ［M］.2 版. 北京：机械工业出版社，2020.

三、数据治理的目标和原则

数据治理的目标是使组织能够将数据作为资产进行管理。数据治理提供治理原则、制度、流程、整体框架、管理指标，监督数据资产管理，并指导数据管理过程中各层级的活动。为达到整体目标，数据治理程序必须包括以下三个方面。

（1）可持续发展（sustainable）。治理程序必须富有吸引力，它不是以一个项目作为终点，而是一个持续的过程，需要把它作为整个组织的责任。数据治理必须改变数据的应用和管理方式，但也不代表着组织要做巨大的更新和颠覆。数据治理是超越一次性数据治理组件实施可持续发展路径的管理变革。可持续的数据治理依靠于业务领导、发起者和所有者的支持。

（2）嵌入式（embedded）。数据治理不是一个附加管理流程，数据治理活动需要融合软件开发方法、数据分析应用、主数据管理和风险管理。

（3）可度量（measured）。数据治理做得好有积极的财务影响，但要证明这一影响，就需要了解起始过程并计划可度量的改进方案，实施数据治理规划需要有变革的承诺。

早在 2000 年，下列可以帮助建立起强大数据治理基础的原则就被定义出来。

（1）领导力和战略（leadership and strategy）。成功的数据治理始于远见卓识和坚定的领导，数据战略指导数据管理活动，同时由企业业务战略所驱动。

（2）业务驱动（business-driven）。数据治理是一项业务管理计划，因此必须管理与数据相关的 IT 决策，就像管理与数据有关的业务活动一样。

（3）共担责任（shared responsibility）。在所有数据管理的知识领域中，业务数据管理专员和数据管理专业人员共担责任。

（4）多层面（multi-layered）。数据治理活动发生在企业层面和各级基层，但通常发生在中间各层面。

（5）基于框架（framework-based）。由于治理活动需进行跨组织职能的协调，因此对数据治理项目必须建立一个运营框架来定义各自职责和工作内容。

（6）原则导向（principle-based）。指导原则是数据治理活动、特别是数据治理策略的基础，通常情况下，组织制定制度时没有正式的原则，他们只是在试图解决特定的问题。有时原则可以从具体策略通过逆向工程反推得到，然而最好把核心原则的阐述和最佳实践作为策略的一部分工作，参考这些原则可以减少潜在的阻力。随着时间的推移，在组织中会出现更多的指导原则与相关的数据治理组件共同对内部发布。

四、数据治理组织

以数据为中心的组织将数据作为资产估值，在生命周期所有阶段进行管理，包括项目开发和持续运营阶段。为达到以数据为中心，组织必须改变将战略转化为行动的方式，数据不再被作为流程和业务产品的附属。业务处理的目标就是得到高质量的数据，有效的数据管理成为企业致力于通过分析获得洞察、制定决策时的高优先级事项。数据治理与数据管理的关系如图 6－12 所示。

图 6－12　数据治理和数据管理的关系

资料来源：DAMA International. DAMA 数据管理知识体系指南 ［M］.2 版 . 北京：机械工业出版社，2020.

人们常常混淆数据和信息技术，企业为达到以数据为中心需要进行不同以往的思考方式，要理解管理数据不同于管理 IT。转型并非易事，现有文化及内部制度、关于拥有权的争议、预算、历史遗留系统，都将成为建立企业级数据治理和数据管理的最大障碍。虽然每个组织都需要有自己的原则，但是那些寻求从其数据中获得更多价值的组织可能会分享以下内容：

（1）数据应该作为企业资产管理起来。

（2）应该在整个组织内鼓励数据管理的最佳实践。

（3）企业数据战略必须与业务战略一致。

（4）应不断改进数据管理流程。

数据治理的核心词是治理，可以从政治治理的角度来理解，它包括立法职能（定义策略、标准和企业架构）、司法职能（问题管理和升级）和执行职能（保护和服务、管理责任）。为更好地管理风险，多数组织采用了典型的数据治理形式，以便能够听取所有利益相关方的意见。

每个组织都应该采用一个支持其业务的战略，并可以在其自身文化背景下取得成功的治理模型，组织也应该准备好发展这种模式以迎接新的挑战。模型在组织结构、形式级别和决策方法方面有所不同，一些模型是集中组织的，而另一些则是分布式的。

数据治理组织还可以具有多个层次，以解决企业内不同级别的问题——本地、部门和项目、企业范围，治理工作通常分为多个委员会，每个委员会的目的和监督水平与其他委员会不同。图6-13展示了一个通用的数据治理组织模型。

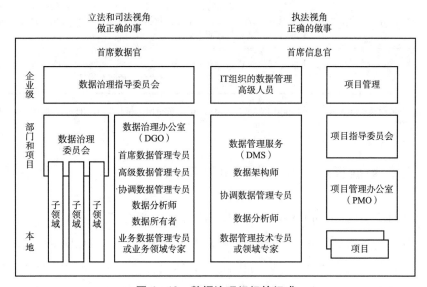

图 6-13 数据治理组织的组成

资料来源：DAMA International. DAMA 数据管理知识体系指南［M］.2 版 . 北京：机械工业出版社，2020.

在组织内部（垂直轴）的不同级别上进行活动，并在组织功能内以及技术（IT）和业务领域之间分离治理职责，图 6 - 13 说明了各个领域如何根据上述趋势共同开展数据治理，以消除对术语"组织"的强调。表 6 - 1 描述了可能在数据治理操作框架内建立的典型数据治理委员会。

表 6 - 1　　　　　　　　　　典型的数据治理委员会组成

数据治理机构	说明
数据治理指导委员会	组织中数据治理的主要和最高权威组织，负责监督、支持和资助数据治理活动。由跨职能的高级管理人员组成。 通常根据 DGC 和 CDO 的建议，为数据治理发起的活动提供资金。该委员会可能会反过来受到来自更高级别组织或者委员会的监督
数据治理委员会	管理数据治理规划（如制度或指标的制定）、问题和升级处理。根据所采用的运营模型由相关管理层人员组成
数据治理办公室	持续关注所有 DAMA 知识领域的企业级数据定义和数据管理标准，由数据管理专员、数据保管人和数据拥有者等协调角色组成
数据管理团队	与项目团队在数据定义和数据管理标准方面进行协作、咨询，由聚焦于一个或者更多领域或项目的成员组成，包括业务数据管理专员、技术数据管理专员或者数据分析师（注：偏重管理职责）
本地数据治理委员会	大型组织可能有部门级或数据治理指导委员会分部，在企业数据治理委员会（DCC）的指导下主持工作。小型组织应该避免这种复杂设置

资料来源：DAMA International. DAMA 数据管理知识体系指南 [M]. 2 版. 北京：机械工业出版社，2020.

五、数据管理岗位的类型和职责

管理专员（steward）指其职责是为别人管理财产的人，数据管理专员代表他人的利益并为组织的最佳利益来管理数据资产（McGilvray，2008）。数据管理专员代表所有相关方的利益，必须从企业的角度来确保企业数据的高质量和有效使用。有效的数据管理专员对数据治理活动负责，并有部分时间专门从事这些活动，根据组织的复杂性和数据治理规划的目标，各个组织中正式任命的这些数据管理专员在其工作职位上会有一些区别，例如：

（1）首席数据管理专员（chief data steward）。CDO 的替代角色，可以是担任数据治理机构的主席，也可以是虚拟的（基于委员会）或者在分布式数据治理组织中担任 CDO，他们甚至也可能是高层发起者。

（2）高级数据管理专员（executive data stewards）。数据治理委员会（data governance center，DGC）的资深管理者。

（3）企业数据管理专员（enterprise data stewards）。负责监督跨越业务领域的数据职能。

（4）业务数据管理专员（business data stewards）。业务数据管理专员是业务领域的专业人士，通常是公认的领域专家，对一个数据域负责，他们和利益相关方共同定义和控制数据。

（5）数据所有者（data owner）。某个业务数据管理专员，对其领域内的数据有决策权。

（6）技术数据管理专员（technical data steward）。某个知识领域内工作的 IT 专业人员，如数据集成专家、数据库管理员、商务智能专家、数据质量分析师或元数据管理员。

（7）协调数据管理专员（coordinating data steward）。这在大型组织中尤为重要，其领导并代表业务数据管理专员和技术数据管理专员进行跨团队或者数据专员之间的讨论。

DAMA – DMBOK1 指出，通常最好的数据管理专员都是在工作中被发现的，而不是靠培养的。这意味着，在大多数组织中，即使没有数据治理项目，也有人负责数据管理。这些人已经参与到帮助组织降低数据的风险和从数据中获得更多价值的工作中。将他们的岗位管理职责正式化，可以使他们的工作得到认可，帮助他们更加成功、作出更多的贡献。所有这些都意味着，数据管理专员可以被"培养"，可以培训员工成为各类数据管理专员。让那些已经在管理数据的人可以发展他们自己的技能和知识，从而使他们工作得更好（Plotkin，2014）。

数据管理职责（data stewardship）描述了数据管理岗位的责任，以确保数据资产得到有效控制和使用。可以通过职位名称和职责描述正式确定管理职责，也可以采用非正式的形式，由帮助组织获取数据价值的人所驱动。通常情况下，像保管人、受托人这样的称呼，就是类似的管理岗位的同义词。管理职责的焦点因组织不同而不同，取决于组织战略、文化、试图解决的问题、数据管理成熟度水平以及管理项目的形式等因素。然而在大多数情况下，数据管理活动将集中于以下部分。

（1）创建和管理核心元数据。它包括业务术语、有效数据值及其他关键元数据的定义和管理，通常由管理专员负责整理的业务术语表，成为与数据相关的业务术语记录系统。

（2）记录规则和标准。它包括业务规则、数据标准及数据质量规则的定义和记录，通常基于创建和使用数据的业务流程规范，来满足对高质量数据的期望。为确保在组织内部达成共识，由数据管理专员帮助制定规则并确保其得到连贯的应用。

（3）管理数据质量问题。数据管理专员通常参与识别、解决与数据相关的问题，或者促进解决的过程。

六、数据资产估值

数据资产估值（data asset valuation）是一个理解和计算数据对组织的经济价值的过程，因为数据、信息甚至商务智能都是抽象概念，人们很难将它们与经济影响联系起来。理解不可替换项（如数据）价值的关键是理解如何使用它以及它的使用带来的价值（Redman，1996），与诸多其他资产（如货币、物理设备）不同，数据具有不可互换性（替换性）。某组织客户数据的重要性不同于另一个组织的客户数据；不仅是客户本身，还包括与之相关的数据（如采购历史、首选项等）。一个组织如何从客户数据中获得价值（即从这些数据中了解到的客户信息以及如何应用所学信息），可以成为组织的竞争优势。数据生命周期的大多数阶段涉及成本（包括获取数据、存储、管理和处置）。

数据只有在使用时才有价值，使用时数据还产生了与风险管理相关的成本，因此当使用数据的经济效益超过了上述成本时，就会显现其价值。其他度量价值的方式包括：

（1）替换成本（replacement cost）。在灾难性数据破坏事件或者数据中断时，数据替换或恢复的成本，包括组织内的交易、域、目录、文档和指标信息等。

（2）市场价值（market value）。兼并或收购企业时作为企业资产的价值。

（3）发现商机（identified opportunities）。通过交易数据或者通过售卖数据，从数据（商务智能）中发现商机获得的收入价值。

（4）售卖数据（selling data）。一些组织将数据打包成产品销售获得的收入。

（5）风险成本（risk cost）。它是基于潜在罚款、补救成本和诉讼费用的估价。

来自法律或监管的风险包括：①缺少必需的数据。②存在不应留存的数据。例如，在法律审计期间发现的意外数据，需要被清除但尚未清除的数据。③数据不正确造成客户、公司财务和声誉受到损害。④风险下降或者风险成本的下降，其实是与提升和验证数据等操作干预成本抵销之后溢出的部分。为了描述信息资产价值的概念，可以将公认的会计准则转换为公认的信息原则。数据资产会计准则如表 6 - 2 所示。

表 6 - 2　　　　　　　　　　　　数据资产会计准则

原则	说明
问责原则	组织必须确定对各种类型数据和内容负有最终责任的个人
资产原则	各种类型的数据内容都是资产，并且具有其他资产的特征。它们应像物理或者金融资产一样可以进行管理、担保和核算
审计原则	数据和内容的准确性要接受独立机构的定期审计
尽职调查原则	如果风险是已知的，必须要报告。如果可能存在风险，必须予以确认。数据风险包括与不良数据管理实践相关的风险
持续经营原则	数据及其内容对于组织的成功、持续运营和管理至关重要，即它们不是为实现目标的临时手段，也不是业务的副产品
估值级别原则	在最合理或最容易测量的级别上将数据作为资产进行估值
责任原则	基于监管和伦理，存在着与数据及内容有关的滥用或者管理不当的财务责任
质量原则	数据准确性、数据生命周期和内容会影响组织的财务状况
风险原则	存在与数据和内容相关的风险。无论是作为负债还是作为管理和降低固有风险的成本，风险都必须得到正式确认
价值原则	基于满足组织目标的方式、可流通性以及对组织商誉（资产负债表）的贡献来判断，数据和内容是有价值的。信息的价值反映的是其维护和运行的成本与它对组织的贡献抵消之后的溢出

资料来源：DAMA International. DAMA 数据管理知识体系指南［M］. 2 版 . 北京：机械工业出版社，2020.

第四节　数据治理过程

一、规划组织的数据治理

数据治理工作必须支持业务战略和目标。一个组织的业务战略和目标影响着组织的数据战略，以及数据治理和数据管理在组织中的运营方式，数据治理与数据相关的决策责任可共享。数据治理活动跨越了组织和系统的边界，以支持整体的数据视图，成功的数据治理应当是清楚地了解需要治理什么、怎么治理以及谁来执行治理。相对于孤立、特定的功能领域，当数据治理是一项企业层面的工作时，效果最为显著。在企业中定义数据治理的范围通常需要先定义企业的含义，反过来数据治理控制定义它的企业。

（一）执行就绪评估

评估当前组织的信息管理能力、成熟度和有效性，对于制订数据治理的计划至关重要。通过它们，可以用来衡量一个项目的有效性。评估工作对于管理和维持数据治理规划也很有价值。典型的评估包括以下内容：

（1）数据管理成熟度。了解组织对数据的处理方式；衡量其当前的数据管理能力和容量。重点是业务人员对公司管理数据和利用数据的优势以及客观标准（如工具的使用、报告级别等）的印象。

（2）变革能力。数据治理需要行为上的改变，因此测量组织为适应数据治理所需而改变行为的能力非常重要，此外这些活动将有助于识别潜在的阻力点。通常进行数据治理需要正式的组织变革管理，在评估变革能力时，变革管理过程中将评估现有的组织结构、文化观念以及变革管理过程本身（Hiatt & Creasy，2012）。

（3）协作准备。该评估体现了组织在管理和使用数据方面的协作能力。根据定义，管理工作跨越不同职能领域，因此本质上是需要协作才能完成的。如果某个组织对于如何协作无从下手，那么这样的企业文化将成为管理的障碍。永远不要假设一个组织开始就知道如何协作，当结合变革能力进行评估时，该评估提供了洞察实施数据治理所需企业文化的能力。

（4）与业务保持一致。通过业务一致性能力评估可以检查组织如何调整数据的使用来支持满足业务战略要求，有时这项评估会包含在变革能力评估中一起进行。通过这项评估常常会惊奇地发现临时安排的数据相关活动是如何进行的。

（二）探索与业务保持一致

数据治理项目必须能够被找到并提供特定的价值来为组织作出贡献，例如，减少监管机构的罚款。通过评估活动将识别和评价现有制度、指导方针的有效性，如它们处理了哪些风险、鼓励了哪些行为以及实施的情况，同时还能够识别数据治理的机会，以此提高数据及内容的实用性，并把业务调整的商业利益附加在数据治理要素中。数据质量分析是评估的一部分工作，通过数据质量评估可以洞察现有问题和障碍以及低质量数据的影响，还可以识别使用低质量数据执行业务流程存在的风险，以及作为数据治理工作组成部分的数据质量项目带来的财务和其他收益。

数据管理实践的评估是数据治理评估过程的另一个关键方面，例如，评估过程中可能找到一些有能力的用户，为正在进行中的数据治理活动创建一个潜在代理的初始列表。从发现和校准活动中派生出一个数据治理需求清单，例如，如果监管风险对业务产生财务问题，则需指定支持风险管理的数据治理活动。这些需求影响着数据治理的战略和战术。

（三）制定组织触点

协调工作的一部分包括为数据治理工作制定组织触点，在首席数据官直接权利之外，支持企业数据治理和数据管理一致性和凝聚力的组织触点。

（1）采购和合同（procurement and contracts）。首席数据官与供应商/合作伙伴的管理部门或者采购部门合作，制定和执行关于数据管理合同的标准文本。这包括数据即服务（data as a service，DaaS）、云服务采购、其他外包、第三方开发工作或者内容获取/许可协议，以及可能的以数据为中心的IT工具采购和升级。

（2）预算和资金（budget and funding）。如果首席数据官没有直接控制所有与数据采购相关的预算，那么数据管理办公室将成为防止重复工作及保证优化获得数据资产的焦点。

（3）法规遵从性（regulatory compliance）。首席数据官在不同地区、国家和国际监管环境中工作，要理解这些环境如何影响组织及其数据管理活动。需要开展持续性的监控活动，以识别、跟踪新出现和潜在的影响和要求。

（4）SDLC/开发框架（SDLC/development framework）。数据治理规划中确定了在系统或应用程序开发生命周期中制定组织策略、流程和标准的控制点。

首席数据官影响组织触点，支持企业在管理其数据时的凝聚力，也会增加企业使用数据的敏捷性。从本质上来讲，这是组织如何理解和看待数据治理的一个态度，如图 6-14 所示。

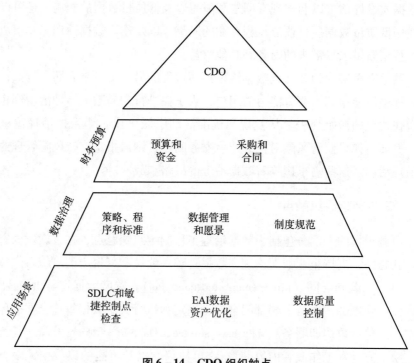

图 6-14 CDO 组织触点

资料来源：DAMA International. DAMA 数据管理知识体系指南［M］. 2 版. 北京：机械工业出版社，2020.

二、制定数据治理战略

数据治理战略定义了治理工作的范围和方法，应根据总体业务战略以及数据管理、IT战略全面定义和明确表达数据治理战略，如同标准工件，以迭代的方式开发及获得认可。应根据每个组织制定具体内容，交付物包括以下内容：

（1）章程。确定数据管理的业务驱动愿景、使命和原则，包括成熟度评估、内部流程分析及当前问题和成功标准。

（2）运营框架和职责。定义数据治理活动的结构和责任。

（3）实施路线图。制订时间计划，其涉及最终发布的制度、指令、业务术语、架构、资产价值评估、标准和程序以及所期望业务和技术流程发生的改变、支持审计活动和法规遵从的交付成果。

（4）为成功运营制订计划。为数据治理活动描述一个可持续发展的目标状态。

制定数据治理战略包括以下步骤。

（一）定义数据治理运营框架

开发数据治理的基本定义很容易，但是创建一个组织采用的运营框架可能很困难。在构建组织的运营框架时需要考虑以下四个方面。

（1）数据对组织的价值。如果一个组织出售数据，显然数据治理具有巨大的业务影响力。将数据作为最有价值事物的组织（如Facebook、亚马逊），需要一个反映数据角色的运营模式，对于数据是操作润滑剂的组织，数据治理形式就不那么严肃了。

（2）业务模式。分散式与集中式、本地化与国际化等是影响业务发生方式以及如何定义数据治理运营模式的因素。与特定IT策略、数据架构和应用程序集成功能的链接，应反映在目标运营框架设计中。

（3）文化因素。就像个人接受行为准则、适应变化的过程一样，一些组织也会抵制制度和原则的实施，开展治理战略需要提倡一种与组织文化相适应的运营模式，同时持续地进行变革。

（4）监管影响。与受监管程度较低的组织相比，受监管程度较高的组织具有不同的数据治理心态和运营模式，可能还与风险管理或法律团队有联系。数据治理层通常作为整体解决方案的一部分，这意味着确定管理活动职责范围、谁拥有数据等。运营模型中还定义了治理组织与负责数据管理项目人员间的协作、参与变革管理活动以引入新的规程以及通过治理实现问题管理的解决方案。图 6 – 15 展示了一个运营框架示例，必须定制这种工作才能满足不同组织的个性化需求。

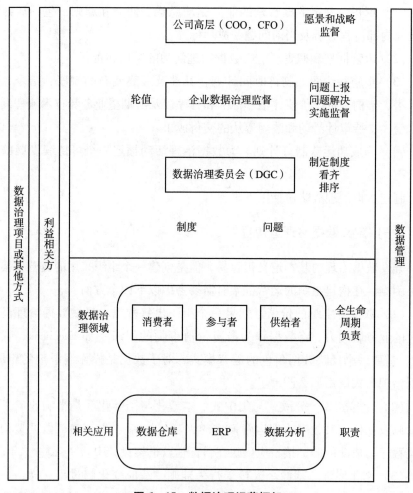

图 6 – 15　数据治理运营框架

资料来源：DAMA International. DAMA 数据管理知识体系指南［M］. 2 版 . 北京：机械工业出版社，2020.

（二）制定目标、原则和制度

依据数据治理战略制定的目标、原则和制度将引导组织进入期望的未来状态。通常由数据管理专业人员、业务策略人员，在数据治理组织的支持下共同起草数据治理的目标、原则和制度，然后由数据管理专员和管理人员审查并完善，最终由数据管理委员会（或类似组织）进行终审、修订和发布采用。管理制度可能包含多个不同方面的内容：

（1）由数据治理办公室（data government office，DGO）认证确认组织用到的数据。（2）由数据治理办公室批准成为业务拥有者。（3）业务拥有者将在其业务领域委派数据管理专员，数据管理专员的日常职责是协调数据治理活动。（4）尽可能地提供标准化报告、仪表盘或计分卡，以满足大部分业务需求。（5）认证用户将被授予访问相关数据的权限，以便查询即时报表和使用非标准报告。（6）定期复评所有认证数据，以评价其准确性、完整性、一致性、可访问性、唯一性、合规性和效率等。必须有效地沟通、监督、执行和定期复评数据管理制度，数据管理委员会可将此权力委托给数据管理指导委员会。

（三）推动数据管理项目

改进数据管理能力的举措可为整个企业带来好处，这些通常需要来自数据治理委员会的跨职能关注和支持。数据管理项目很难推动，它们经常被看作"完成工作"的障碍，推动数据治理项目的关键是阐明数据管理提高效率和降低风险的方法。组织如果想从数据中获得更多价值，则需要有效优先发展或提升数据管理能力。数据治理委员会负责定义数据管理项目的商业案例，监督项目状态和进度，如果组织中存在项目管理办公室，数据治理委员会要和数据管理办公室协同工作，数据管理项目可视为整个 IT 项目组合的一部分。

数据治理委员会还可以与企业范围内的大型项目集配合开展数据管理改进工作，主数据管理项目如企业资源计划（enterprise resource planning，ERP）、客户关系管理（customer relationship management，CRM）和全球零件清单等都是很好的选择。其他项目中的数据管理活动，一般由组织内部SDLC、服务交付管理、信息技术基础架构库（information technology infrastructure library，ITIL）和项目管理办公室（project management office，PMO）统筹考虑。对于每个含有重要数据组件的项目（几乎所有项目都包含）在软件生命周期的前期（规划和设计阶段）就应该收集数据管理需求。这些内容包括系统架构、合规性、系统记录的识别和分析以及数据质量的检测与修复，此外还可能有一些其他数据管理支持活动，包括使用标准测试台进行需求验证测试。

（四）参与组织变革管理

组织变革管理（organizational change management，OCM）是进行组织管理体系和流程变革的管理工具。变革管理研究所（Change Management Institute）认为，组织的变革管理不仅仅是"项目中人的问题"，应该被视为整个组织层面管理改良的一种途径。组织经常面临管理项目上的变迁，而不是管理组织体系进化（Anderson & Ackerson，2012）。成熟的组织在变革管理中建立清晰的组织愿景，从高层积极引导和监督变革，设计和管理较小的变革尝试，再根据整个组织的反馈和协同情况调整变革计划方案。

对很多组织来说，数据治理所固有的形式和规则不同于已有的管理实践。适应数据治理需要人们改变行为和互动方式。对于正式的管理变革项目，需要有适合的发起者，这对于推动维持数据治理所需的行为变化至关重要。组织需要组建一个团队来负责以下事项：

（1）规划。规划变革管理，包括进行利益相关方分析、获得支持以及建立能够克服阻力的沟通方法。

（2）培训。建立和执行数据治理项目培训。

（3）影响系统开发。与项目管理办公室（PMO）合作，在软件开发生命周期（SDLC）中增加数据治理步骤。

（4）制度实施。宣传数据制度和组织对数据管理活动的承诺。

（5）沟通。提高数据管理专员和其他数据治理专业人员对自身角色和职责以及数据管理项目目标和预期的认知。沟通对变更管理过程至关重要。

为了正式的数据治理变更管理方案获得支持，应将沟通重点放在：

（1）提升数据资产价值。教育和告知员工数据在实现组织目标中所起的作用。

（2）监控数据治理活动的反馈并采取行动。除了共享信息外，通过沟通计划还应引导出相关方反馈，以指导数据治理方案和变更管理过程。积极寻求和利用利益相关方的意见可以建立对项目目标的承诺，同时也可以确定成功和改进的机会。

（3）实施数据管理培训。对各级组织进行培训，以提升对数据管理最佳实践和管理流程的认知。

（4）可以从以下 5 个关键领域衡量变革管理的程度：①意识到需要改变。②希望参与并支持变革。③知道如何改变。④具备实施新技能和行为的能力。⑤保持持续变革。

（5）实施新的指标和关键绩效（key performance indicator，KPI）。应重新调整员工激励措施，以支持与数据管理最佳实践相关的行为，由于企业数据治理需要跨职能合作，激励措施中应该鼓励跨部门活动和协作。

（五）参与问题管理

问题管理是识别、量化、划分优先级和解决与数据治理相关问题的过程，包括：（1）授权。关于决策权和程序的问题。（2）变更管理升级。升级变更过程中出现问题的流程。（3）合规性。满足合规性要求的问题。（4）冲突。包括数据和信息中冲突的策略、流程、业务规则、命名、定义、标准、架构、数据所有权以及冲突中利益相关方的关注点。（5）一致性。与策略、标准、架构和流程一致性相关的问题。（6）合同。协商和审查数据共享协议，购买和销售数据、云存储。（7）数据安全和身份识别。有关隐私和保密的问题，包括违规调查。（8）数据质量。检测和解决数据质量问题，包括灾难事件或者安全漏洞。

很多问题可以在数据管理团队中被解决。需要沟通或者上报的问题必须被记录下来，并将其上报给数据管理团队或者更高级别的数据治理委员会，数据治理计分卡可用于识别与问题相关的趋势，如问题在组织内发生的位置、根本原因等。数据治理委员会无法解决的问题应升级上报给公司治理或管理层。

开展数据治理需要在以下六个方面建立控制机制和流程：（1）识别、收集、记录和更新的问题。（2）各项活动的评估和跟踪。（3）记录利益相关方的观点和可选解决方案。（4）确定、记录和传达问题解决方案。

（5）促进客观、中立的讨论，听取各方观点。（6）将问题升级到更高权限级别。

数据问题管理非常重要，通过问题管理为数据治理团队建立了信任，减轻了生产支持团队的负担，这对数据消费者有直接、积极的影响。通过解决问题也证明了数据管理和质量的提高，对于成功的问题管理需要有展示工作过程和消除影响的控制机制。

（六）评估法规

遵从性要求每个组织都受到政府和行业法规的影响，其中包括规定如何管理数据和信息的法规，数据治理的部分功能是监督并确保合规。

合规性通常是实施数据管理的初始原因。数据治理指导实施适当的控制措施，以记录和监控数据相关法规的遵从情况。对管理信息资产有重大影响的部分全球性法规如下：

（1）会计准则。政府会计准则委员会（Governmental Accounting Standards Board，GASB）和财务会计准则委员会（Financial Accounting Standard Board，FASB）的会计准则对（在美国）管理信息资产具有重大影响。

（2）风险数据加总（risk data aggregation，RDA）。这是指有效的风险数据汇总和风险报告原则，是一整套针对银行的法规。自 2006 年以来，在欧盟国家开展业务的金融机构必须报告证明流动性的标准信息。

（3）数据风险管理（data risk management，DRM）。澳大利亚审慎监管局（Australian Prudential Regulation Authority，APRA）负责监督银行和保险实体，公布了一些标准和指南以帮助被监管对象满足这些标准，其中包括CPG235，一个管理数据风险的标准。制定这个标准的目的是解决数据风险的来源，并在整个生命周期中管理数据。

（4）第三方支付行业数据安全标准（payment card industry data security standard）。支付卡行业数据安全标准（PCI - DSS）。

（5）偿付能力标准Ⅱ。欧盟法规，类似巴塞尔协议Ⅱ，适用于保险行业。

（6）隐私法。适用于各地区、各主权实体和国际的法律。

数据治理组织与其他业务和技术的领导一起评估各种法规的影响。例如，评估过程中每个组织必须确定：①与组织相关的法规有哪些？②什么是合规性？实现合规性需要采取什么样的策略和流程？③什么时候需要合规？如何以及什么时候监控合规性？④组织能否采用行业标准来实现合规性？⑤如何证明合规性？⑥违规的风险和处罚是什么？⑦如何识别和报告不合规的情况？如何管理和纠正不合规的情况？数据治理监控组织要对涉及数据和数据实践的监管要求或审计承诺作出响应，如在监管报告中证明数据质量合格。

三、实施数据治理

数据治理不可能一夜之间实现，治理过程包含了很多复杂性协调工作，需要对治理进行规划，不仅要考虑到组织的变化，这些变化也应该是相对简单的变化。最佳方式是创建一个实施路线图，说明不同活动间的关系和整体时间框架。例如，如果数据治理项目的重点是提高合规性，则优先事项可能由特定的法规要求驱动。在联合数据治理组织中，根据不同业务线的参与程度、成熟度以及资金来源，可以在不同时间表上执行不同业务线的数据治理。

有一些数据治理工作是基础性的，其他工作依赖于此，这些基础性工作分为初始阶段和持续阶段。高优先级的前期工作包括：（1）定义可满足高优先级目标的数据治理流程。（2）建立业务术语表，记录术语和标准。（3）协调企业架构师和数据架构师，帮助他们更好地理解数据和系统。（4）为数据资产分配财务价值，以实现更好的决策，并提高对数据在组织成功中所起作用的理解。

（一）发起数据标准和规程标准

发起数据标准和规程标准被定义为"用来判断其他事物质量"或"由权威建立和确定，作为衡量数量、重量、范围、价值或质量的规则"。因为标准提供了一种比较方法，所以其有助于定义质量。标准还提供了简化流程的潜力，通过采用标准，组织只需做一次决定，并将其编成一组实施细则（标准），而不再需要为每个项目重新做出相同的决定。实施标准应促进使用标准的过程产生一致的结果，不幸的是建立或采用标准通常是一个政治化的过程，这样的过程很可能导致制定标准的目标丢失。大多数组织在开发或实施数据或数据治理标准方面没有很好的实践。在某些情况下，他们没有意识到这样做的价值，因此也没有花时间这样做，有的时候他们根本还不知道怎么做。因此，"标准"在组织内部和跨组织变化很大，对一致性的期望也是如此，数据治理的标准应该具有强制性。

数据标准可以采用不同的形式，具体取决于所描述的内容：关于如何填充字段的要求、控制字段之间关系的规则、可接受和不可接受值的详细文档、格式等，它们通常由数据管理专业人员起草。数据标准应由数据治理办公室或授权工作组（如数据标准指导委员会）审查、批准和采用，数据标准文档中的详细程度在某种程度上取决于组织文化。应记住通过记录数据标准提供了一个捕获细节和知识的机会，否则可能会丢失这些细节和知识。与预先记录相比，重新创建或反向工程获取这些知识是非常昂贵的。数据标准必须得到有效沟通、监控，并被定期审查和更新。最重要的是必须有强制手段，对数据可以根据标准进行测量，数据管理活动可由数据治理委员会或数据标准指导委员会按照规定的时间表或作为 SDLC 批准流程的一部分进行审核，以确保符合标准。

数据管理流程是遵循文档化的方法、技术和步骤来完成产生特定的结果和支持的特定活动，与数据标准一样，通过流程文档以明确的形式捕获组织知识。数据管理知识领域内的标准化概念示例如下：（1）数据架构（data architecture）。包含企业级数据模型、工具标准和系统命名规范。（2）数据建模和设计（data modeling and design）。包括数据模型管理程序、数据模型的命名规范、定义标准、标准域、标准缩写等。（3）数据存储和操作（data storage and operations）。包括标准工具、数据库恢复和业务连续性标准、数据库性能、数据留存和外部数据采集。（4）数据安全（data security）。包括数据访问安全标准、监控和审计程序、存储安全标准和培训需求。（5）数据集成（data integration）。是用于数据集成和数据互操作的标准方法、工具。（6）文件和内容（documents and content）。包含内容管理标准及程序，包括企业分类法的使用，支持法律查询、文档和电子邮件保留期限、电子签名和报告分发方法。（7）参考数据和主数据（reference and master data）。包括参考数据管理控制流程、数据记录系统、建立标准及授权应用、实体解析标准。（8）数据仓库和商务智能（data ware housing and business intelligence）。包括工具标准、处理标准、流程报告和可视化格式标准、大数据处理标准。（9）元数据（metadata）。指获取业务和技术元数据，包括元数据集成和使用流程。（10）数据质量（data quality）。包括数据质量规则、标准测量方法、数据补救标准和流程。（11）大数据和数据科学（big data and data science）。包含数据源识别、授权、获取、记录系统、共享和刷新。

（二）制定业务术语表

数据管理专员通常负责整理业务术语表的内容。由于人们说话用词习惯不同，所以建立术语表是必要的，数据代表的是自身之外的事务，因此数据的明确定义尤为重要（Chisholm，2010）。此外许多组织使用个性化的内部词汇，术语表是在组织内部共享词汇的一种方法，开发、记录标准数据定义，可以减少歧义混乱，提升沟通效率。定义必须清晰、措辞严谨，并能解释任何可能的例外、同义词或者变体，术语表的批准人包括来自核心用户组的代表。

业务术语表具有如下目标：（1）对核心业务概念和术语有共同的理解。（2）降低由于对业务概念理解不一致而导致数据误使用的风险。（3）改进技术资产（包括技术命名规范）与业务组织之间的一致性。（4）最大限度地提高搜索能力，并能够获得记录在案的组织知识。业务术语表不仅仅是术语和定义的列表，而且每个术语还同其他有价值的元数据关联，包括同义词、度量、血缘、业务规则、负责管理术语的人员等。

（三）协调架构团队协作

数据治理委员会支持并批准数据架构，例如，面向业务的企业数据模型。数据治理委员会可以任命或与企业数据架构指导委员会或架构审查委员会（architecture review board，ARB）互动，以监督项目及其迭代项目。应由数据架构师和数据管理专员在业务领域团队中共同开发和维护企业数据模型。根据组织情况的不同，可以由企业数据架构师或数据管理专员协调这项工作。随着业务需求的发展，数据主管团队应提出更改建议，并开发扩展企业级数据模型。企业级数据模型应经数据治理委员会评审、批准并正式采用，与关键业务战略、流程、组织和系统保持一致性。在管理数据资产方面，数据战略和数据架构是在"做正确的事"与"正确地做事"之间协调的核心。

（四）发起数据资产估值

数据和信息是具有价值或者可以创造价值的企业资产，现今的财务实践中考虑将数据和信息视为无形资产，如同软件、文档、专家知识、商业秘密和其他知识产权一样。尽管如此，各组织都认为赋予数据以货币价值是一项有挑战性的事情。数据治理委员应组织开展相关工作，并为此设置标准，有些组织首先应该估计由于信息不足而造成业务损失的价值。信息缺口——所需信息和可用信息之间的差异——代表业务负债，弥补或防止差距的成本可用于估算数据丢失的业务价值。参考这个思路，组织可以开发模型来评估实际存在信息的价值，可以将价值评估过程构建在数据战略路线图中，以便为质量问题的解决方案以及其他治理方案的业务案例提供依据。

四、嵌入数据治理

数据治理组织的一个目标是将治理活动嵌入数据作为资产管理相关的一系列流程中。数据治理的持续运作需要规划，运营计划包含实施和运营数据治理活动所需的事件，其中包括维持成功所需的活动、时间和技术。可持续性意味着采取行动，保证流程和资金到位，以确保可持续地执行数据治理组织框架，这一要求的核心是组织接受数据治理；实现管理职能，监控和测量其结果，并克服常导致数据治理不稳定或失败的障碍。通常为加深组织对数据治理的理解，可通过其本地应用创建一个感兴趣的数据治理社区来加强相互学习，这种做法在治理的最初几年特别有用，但随着数据治理运营的成熟，其成效可能会逐渐减少。

课后思考题

1. 数据、信息、知识、智慧有什么关系，它们是如何递进和发展的？
2. 数据治理和数据管理的区别是什么？
3. 数据治理如何与企业管理相结合？
4. 不同商业模式下的数据治理是否存在差异，会体现在哪些方面？

数据处理伦理

❖学习目标

1. 熟悉伦理和道德、伦理和法律的关系。
2. 掌握伦理学基本理论。
3. 掌握伦理决策过程。
4. 了解数据伦理准则。
5. 掌握数据伦理驱动因素。
6. 掌握违背伦理进行数据处理的风险。
7. 了解如何建立数据伦理文化。

第一节　伦理学的基本概念

一、伦理与道德

企业伦理学以企业道德为研究对象，要认识企业道德，有必要了解两个更为基础的概念——伦理、道德。

什么是伦理？"伦，从人从仑"，仑者，辈也，故"伦"指人与人之间的关系。引申开来，"伦"是指人、组织、社会、自然之间的关系，包括人与他人的关系，人与组织的关系，人与社会的关系，人与自然的关系，组织与组织的关系，组织与社会的关系，组织与自然的关系，社会与社会的关系，社会与自然的关系等。"理"即道理、规则和原则。"伦"与"理"结合起来就是处理人、组织、社会、自然之间利益关系的行为规范。

党的二十大报告指出"育人的根本在于立德"，"提高人民道德水准和文明素养"，① 这需要对道德有正确的认识。什么是道德？关于"道"，有不同的用法：（1）道路。许慎《说文解字》："道，所行道也。"② （2）法则、规则。韩非《解老》："道者，万物之所然也，万理之所稽也。"③ （3）世界的本源。《老子》："有物混成，先天地生，可以为天下母。吾不知其名，字之曰'道'。"④ 虽然有不同的用法，但主要意思是一致的，即规律、道理之意。"德"是指人们内心的情感和信念，指人们坚持行为准则的道所形成的品质或境界。"道者，人之所共由；德者，人之所自得。"朱熹："德者，得其道于心而不失之谓也。"⑤ 东汉学者许慎在《说文解字》中写道："德，外得于人，内得于己也。"所谓"外得于人"就是"以善德施之他人，使众人得其益"。所谓"内得于己"，就是"以善念存诸心中，使身心互得其益"。可见，"道"是指规范，"德"则是对该种规范的认识、情感、意志信仰，以及在此基础上形成的稳定的和一贯的行为。

"道"是"德"的前提，没有"人所共由"的规范，就不可能有对规范的内心感悟；而"德"则是"道"的归宿，规范只有通过"内得于心"才能接受并发挥作用，即只有认识了道，内得于心，又外施于人，才能称为"有德之人"。而要把外部的规范转化成自觉要求的、体现在行动中的规范，需要包括社会舆论、内心信念、道德教育和自身修养等活动在内的长期努力。所以，道德包含三个方面的内容：道，规范；德，对规范有所得，表现为认识、情感、意志、信仰和习惯等；以及由"道"转化为"德"的途径与方法，即（道德）评价、教育、修养等。

通常把 ethics 译为伦理或伦理学，morality 译为道德。那么，ethics 和 morality 各是指什么呢？"ethics"一词，来自古希腊文"ethikos"，而"ethikos"源于"ethos"（风俗、习惯）一词。后来古罗马思想家西塞罗创造了一个词"moralis"（指国家生活的道德风俗和人们的道德个性），并用 moralis 来翻译 ethikos，morality 一词沿袭此义，从词源上来看，morality 与 ethics 的内涵是一致的。因此，有人把 ethics 当作 morality 的同义词，也就不足为

---

① 习近平. 高举中国特色社会主义伟大旗帜   为全面建设社会主义现代化国家而团结奋斗 [M]. 北京：人民出版社，2022.
② 汤可敬. 说文解字 [M]. 北京：中华书局，2018.
③ 韩非，高华平，王齐洲，等. 韩非子 [M]. 北京：中华书局，2015.
④ 汤漳平，王朝华. 老子旧版三全本 [M]. 北京：中华书局，2014.
⑤ 朱熹. 四书章句集注 [M]. 北京：中华书局，2011.

奇了。然而，在同一种语言中，如果含义完全相同，又何必存在两个词呢？ethics 与 morality 实际使用中存在多种区分，但下面的区分是比较多见的。

　　ethics 有两层含义，一是指指导人的行为的标准；二是指学科即伦理学。作为行为标准，ethics 与 morality 的区别是，ethics 是指规范性的行为标准，即在给定条件下所有理性人都会同意的行为标准；而 morality 是指描述性的行为标准，即一个社会或群体实际倡导的，或个人接受的行为标准。乔治（George）认为，morality 有三个方面的内涵：具有是非、善恶含义的行为；指导这些行为的标准；体现在这些行为之中并通过行为得以强化的价值观。维拉斯奎（Velasquez）把 morality 定义为个人或群体持有的行为标准。迪治和维拉斯奎对 morality 定义的相同之处是，都是描述性的"应当"，即实际倡导的或接受的行为标准，而不是规范性的"应当"，即伦理上应当倡导的或接受的行为标准。

　　作为学科，ethics 是指伦理学，morality 是 ethics 的研究对象。伦理学要评价相关行为，提出值得从事的行为和应该反对的行为；评价实践中指导与约束人的行为的标准，提出值得遵守的标准；评价现实中的价值观，提出值得倡导的价值观包括什么样的生活是值得过的，什么样的美德是值得拥有的。

　　概括起来说，"道德"与"伦理"这两个概念，一般并不做很严格的区分，它们经常可以互换使用，特别是作为"规范"讲时，更是如此，如"道德标准"与"伦理标准"，"道德规范"与"伦理规范"，"合乎道德"与"合乎伦理"，"讲道德"与"讲伦理"，都是同一个意思。但是，在日常用法中，"伦理"与"道德"还是有一些细微差别的，不论在中国还是外国，"伦理"和"道德"这两个概念在一定的词源含义上，可以视为同义异词，指的是社会道德现象。但它们又有所不同，道德较多的是指人们之间的实际道德关系，伦理则较多的是指有关这种关系的道理。"伦理""道德"的日常使用差异有这样的描述，在日常生活"伦理""道德"的使用中，会说某个人"有道德"，或者说是"有道德的人"但一般不会说这个人"有伦理"，"是有伦理的人"。在日常用法中，如果细细体会，会发现"道德"更多的或更有可能用于人，更含主观、主体、个人、个体意味；而"伦理"更具客观、客体、社会、团体的意味。

二、伦理与法律

党的二十大报告指出"法治社会是构筑法治国家的基础，全面依法治国是国家治理的一场深刻革命。必须更好发挥法治固根本、稳预期、利长远的保障作用。"① 法制和伦理都具有约束作用，但是其约束程度存在差异，道德与法律都是规范行为的标准，它们之间既有联系又有区别。这里所说的道德是社会道德，而不是群体（组织）道德和个人道德。另外，一些法律规定与道德无关，例如，中国法律规定，汽车靠右行，而英国法律规定，汽车靠左行，但绝大多数法律与道德有关，下面讨论的法律是指与道德有关的法律。

（一）道德与法律的区别

道德与法律是两种不同的行为规范，它们在产生条件、调整对象、调整范围、表现形式、调整机制等方面存在差异。

1. 道德与法律的产生条件不同

道德出于人们社会生活的日积月累、约定俗成，它的建立和改变不是通过行政命令或法定程序来制定或修改的，道德标准的有效性取决于它的合理性。法律是国家制定或认可的、以国家强制力为后盾的行为规范，法律的产生是以国家的形成为前提条件的。

2. 道德与法律调整的对象不同

道德既包括维系社会所必不可少的"最低限度的道德"，如不得伤害他人、不得用欺诈手段谋取利益、不得危害公共安全等，也包括有助于促进社会进步、人类幸福的原则，如仁爱、无私等。换句话说，道德既指出什么是恶的、不应该的，又指出什么是善的、应该的。道德除了对不道德同时也是违法的行为予以谴责外，对虽不违法但仍属不道德的行为也予以批评、谴责，而对道德的行为，尤其是高尚的行为则予以鼓励、褒奖，而法律虽然也

---

① 习近平. 高举中国特色社会主义伟大旗帜　为全面建设社会主义现代化国家而团结奋斗[M]. 北京：人民出版社，2022.

鼓励良善行为，但着重规范的是违法犯罪行为。

3. 道德与法律调整的范围不同

不论法律还是道德，其调整的范围既包括行为也包括行为人的内在活动，两者的区别在于道德不仅可以调整外在活动，还可以调整单纯的内在活动。而法律不能离开行为过问动机，单纯的思想而没有付诸行动不是法律调整的范围。

4. 道德与法律的表现形式不同

道德表现为一种抽象的规范与信念。法律虽然也有原则性的规定，如《中华人民共和国公司法》第五条规定："公司从事经营活动，必须遵守法律、行政法规，遵守社会公德、商业道德，诚实守信，接受政府和社会公众的监督，承担社会责任"，但作为以国家强制力为后盾的行为规范，法律通常包含明确、具体的规定。另外，法律作为一种国家评价，对于提倡什么、反对什么，有统一的标准，而一个社会虽然也会倡导某种道德，但不同群体和个人理解和接受的行为标准未必相同。

5. 道德与法律的调节机制不同

道德对行为的调节作用，主要是依靠道德评价来实现的。道德评价分为社会评价和自我评价两种形式，社会评价的主要形式是社会舆论，自我评价主要通过行为者本人的义务感、荣誉感、尊严感和良心等内心信念反映出来。社会舆论之所以对个人是一种强大的约束力，其原因是通过普遍存在于社会成员内心的一种特殊心理机制——荣辱心而起作用的。荣辱心根源于人的社会性，任何人都不能离开社会而生存，每个正常的人都需要人群，需要交往，需要他人的赞誉和尊重。因此，凡是有人群的地方任何人都会有这种精神需要，都要程度不同地受社会舆论的支配和制约。除了荣辱心外，良心和义务则是使社会舆论这种外部控制力量实现其作用的个人自我控制的道德心理机制。道德评价不需要得到官方批准，每个人都可以评价周围人的行为和自身的行为。违反道德的后果是行为者会受到社会舆论的谴责，以及行为者自身的自责、内疚、悔恨，违反法律则由相应的国家机关追究行为者的法律责任。

（二）道德与法律的联系

1. 道德与法律在内容上相互渗透

法律和道德都具有规范社会行为、调节社会关系、维护社会秩序的作用，国家制定的法律往往反映了社会的道德，有些道德原则如公平、诚实守信等，不仅仅是道德原则，同样也是我国法律确立的法律原则。在正常的社会里，法律与道德维护的价值基本相同，法律与道德的实现离不开民众的认同与社会的认可，任何社会的法律都必须顺应社会流行的道德观念的要求，否则它就难以发挥作用。因此，立法者在创制法律时，必须以道德的基本原则与基本精神为指导，努力反映道德的基本要求。在我国的法律中，法律鼓励、培养的行为，也是社会道德规范要求的行为；法律所禁止的行为，也是社会道德所反对的行为。

道德原则约束力的增强，是通过将它们转化为法律规则而实现的。道德是法律制定、修改、废止的依据。随着社会的进步和环境的变化，道德也会发生变化。法律需要顺应道德的发展要求而制定、修改和废止。

2. 道德与法律在作用上相互补充

《孟子·离娄上》曰："徒善不足以为政，徒法不足以自行。"[1] 道德与法律是两种重要的社会调控手段，两者是相辅相成、相互促进、相互推动的。

用立法手段推进一定的道德的普及以及通过刑法惩治不道德行为，以弘扬社会倡导的道德。法律的实施，本身就是一个惩恶扬善的过程，不但有助于人们法律意识的形成，而且有助于人们道德的培养。而道德可以引导人们尊重和信守法律，《论语·为政》说："道之以政，齐之以刑，民免而无耻；道之以德，齐之以礼，有耻且格。"[2] 意思是说，用法律来引导百姓，用刑法来约束他们，这样他们虽然能够避免犯罪，却不知道犯罪是可耻的；用道德来引导他们，用礼仪来规范他们，这样他们不但知廉耻，而且心甘情愿归服。

法律可以用来制止已经发生的违法和严重不道德行为，而道德可以用来

---

① 方勇. 孟子 [M]. 北京：中华书局，2015.
② 陈晓芬，徐儒宗. 论语大学中庸 三全本 [M]. 北京：中华书局，2015.

防范尚未发生的违法行为。道德与法律的关系，就像保健与治疗，平时注意保健就不容易得病，得了病在治疗的同时注意保健的话，病情好转就快，当然如果一个人已病入膏肓，保健和治疗都无能为力了。

相反，如果缺乏道德支持，法律的作用必然会被削弱，而没有法律的保证，道德的作用也一定会减小，这样就会进入一个恶性循环。当出现道德和法律不一致的情形，包括法律本该禁止但没有禁止，而道德反对的情形，以及法律本不该禁止而禁止了，而道德允许、鼓励的情形时，道德能对行为者的行为选择起到指导作用。

三、伦理学基本理论

（一）功利论

功利论起源于 18～19 世纪的社会和政治哲学，功利主义与部分产生现代资本主义市场经济的社会运动类似，很多新古典主义经济学以及企业和管理的模型都根植于功利主义。功利主义是源于考虑行动的结果来决策，功利主义告诉我们，应该选择对整体结果"更好"的方式来做事。"更好的"结果就是对人类有利的结果；幸福、健康、尊严、正直、自由和尊重所有的人。如果人类的基本价值观是个人的幸福，那么从伦理的角度来说，提高个人幸福的做法比其他任何做法都更为合理和正确。从伦理的角度来说，使更多的人感受到更多幸福的做法是最合理的决策。

功利主义强调为最多的人提供最好的商品，使功利主义成为一种社会哲学。这种社会哲学支持民主机构和民主政治，反对只为小群体和政治少数派提供利益。因此可以说，经济和经济机构都是功利的，因为它们的存在是为了给大众提供更高质量的生活，而不仅仅是为享有特权的人提供财富。

在判断童工的伦理问题时，功利主义的思想会促使考虑雇用童工可能产生的所有结果。很显然，雇用童工会产生很多问题：孩子们遭受身体和心理的伤害，他们因此被剥夺了受教育的机会，他们所获得的低工资并不能使他们脱离贫困的生活等。但是这些结果应该和不这样做的结果进行比较，如果拒绝为贫困地区的孩子们提供当童工的机会会出现什么结果呢？这些孩子们仍旧没有受教育的机会，他们会生活得更加贫困。在很多情况下，如果拒绝孩子们去工厂劳动，他们能得到钱的途径就很可能是去偷窃、抢劫甚至去贩卖毒品和卖淫，而且不仅应该考虑到对孩子们的影响，还应该考虑对整个社会产生的影响。童工的出现有益于外国投资和金钱流向贫困地区的国家，一些观察家认为，允许童工在工厂里做工并赚取一定的收入，对这些孩子来说是最好的结果。因此，一些人会基于功利主义而认为雇用童工符合伦理道德，因为它的结果比其他任何选择都好。

（二）道义论

基于结果而进行决策只是负责任的决策中的一部分，一些决策应该以原则为重，而不是以结果为重。换句话讲，结果并不能证明手段的正确性，但如何知道我们应该遵循什么原则？当原则比结果更加重要时，该如何决策？基于伦理原则，或者说"道义论"（deontology）会回答这些问题。

道义论和道义伦理背后的思想属于常识，伦理原则可以被看作规则，这种伦理的方法告诉我们应该和必须遵守哪些规则，即使这些规则最后并没有带来好的结果或者甚至会带来更坏的结果。规则或原则（如遵守法律和履行承诺）创造了能够约束行为的义务，例如，很多人都认为禁止使用童工是一个伦理规则，即使使用童工会给社会带来很好的经济结果。

法律是一种我们应该遵守的规则，即使它并不能给我们增加幸福感。我们有义务去纳税，尽管这笔钱如果用在孩子大学的学费上更有效。红灯亮时要停车，即使路口没有其他车辆经过，并且如果闯红灯我会更快到达目的地。我不应该偷邻居的东西，即使他不会因此损失什么并且我能从中获利。商业环境中的决策包括很多需要遵守的规则，即使结果并不受欢迎。其他规则来自我们进入的机构以及我们所承担的社会角色。教师应该仔细、认真地阅读学生的研究论文，即使他们并不知道这有什么区别，而且他们期末的成绩不会因此受到影响。作为一名教师和大学的教职工，要承担因这些角色而带来的义务，即使这些任务可能会增加我的工作量，但是我也不能放弃。作为体育比赛的裁判，有义务公平地执行比赛规则，即使这样做并不容易。类似的基于角色的义务包括作为朋友（不要在背地里说朋友的坏话）、家庭成员（在家要做家务）、学生（不能抄袭）、公民（投票）和好邻居（早晨8点之前不装修）。

（三）正义论

美国哲学家罗尔斯（Rawls）提出了一个最具有影响力的正义论，作为社会契约理论的当代版本，这个理论认为基本的伦理制度作为必要的、含蓄的契约来保证社会合作。罗尔斯的理论在政治、经济和法律中被证明具有很大的影响力，罗尔斯的理论包括两个主要成分：一种是决定正义原则的方法，这种方法应该用来管理社会；另一种是这个方法发展出的特殊原则。

这个方法本身是假设社会契约的一个版本，它是我们伦理决策的重要工具。设想一下充分理性并且具有利己主义的个体需要遵循的基本原则，为了确保原则的公平和公正，假设每个人都不了解他们生活的具体细节或特点：他们都不了解自身的能力和缺陷以及优势和劣势；他们也并不了解自己在现代社会结构中的位置如何。用罗尔斯的话说，他们在"无知之幕"（veil of ignorance）之后。当他们从"无知之幕"后走出来时，必须遵从在"无知之幕"掩盖时制定的规则。为了确保每个人没有被当作实现他人目的的手段，这些人必须全体对原则达成一致。这些最初的条件，罗尔斯称其为"原始位置"（original position），它保证所制定的原则是公平的，这是罗尔斯公平概念的最基本价值。

"原始位置"的概念，意味着要在"无知之幕"的遮盖下做出决策，这是罗尔斯理论的核心，它认为公平是一个公正决策和一个公正组织的最核心元素，我们应该按照这种方式进行决策，社会结构应该用这种方式组织，无论是谁，这种方式对于个体来说都可以接受。一个公平的决策就是一个无偏见的决策，罗尔斯认为，能达成结论的唯一方法，就是从"无知之幕"背后寻找原始的观点。

在这种决策过程中出现的公平的特殊原则，对于经济和企业机构的决策来说都是有价值的工具。罗尔斯从这个原始位置出发提出了两个基本的原则，第一个原则是每个人都有平等的权利来享受最大限度的自由。在原始位置时，个人将尽可能地自由，没有一个有理性且自私自利的人愿意牺牲自己的平等来为他人争取更多的自由。因此，第一个原则认为平等权利是社会公平的基本要素。从"无知之幕"出发的第二个原则认为社会的利益和负担应该被平等分配。只有社会中最底层群体会获利时，不平等分配才会被证明是合理的，否则只有每个人都有平等的机会去获利时分配才是合理的。因此，罗尔斯的公平原则对于企业和社会问题，如税收政策、平等权利行动、管理层薪资水平和政府监管来说都具有重要的意义。

（四）德性论

功利论和道义论的方法关注规则和原则，用它们来决定作为个人和公民究竟应该做什么。这些方法考虑了如何做和做什么的实际原因，伦理包含一个人究竟应该变成什么类型的人的问题。德性论属于哲学伦理，它对品德或人格特征进行了一系列完整、细致的描述，这些品德和人格特征是美好和充实的生活的重要组成部分。

德性论把问题的关键从一个人应该如何做，转移到这是个什么样的人。这种转变不仅需要一种对伦理的不同观点，还需要一种对于自己的不同观点。隐含在这里面的区别是，承认作为一个人是由想法、信仰、价值观和态度所决定的，一个人的品质——那些性情、关系、态度、价值观和信仰通常会成为"个性"（personality），不是区别人与人之间的独立特征。品质不像衣服一样随时可穿可脱，当然自我与个人最基本和持久的性情、态度、价值观和信仰是相同的。

这种强调个人的转变改变了对伦理的看法。一方面，伦理矛盾通常包括自利与伦理价值观的矛盾。如果需要我放弃很多钱，为什么我应该做具有伦理道德的事情呢？为什么一个执行官应该放弃上百万元的奖金呢？回答这些问题的唯一方法，看起来像是表明如何从自己的利益出发来做这些事，但有时未必。

另一方面，如果一个人的欲望适当，那么薪资的多少与伦理的关系就不太相关。如果我是那种对钱没有非分之想的人，那么大量奖金对于我就不会有诱惑力。对很多人来说，自我利益中的"自我"是一个关怀的、谦虚的、不矫揉造作的、利他的自我，对这些人来说，自我利益和利他主义之间就不存在矛盾。

我们为他人幸福去做事的程度取决于一系列因素，如欲望、信仰、性情和价值观；简而言之，它取决于我们究竟是什么类型的人。对于那些具有关怀心、同情心、慈悲心的人来说，自私和利己主义的挑战在决策中并不是主要的因素，德性论更加强调我们品质中情感的一面。

德性论承认我们的动机——兴趣、需要和欲望并不是每天早晨可以重新选择的事情，相反，人类会根据自身的品质来做事。对于成年人来说，这些品质特征根深蒂固地跟随我们，由于我们的品质对行为起到非常重要的作用，并且由于我们的品质能够被一些可控因素（有意识的个人决策、自我期望、我们生活、工作和学习的社会机构）所塑造，所以德性论有助于理解我们这些品质特征是如何形成的，并且哪些品质特征支持并决定一种有意义、有价值和令人满意的人生。

（五）权利论

权利分法律权利（legal rights）和道德权利（moral rights）两类。《中华人民共和国宪法》规定，公民有人身自由、人格尊严不受侵犯的权利等，这是法律权利。道德权利通常被认为是作为人，不管是哪个国家、哪个民族的人，应该有的权利，这一点与法律权利不同。

道德权利有两个方面：一是消极的权利或自由的权利（negative or liberty rights），如隐私权、生命不被剥夺权、处置私有财产权等。它们之所以称为消极的权利，是因为每一项权利都要求我们履行不干涉他人的义务。二是积极的或福利的权利（positive or welfare rights），包括受教育的权利、取得食物的权利、医疗服务的权利、住房的权利、工作的权利等。积极的权利要求我们主动地帮助他人拥有某种东西或帮助他做什么事。这些禁止或要求别人做某事的权利，允许个人自由地选择是否追求某种利益或从事某种活动，指明了个人被授权或必须有自由或必须被帮助追求某种利益或从事某种活动。

道德权利有三个特点：第一，道德权利与义务紧密联系。一个人的道德权利至少部分可以定义为他人对这个人承担的义务。如小孩有受教育的权利，家长有义务让小孩接受教育。如果我有道德权利做某件事，那么，其他人有道德义务不干涉我做这件事，如果我有道德权利让某人为我做什么，那么他就有道德义务为我做那件事。一个人的道德权利意味着其他人的道德义务，这种义务可以是不干涉的义务，也可以是采取积极行动的义务。相应的道德义务不一定针对某个人，有时是针对整个社会。例如，一个人有工作的权利，但不是说这个人所在的单位有道德义务给他提供工作岗位，而是说社会中所有成员，通过公共机构，有义务给工人提供工作岗位。

第二，道德权利赋予个人自主、平等地追求自身利益的权利。承认一个人的道德权利，就是承认在权利允许范围内，个体的意志不能强加给他人，而且他的利益并不从属于我的利益，也就是说，在一定范围内，我们是自主平等的关系。

第三，道德权利是证明一个人行为正当性及保护或帮助他人的基础。如果有道德权利做某件事，那么做那件事在道德上是正当的，他人干涉我做这件事是不正当的。相反，他人阻止任何不让我行使权利的人和事才是正当的，或者他人有义务帮助我行使我的权利。

权利论的道德原则是：当行为人有道德权利从事某一行为，或从事某一行为没有侵害他人的道德权利，或从事某一行为增进了他人的道德权利，则该行为是道德的。

（六）关怀论

一般的伦理学说都假设，伦理应该是不偏不倚的，在决定应该做什么时，对与个人有特殊关系的人，如亲属、朋友、同事、下属等，也应一视同仁。有些功利主义者主张，如果一个陌生人和你的父亲同时落水了，而你只能救其中一个的话，如果救那个陌生人比救你的父亲能产生更大的效用的话（可能那个陌生人是一个出色的外科医生，能救许多人的生命），那么你有道德责任救那个陌生人，而不救你父亲。许多学者指出，这样的观点是不合情理的，是错误的。在上述例子中，你与你父亲之间特殊的关怀、爱护关系决定了你对你父亲负有特殊的关怀义务，这种义务应超过对陌生人承担的义务。对与我们有密切关系，尤其是有依靠关系的人，承担特别的关怀的义务，是关怀伦理的关键。

关怀伦理强调了两个道德需求：（1）我们每个人都生活在关系之中，所以应该培育和维护我们与特定个人建立起来的具体的、可贵的关系。（2）我们每个人都应该对那些与我们有实实在在关系的人，尤其是那些易受伤害的、仰仗我们关怀的人，给予特殊的关怀，关心他们的需要、价值观、欲望和福利，对他们的需要、价值观、欲望和福利做出积极的反应。

关怀论所说的关怀是指对他人的关心、爱护，例如，母亲给予孩子的就是这样的一种关怀。关怀论的基础是什么？人对自我的认识是建立在自我与他人的关系基础之上的，离开了与其他人的关系，个人就不能存在。一个人出生时，需要父母抚养、照顾，成长过程中需要他人教育、关心，成熟以后需要有来自朋友、爱人的友情、爱情的滋润，一生中都离不开社会的语言、传统、文化和其他福利，正是在这些具体的与他人的关系中，才形成了我是谁的认识。所以，只要自我是有价值的，那么使得自我得以存在所必须的关系也一定是有价值的，也应该得到培育和维护的。

需要指出的是，并非所有的关系都有价值，都会产生关怀的义务，如果关系中的某一方试图控制、压迫或损害另一方，如果是一种仇恨、暴力、无礼、邪恶的关系，那么这种关系就没有价值，就不应该去培育和维护。那种能展示同情、关心、爱、友谊和忠诚等美德的关系才是有价值的，是我们有义务培育和维护的。

四、伦理决策过程

想象一下，你准备上课，你是第一个到达教室的学生。当坐下来时，你发现座椅下有一个苹果无线耳机，你把它捡起来并且打开它听了一下，发现音质非常好。环顾四周，你意识到教室里只有你一个人，并且没有人知道你捡到了这款苹果无线耳机。由于不可能马上做决定，并且眼看着好多同学都开始进入教室，你把苹果无线耳机放在了你的背包下面藏起来了，当开始上课时，你意识到你有整节课的时间来决定究竟该怎么做。

现在让我们换一个场景。你不是那个发现苹果无线耳机的同学，想象自己是发现苹果无线耳机同学的好友，现在就坐在他的旁边。当开始上课时，你的好朋友伸过头来，轻轻告诉你事情的经过，并向你咨询他究竟应该怎么做。

来考虑一下最基本的伦理决策过程，在苹果无线耳机案例中，你将做出什么决策？首先，你可能会想这个苹果无线耳机为何出现在桌子下。它是被遗失的吗？也许是某个人故意丢弃了这个苹果无线耳机。如果事实果真如此，你所做出的伦理决策会有不同吗？或者假如发现这个苹果无线耳机的同学亲眼看到这个苹果无线耳机是从另一个同学的背包中掉出来的。那么，你对这位拿了苹果无线耳机的同学的判断会发生变化吗？

做出伦理性责任决策的第一步是确定事实。努力了解事实真相，区分观点和事实是最重要的事情，由于每个人的经历不同，所以每个人对事物的感知也会不同，这种差异能解释出现伦理分歧的原因，知道事实和回顾事情的状况能够帮助我们在很早阶段解决分歧。让我们再来思考一下苹果无线耳机案例。在做出决策之前，我们需要知道哪些事实？假设你已经有了一个苹果无线耳机，这会有什么不同吗？假设你知道前一堂课谁坐在这个座位上，设想一下，实际上，这个苹果无线耳机所处的位置非常不显眼并且你已经看到它好几天了。假设这个苹果无线耳机已经坏了，你不是在教室的座位下面发现它，而是在垃圾箱里发现它。如果上述的事实变化之后，你的决策会发生哪些变化？你能够想象伦理分歧转化为事实变化而造成的分歧吗？

鉴于确定事实的重要性，在任何种类的伦理学中科学都起到了很大的作用。对事实仔细考察后做出的伦理决策比忽略事实真相做出的伦理决策更加合理和可靠，一个对事实进行深思熟虑的人的行为比不考虑任何事实的人更加具有伦理责任感，社会科学可以帮助我们来确定进行伦理决策需要了解的事实真相。

做出负责任的伦理决策的第二步需要准确识别伦理问题的能力。没有准确识别一些决策中的伦理部分，很容易误入歧途，做负责任的伦理决策的第二步就是准确识别伦理问题。在苹果无线耳机的案例中，想象一下这位同学宣称自己仅仅发现了苹果无线耳机并且保留了它。他否认这是一个关于伦理的问题，因为毕竟他并没有偷苹果无线耳机。那么，偷窃和发现一个被遗失的物品的区别在哪里？同样地，在商业环境中，对于一个人来说是一个伦理问题，也许对其他人来说就是一项简单的财务决策。一个人如何确定一个问题上升为伦理问题？什么时候一项商务决策变成为一项伦理决策？

首先，我们必须意识到，"商业"或"经济"决策和伦理决策之间并不互相排斥。仅仅因为一项决策具有经济背景并不意味着它不包括伦理问题。对伦理问题保持敏感对于具有伦理责任感的人来说是非常重要的特点。除了敏感性之外，还需要明确我们的决策会对相关人员有什么影响。伦理决策会影响相关人们的福祉——幸福、健康、尊严、正直、自由，这是决策的伦理意义。

在商业背景下，很容易忽略财务决策问题中的伦理性。有些学者称这种无法识别伦理问题的能力为标准化近视（normative myopia），或者对价值观的短视，标准化近视不仅出现在商业环境中。

伦理决策的第三步需要确定和考虑决策所能影响到的所有人，这些人通常被称为"利益相关者"。从总体上考虑，"利益相关者"包括受到决策、政策和公司或个人运作影响的所有组织或个人。除了常规之外，从各种角度而不是从单一个人的角度来考虑问题，能够确保决策更加合理和负责。相反，从个人单一的观点进行思考和推理会使我们对事物的理解不够全面和深刻，同时从个人角度来进行决策就无法对他人的观点进行恰当的考虑。

角色转换对考虑决策对他人的影响是一个很好的方法。不是站在发现苹果无线耳机同学的角度，而是站在丢失苹果无线耳机的同学的角度来考虑，你将怎样看待这个案例？这个角色转换会不会影响你的思考？如果你是捡到苹果无线耳机的同学的好友，你将给他提什么建议？在哲学伦理的历史上，很长一段时间都认为一项决策是否具有伦理性的重要判断标准，是这项决策是否被所有相关人员所接受。假如无论你代表哪一方的观点，都能接受这项决策，那么这项决策就是公平、公正和具有伦理性的。如果你承认，当你是丢失这款苹果无线耳机的同学时，你不认为私自保留这款苹果无线耳机是合理的，那么，私自保留这款苹果无线耳机的决策就不是公平和具有伦理性的。

意识到许多决策关乎很多人的利益，能够帮助我们了解伦理决策所遇到的主要挑战。伦理决策经常会面对两难的境地，每一种选择都会给一些人带来损失而给另一些人带来好处。

一旦我们确定了事实，辨认出里面的伦理问题，并且确定了利益相关者之后，下一步就是考虑可能的选择。在确定选择时的创造性也被称为"道德想象力"（moral imagination），这种道德想象力是区别做出伦理决策的好人和未做伦理决策的好人的一个元素。道德想象力不但对明显的两难选择很重要，而且对于乍一看不是很明显的选择也很重要。

我们再来思考一下丢失苹果无线耳机的案例。可能有人想把它留下来是因为他认为找到失主的机会很渺茫，而且如果他不拿这款苹果无线耳机，迟早会被其他人拿走。另一个人也许会有其他想法，例如，他可能会在下节课时早一点来教室看看是谁坐在这个位置，或者他可能会找到前一节课的老师，并且拜托老师帮助他来找到失主。道德想象力也许会简单到把苹果无线耳机送去失物招领处。如果学生跨出一步来归还失物而并非私自藏匿，那么学校的风气应该会有很大的改观。

伦理决策过程的下一步是比较和衡量每一种选择——在脑海中为每一个选择对每一个利益相关者的影响制作一个表格。站在他人的角度看待问题能帮助我们更好地完成这一步，在他人的角度充分理解这个问题，对做出有责任感的伦理决策有重要作用。权衡每一项选择以及考虑对每一个利益相关者将会出现的各种可能的结果。这项评估最重要的一点是尽量减轻任何可能带来的损失，或者增加任何可能带来的利益。

伦理学家经常问决策者这样一个问题：如果报纸或网络媒体把你的决策刊登在头版头条，你是否会觉得骄傲，或者是羞愧？或者决策者是否能把他的决策讲述给一个10岁的儿童，从而使这个小孩觉得这是一项正确的决策？或者这项决策能否经得住时间的考验？在苹果无线耳机案例的描述中，这位同学曾环顾四周看是否有人发现他这一举动。如果有其他人看到他捡起了苹果无线耳机，他的行为会发生改变吗？这项练习的关键是，意识到一个完全负责任的决策应该是对所有的利益相关者都可以解释清楚，并且让所有人都觉得这是可以接受的和公平的，通常不负责任的决策都被隐藏。

但是结果和正当理由都不是比较每种选择的唯一方式。一些选择可能超越结果而更关注原则、权利和责任。在企业内部，个人的责任通常与职位有关。一个大型零售商店的采购经理有避免与供应商发生冲突的责任，责任与公司制度、职业道德、企业角色或者法律责任有关吗？

另一个比较和权衡选择的因素是我们需要考虑决策者的诚信和性格特征。一个人的性格特征和价值观在决策过程中起到很大的作用。一个有责任心的人会问，决策者是一个什么类型的人？什么样的企业文化是我倡导和支持的？我如何评价决策者的行为？这是一个我愿意在公开场合辩解的决策吗？这些问题直击企业伦理领导者的内心。一个诚实的人可能根本没有想过自己会保留那款苹果无线耳机，这种行为根本不是诚实的人的选择之一。

在考虑了以上所有步骤之后，接下来就是做决策的时刻了。然而，这个过程并不是完整的，为了使我们的决策更负有责任，慎重考虑整个过程，或者当决策定下来之后说，终于不归我们管了！这样是不够的，相反，应该在经验中学习。这种能力激发了评估所做出决策的影响和意义，从结果中监督和学习，并且当未来再遇到类似情形时据此指导行为。

第二节　数据处理中的伦理

简单来说，伦理是建立在是非观念上的行为准则，伦理准则通常侧重于公平、尊重、责任、诚信、质量、可靠性、透明度和信任等方面。数据处理伦理是指如何以符合伦理准则的方式获取、存储、管理、使用和销毁数据，基于伦理准则去处理数据对于任何希望从数据中持续获得价值的组织都是必要的。违反数据处理伦理准则会导致组织声誉的损失及失去客户，因为它会使那些数据被泄露的人面临风险，在某些情况下，那些违反伦理的行为甚至触犯法律。因此，对于数据管理专业人员及其工作的组织来说，数据伦理是一项社会责任问题。

数据处理伦理问题较为复杂，不过主要集中在三个核心概念上：（1）对人的影响。由于数据代表个人的特征，可被用于各类决策，从而影响人们的生活，因此必须保证其质量和可靠性。（2）滥用的可能。滥用数据会对人和组织造成负面影响，所以需要有伦理准则来防止数据被滥用。（3）数据的经济价值。数据存在经济价值，需要规定数据所有权，即谁可以去使用数据及如何使用数据。

组织保护数据的动机很大程度上来自法律法规的要求，然而由于数据代表了人（客户、员工、患者、供应商等），数据管理专业人员应认识到，保护数据并且确保其不被滥用除了法律约束以外还有伦理因素。即使不直接代表个人的数据也可能会用于做出影响人们生活的决策。伦理准则不仅要保护数据，还要管理数据的质量，决策者及受决策影响者都希望数据完整、准确。从业务和技术角度来看，数据管理专业人员都要有管理数据的伦理责任，以降低数据可能被歪曲、滥用或误解的风险，这种责任贯穿从数据的创建到消亡的整个数据生命周期。

不幸的是，许多组织未能认识到数据管理伴随的伦理义务并对其做出响应。他们依然采用传统的技术观念和方式，并且声称不去理解这些数据；或者他们认为只要遵守法律相关规定，就不会有数据处理相关的风险，这是一个危险的假设。数据生态正在迅速发展，组织现在使用数据的方式，在几年前甚至他们自己都想象不到。虽然法律规定了一些伦理准则，但立法跟不上数据生态变化所带来的风险。组织必须认识并响应其伦理义务，通过培训和持续深化信息处理伦理价值观来保护托付给他们管理的数据。数据处理伦理语境关系如图 7 - 1 所示。

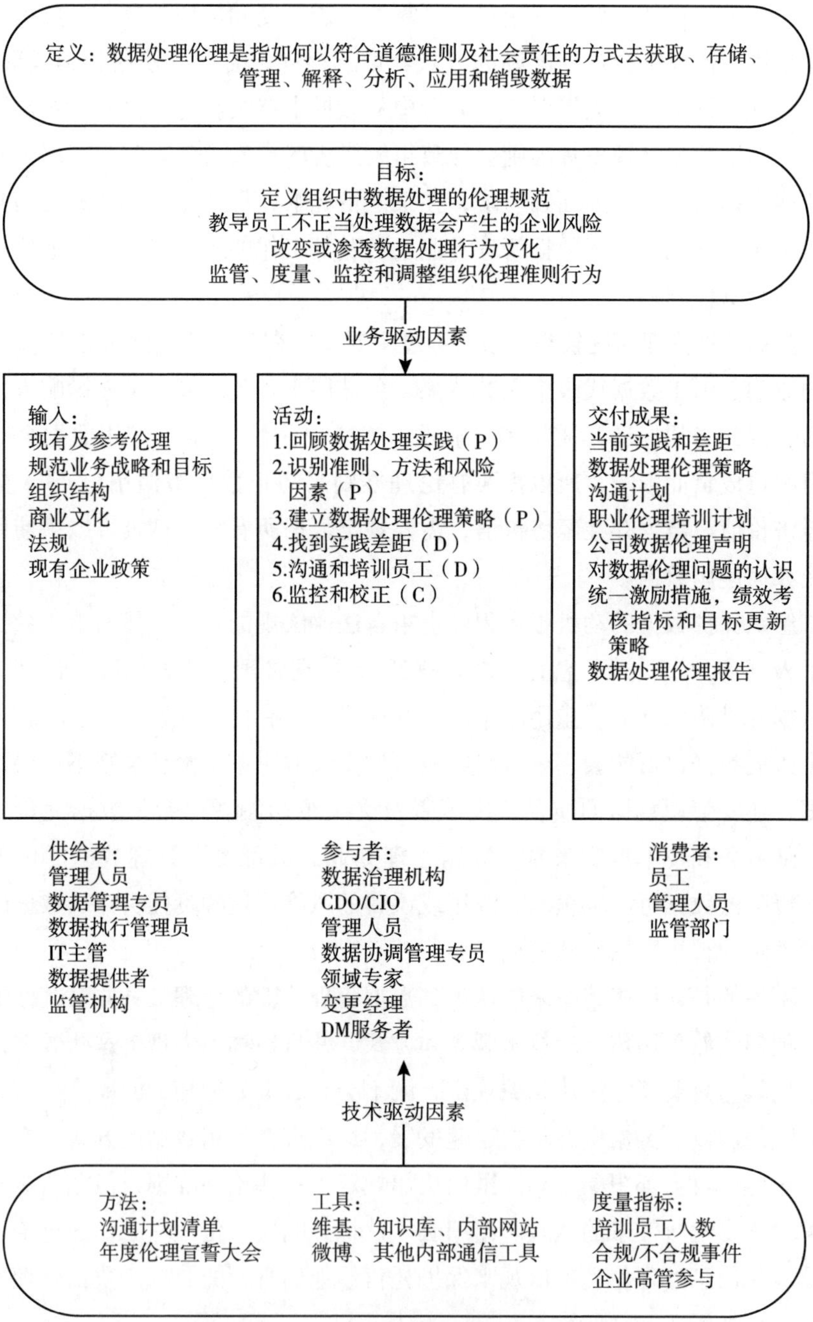

定义：数据处理伦理是指如何以符合道德准则及社会责任的方式去获取、存储、管理、解释、分析、应用和销毁数据

目标：
定义组织中数据处理的伦理规范
教导员工不正当处理数据会产生的企业风险
改变或渗透数据处理行为文化
监管、度量、监控和调整组织伦理准则行为

业务驱动因素

输入：
现有及参考伦理
规范业务战略和目标
组织结构
商业文化
法规
现有企业政策

活动：
1.回顾数据处理实践（P）
2.识别准则、方法和风险
　因素（P）
3.建立数据处理伦理策略（P）
4.找到实践差距（D）
5.沟通和培训员工（D）
6.监控和校正（C）

交付成果：
当前实践和差距
数据处理伦理策略
沟通计划
职业伦理培训计划
公司数据伦理声明
对数据伦理问题的认识
统一激励措施，绩效考
　核指标和目标更新
　策略
数据处理伦理报告

供给者：
管理人员
数据管理专员
数据执行管理员
IT主管
数据提供者
监管机构

参与者：
数据治理机构
CDO/CIO
管理人员
数据协调管理专员
领域专家
变更经理
DM服务者

消费者：
员工
管理人员
监管部门

技术驱动因素

方法：
沟通计划清单
年度伦理宣誓大会

工具：
维基、知识库、内部网站
微博、其他内部通信工具

度量指标：
培训员工人数
合规/不合规事件
企业高管参与

图 7 –1　数据处理伦理语境关系

资料来源：DAMA International. DAMA 数据管理知识体系指南［M］. 2 版. 北京：机械工业出版社，2020.

一、数据伦理准则

生物伦理学以维护人类尊严为中心的公认原则为数据伦理准则提供了一个良好的起点，例如，贝尔蒙特医学研究原则也适用于信息管理学科（US－HSS，1979）。

（1）尊重他人。

这个准则反映了对待人类最基本的伦理要求，即尊重个人尊严和自主权。准则还要求，人们在处于"弱势群体"的情况下，应格外注意保护他们的尊严和权利。当把数据作为资产时，内心一定要铭记数据也会影响、代表或触动人。个人数据不同于其他原始"资产"，如石油或煤，不道德地使用个人数据会直接影响人们之间的相互交往、就业机会和社会地位。是否考虑过设计信息系统时是采用强制模式还是用户自由选择的模式？是否考虑过处理数据对精神患者或残疾人有何影响？是否考虑过应对访问和利用数据负责？是否考虑过应基于用户知情及授权情况下处理数据？

（2）行善原则。

这条准则有两个要素：第一，不伤害；第二，将利益最大化、伤害最小化。"不伤害"伦理准则在医学伦理学中有着悠久的历史，在数据和信息管理的背景下也有明确的应用。伦理的数据和信息从业者应识别利益相关方，并考虑数据处理和工作的结果，以最大限度地提高效益并最大限度地降低设计过程造成的伤害风险。处理过程的设计方式是基于零和博弈，还是双赢的理念？数据处理是否具有不必要的侵入性，是否存在风险较低的方式来满足业务需求？有问题的数据处理是否缺乏透明度，可能会隐藏对人们造成的伤害？

（3）公正。

这一准则认为待人应公平和公正。关于这一准则可能会被提到几个问题：在相似情形下，人们或某一群体是否受到不平等对待？流程或算法结果是否给部分人带来了利益或分配不均的情况？机器学习训练所用的数据集是否使用了无意中加强文化偏见的数据？

美国国土安全机构将贝尔蒙特准则用于信息和通信技术研究，其中增加了第四个准则：尊重法律和公众利益（US－DHS，2012）。2015年，欧盟数据保护主管发表了一篇关于数字伦理方面的文章，强调关于数据处理和大数据发展的工程、哲学、法律和伦理含义，呼吁关注维护人类尊严的数据处理，并明确提出了信息生态系统中数据处理伦理所必须遵循的四大支柱（EDPS，2015），即：

（1）面向未来的数据处理条例、尊重隐私权和数据保护权利。

（2）确定个人信息处理的责任人。

（3）数据处理、产品及服务、设计及工程过程中的隐私意识。

（4）增加个人的自主权。

这些准则大致符合贝尔蒙报告中提出的准则，旨在提升人类尊严和自主权。EDPS 指出隐私权是人类权利的基础。要求数据环境中的创新者将尊严、隐私和自主权视作可持续发展的机遇，而不是发展的阻碍，并呼吁与利益相关方保持透明和沟通。数据治理是一个重要的工具，可以确保谁可以使用哪些数据、什么是处理数据的合适方式等情况，为进行决策提供了参考准则。从业者必须考虑数据处理对所有利益相关方带来的伦理影响和风险，并且使用与数据质量管理类似的方式进行管理。

二、数据处理伦理驱动因素

正如戴明关于质量的定义，伦理意味着在没有人注意的情况下正确做事（doing it right when no one is looking）。按照符合伦理准则的方式使用数据越来越被认为是一种商业竞争优势（Hasselbalch & Tranberg，2016）。遵循数据处理伦理可以提高组织本身及其数据和处理结果的可信度，建立组织与其利益相关方之间更好的关系。创建一种伦理文化需要引入适当的治理活动，包括建立控制机制，以确保数据处理的预期结果和最终结果都符合伦理要求，不违背托管人的信任或侵犯人类的尊严。

数据处理不会在真空中发生，客户和利益相关方期望其业务及数据流程合乎伦理行为和结果。组织构建数据处理伦理准则的主要原因是为了降低所负责的数据被员工、客户、合作伙伴滥用的风险，保护数据不受犯罪分子侵犯也是一项伦理责任，即保护数据不受黑客攻击和潜在的数据泄露。不同的数据所有权模型影响着数据处理的伦理规范要求。例如，技术提高了组织之间共享数据的能力，这种能力意味着组织有责任在使用共享给他们的数据时进行伦理决策。

首席数据官（CDO）、首席风险官（CRO）、首席隐私官（chief privacy officer，CPO）、首席分析官（chief analytics officer，CAO）等新兴角色专注于通过建立可接受的数据处理实践来控制风险，但伦理责任不仅限于担任这些角色的人。按伦理准则进行数据处理需要全组织广泛认识到滥用数据带来的风险，并且用具有保护个人及尊重数据所有权的行为准则作为组织认同的基础。

三、数据隐私法背后的原则

公共政策和法律中试图根据在伦理准则基础上把各种是非法典化，但法律法规无法细化每一种情况。例如，欧盟、加拿大和美国在隐私法的编制中使用了不同的数据伦理方法，这些伦理准则也可以为组织制度提供框架。隐私法并不新鲜。隐私和信息隐私概念与尊重人类权利的伦理要求紧密相关。1890 年，美国法律学者塞缪尔·沃伦（Samuel Warren）和路易斯·布兰迪斯（Louis Brandeis）将隐私和信息隐私描述为需要普遍保护的人权，这是构成美国宪法中几项权力的基础。在 1973 年，美国提出了公平信息实践的准则，并在 1974 年《美国隐私法》中重申了信息隐私作为一项基本权利的概念，规定隐私权利是受美国宪法保护的基本人权。

在第二次世界大战期间发生侵犯人权事件后，《欧洲人权公约》（the European convention of human rights，1950）确立了一般隐私权和特定的信息隐私权（或保护个人数据的权利）作为人权，这是维护人类尊严权利的基础权利。在 1980 年，经济合作与发展组织（organization for economic co-operation and development，OECD，以下简称经合组织）制定了公平信息处理指引和准则，成为欧盟数据保护法律的基础。

经合组织的 8 项核心原则，即公平信息处理标准，旨在确保以尊重个人隐私权的方式处理个人数据。具体包括：数据采集的限制、对数据高质量的期望、为特定目的进行采集数据、对数据使用的限制、安全保障、对开放性和透明度的期望、个人挑战与自己有关数据的准确性以及组织遵守准则的责任。此后，经合组织的准则被欧盟通用数据保护条例依据的准则所取代（GDPR，2016），如表 7-1 所示。

表 7 - 1   GDPR 准则

GDPR 准则	描述
公平、合法、透明	数据主题中的个人数据应以合法、公平和透明的方式进行处理
目的限制	必须按照指定、明确、合法的目标去采集个人数据,并且不得将数据用于采集目标之外的方面
数据最小化	采集的个人数据必须足够相关,并且仅限于与处理目的相关的必要信息
准确性	个人数据必须准确,有必要保持最新的数据。必须采取一切合理步骤,确保在完成个人数据处理后能及时删除或更正不准确的个人数据
存储限制	数据必须以可以识别的数据主体(个人)的形式保存。保存时间不得超过处理个人数据所需的时间
诚信和保密	必须确保个人数据得到安全妥善的处理,包括使用适当技术和组织方法防止数据被擅自或非法处理,防止意外丢失,被破坏或摧毁等
问责制度	控制数据的人员应负责并能够证明其符合上述这些原则

资料来源:DAMA International. DAMA 数据管理知识体系指南 [M]. 2 版. 北京:机械工业出版社,2020.

这些原则支持和平衡了个人对其数据的某些合法权利,包括访问权限、纠正不准确数据、可移植性、反对有可能造成损伤和窘迫的数据处理行为以及删除数据的权利。处理个人数据时需征求其同意,该同意必须是自由给予、具体、知情和明确的肯定行为,GDPR 通过有效的治理和文档,在设计上实现和证明了合规性隐私授权。

加拿大隐私法将隐私保护制度与行业自律全面结合。《个人信息保护及电子文件法》(*personal information protection and electronic documents act*,PI-PEDA)适用于在商业活动过程中收集、使用和传播个人信息的所有组织。它规定每个组织在使用消费者个人信息时需要遵循和允许例外的规则。表 7 - 2 描述了基于 PIPEDA 的法定义务,在加拿大的联邦隐私专员全权负责处理针对组织的隐私投诉。但是,他们只是担任监察员的角色,他们的决定只是建议,不具备法律约束力并且没有先例,即使是在委员会内部。

表 7 – 2	基于 PIPEDA 的法定义务
准则	描述
问责制度	组织有责任对其控制下的个人信息负责,并设立专职人员去保证组织遵守这些准则
目的明确	组织在收集个人信息之时或之前必须明确采集的目的
授权	组织在采集、使用或披露个人信息时需征求当事人的知情和同意,但不适用的情况除外
收集、使用、披露和留存限制	个人信息必须限定于为该组织确定的目标所必需的采集。信息采集应当采取公平、合法的方式。除经个人同意或法律要求外,不得将个人信息用于采集个人信息目的以外的其他用途或披露个人信息,个人信息仅在为实现这些目的所需的时间内保留
准确性	个人信息必须准确、完整、最新,以达到使用目标
保障措施	采集的个人信息必须受到与信息敏感程度相匹配的安全保障措施的保护
透明度	组织必须向个人提供有关其个人信息的信息管理制度和实践相关的具体信息
个人访问	个人应被告知其个人信息的存在、使用和披露情况,并有权访问这些信息。个人应当能够对信息的准确性和完整性提出疑问,并酌情予以修正
合规挑战	个人应能够针对以上原则的遵从性,向负责组织或个人发起合规性质疑

资料来源:DAMA International. DAMA 数据管理知识体系指南 [M].2 版. 北京:机械工业出版社,2020.

2012 年 3 月,美国联邦贸易委员会(federal trade commission,FTC)发布了一份报告,建议组织按照报告描述的最佳实践去设计和实施自己的隐私计划,报告中重申了 FTC 对公平信息处理原则的重视,其标准如表 7 – 3 所示。

表 7 – 3	美国联邦贸易委员会隐私方案标准
准则	描述
发布/告知	数据采集者在采集消费者个人信息之前,必须披露对这些信息的用途和过程
选择/许可	个人信息是否采集或如何采集,以及会被用于超出采集目标之外的情况,都必须征求被采集者的意见
访问/参与	消费者可以查询,并且质疑其个人数据的准确性和完整性

续表

准则	描述
诚信/安全	数据采集者需要采取合理的步骤，以确保从消费者采集的信息是准确的，并且防止未经授权使用
执行/纠正	使用可靠机制对不遵守这些公平信息实践的行为实施制裁

资料来源：DAMA International. DAMA 数据管理知识体系指南 ［M］. 2 版 . 北京：机械工业出版社，2020.

制定这些准则是为了体现 OECD 公平信息处理指南中的概念，包括强调数据最小化（合理的采集限制）、存储限制（声音保留）、准确性及公司对于消费者数据提供合理的安全性要求。公平信息实践其他重点包括：（1）简化消费者选择，减轻消费者负担。（2）在信息生命周期中建议始终保持全面的数据管理程序。（3）为消费者提供不要跟踪选项（do not track option）。（4）要求明确肯定的同意。（5）关注大型平台提供商的数据采集能力、透明度以及明确的隐私声明和制度。（6）个人对数据的访问。（7）提高消费者对个人隐私保护的意识。（8）设计时考虑隐私保护。

欧盟立法标准制定后，增强对个人隐私保护的立法，已成为全球趋势，世界各地法律对于跨国界的流动有不同类型的限制，即使在跨国公司内部，在全球范围内共享数据都受到法律限制。因此，重要的是组织制定制度和指导方针，使员工能够遵守相关法律要求，并在组织的风险偏好范围内使用数据。

四、违背伦理进行数据处理的风险

数据伦理涉及的因素包括：（1）数据所有权。与社交媒体网站和数据代理相关的个人数据控制权。个人数据的下游聚合器可以将数据嵌入个人不知道的深度配置文件中。（2）被遗忘的权利。从网上删除个人信息，特别是调整互联网上的个人声誉。该主题一般是数据保留实践的一部分。（3）身份。拥有得到一个身份和一个准确的身份，或者选择匿名的权利。（4）在线言论自由。表达自己的观点，而非恃强凌弱、恐怖煽动、"挑衅"或侮辱他人。

大部分与数据打交道的人都知道，利用数据歪曲事实是有可能的。哈夫（Darrell Huff，1954）的经典之作《统计数字会撒谎》描述了数据可以被歪曲的事实，同时创造一个事实的虚假表象，方法包括主观的数据选择、范围的操控、部分数据点遗漏，这些方法直到今天还在使用。

理解数据处理伦理含义的一个方式是去检查大部分人认同的违背伦理的行为，符合伦理的数据需要积极通过伦理实践去处理，如可信度。确保数据可信度包括对数据质量维度的度量（如准确性和时效性），还有基本级别的可信度和透明度——不使用数据欺骗或误导，以及对组织数据处理背后意图、用途和来源保持透明。

（一）时机选择

有可能通过遗漏或根据时间将某些数据点包含在报告或活动中而撒谎。通过"日终"股票交易操纵股票市场，可以在收盘时人为地拉升股票价格，从而对股票的价值给出一个不合理的价格。这种情况被称为市场择时（market timing），这是非法的行为。商业情报人员可能是第一个注意到这些异常状况的人，实际上他们现在被视为股票交易中心的重要参与者，进行重塑交易模式、寻找类似错误、分析报告、审查及监测规则和警报等工作。道德的商业情报人员需要提醒相应的治理及管理职能部门注意这些异常情况。

（二）可视化误导

图表和图形可用于以误导性方式去呈现数据，例如，修改比例尺可以使趋势线看起来更好或者更糟。撇开数据不谈，比较两个事实并且不澄清他们的关系或者忽视公认的视觉惯例，也可以诱骗人们以数据本身不支持的方式去解释可视化效果。

（三）定义不清晰或无效的比较

据美国一家新闻媒体报道，依据 2011 年人口普查局数据，在美国的 1.086 亿人靠福利生活，而只有 1.017 亿人有全职工作，似乎总人口中有较多人在靠福利生活。① 媒体解释了这些差异，这 1.086 亿人关于"福利人口"

---

① 　The Heritage Foundation. America's entitlement programs：The coming welfare crisis［R］. 2012.

数字来自人口普查数据。在展示信息时，符合伦理的做法是交代清楚事情的背景及其意义。如人口普查时，清晰、明确地说清楚普查人口的定义，以及会有什么福利和好处，如果省略了相关的背景信息，呈现出来的表面现象可能就是数据不支持所需的信息。不管这种效果是由于故意欺骗还是由于能力不足所致，这样使用数据都是不道德的。

从数据伦理的角度来看，不滥用统计数据也是非常必要的。在一段时间内，对数字进行统计平滑处理完全可以改变人们对数字的看法，"数据挖掘和探测"是一个最近新造的术语，指的是数据挖掘统计调查中的一种现象，即在数据集合上执行详尽的相关性分析，本质上该数据集合是一个经过训练的统计模型。由于存在"显著统计性"现象，因此有理由期望一些具有显著统计性的结果，但实际上是一个随机结果，未经训练的人会被这个结果误导，这种现象在金融和医疗领域很常见（Jensen，2000）。

（四）偏见

偏见是指一种有倾向性的观点，在个人层面上，这个词与不合理的判断或歧视有关，在统计学中，偏见是指偏离期望值，这种情况通常是通过抽样或数据选择的系统错误引入的。偏见可能在数据生命周期的不同时间点存在：在数据被采集或创建时，当它被选中用于分析时，甚至分析数据的方法以及分析结果的呈现方式都可能存在偏见。

正义的伦理原则有助于创造一种积极的责任感，即主动意识到数据采集、处理、分析或解释可能存在的偏差。这一点尤为重要，因为大规模数据处理可能对受到歧视或不公平待遇的人群产生特别大的影响。在不解决可能引入偏见的情况下使用数据，特别是在降低过程透明度的同时加上偏见，这会使结果在不中立的情况下披上了公正或中立的外衣。偏差有以下四种类型。

（1）预设结论的数据采集。分析师迫于压力采集数据并产生结果，来支持一个预先定义的结论，而不是为了得出一个客观的结论。

（2）预感和搜索。分析师有一种预感，且想要满足这种预感，故只使用能证实这种直觉的数据，并且不想考虑从数据中能得出的其他可能性，如果某些数据不能证实该方法，它可能会被丢弃。

（3）片面抽样方法。抽样往往是数据采集的一个常用方法。但是，选择样本集的方法可受到偏见的影响。对于人类来说，没有某种偏见，几乎是不可能的，为了限制偏见，可使用统计工具选择样本并建立适当大小的样本。意识到用于训练目的的样本数据可能存在偏见尤其重要。

（4）背景和文化。偏见通常是基于文化或背景，因此要中立地看待事物，就必须走出这种文化或背景。

偏见的问题源于许多因素，例如，有问题的数据处理类型、涉及的利益相关方、数据集如何填充、正在实现的业务需要以及流程的预期结果。然而消除所有偏见并不总是可行的，甚至是不可取的。业务分析师在构建许多场景时，对低价值客户有业务偏见是基本常识，它们会被从样本中剔除或者在分析时忽略。在这种情况下，分析师应该记录他们用来定义研究的人口标准。相比之下，采用预测算法确定"犯罪风险"的个人或预测警务资源发送给特定的社区，会有更高违反正义和公平原则的风险，因此应该有更有效的预防措施，以确保算法的透明性和问责性，并在数据集上对抗偏见，纠正预测算法。

（五）转换和集成数据

数据集成过程也有伦理上的挑战，因为数据在从系统到系统的交互过程中发生了变化。如果数据未经治理，就会出现不符合伦理要求的处理方式，甚至存在非法数据的风险。这些伦理风险与数据管理中的一些基本问题交织在一起，包括：

（1）对数据来源和血缘的了解有限。如果一个组织不知道数据来自哪里，以及它在系统之间移动时如何变化，那么该组织就无法证明数据代表他们所声称的内容。

（2）质量差的数据。组织应该有明确的、可衡量的数据质量标准，并应该测量数据以确认它符合质量标准。如果没有这种确认，一个组织不能保证数据和数据的消费者在使用数据时可能会面临风险或者使其他人处于危险之中。

（3）不可靠的元数据。数据使用者依赖可靠的元数据，包括对单个数据元素的一致定义数据来源的文档以及参考的文档。如果没有可靠的元数据，那么数据可能会被误解和滥用。数据可能在组织之间移动，特别是在可能跨部门输入或输出的情况下，元数据应该包括标明其来源的标签、谁拥有它、它需要怎样特定的保护等信息。

（4）没有数据修订历史的文档。组织也应该保留与数据更改方式相关的可审计信息，即使数据修订的意图是提高数据的质量，但这种做法可能是非法的，数据补救应该始终遵循一个正式的、可审计的变更控制过程。

（六）数据的混淆和修订

混淆和修订数据是进行信息脱敏或信息不公开的常用方法，但是如果下游的活动（分析或与其他数据集相结合）需要公开数据，那么仅仅混淆就不足以保护数据。这种风险存在于以下活动中：

（1）数据聚合（data aggregation）。跨越多个维度进行聚合数据并删除标识数据时，这组数据仍然可以用于其他分析服务，而不必担心泄露个人识别信息，按地理区域聚合是一种常见的做法。

（2）数据标记（data marking）。数据标记用于对敏感数据（秘密、机密、个人等）进行分类，并将其控制发布到合适的社区，如公众或供应商，甚至来自某些国家或其他社区的供应商。

（3）数据脱敏（data masking）。数据脱敏是一种只有提交适当数据才能解锁过程的实践，操作人员无法看到原本的数据是什么，只是简单地输入密钥，如果这些操作是正确的，就允许进一步的活动，使用数据脱敏的业务流程包括外包呼叫中心或只能访问部分信息的子承包商。

党的二十大报告提出，"要以科学的态度对待科学、以真理的精神追求真理"，[①] 在数据科学分析中，使用非常大的数据集引起了对匿名有效性的实际而非理论上的关注。在大型数据集中，即使输入数据集是匿名的，也可以通过某种方式重新组合数据，使个人能够被特定地识别出来。当数据到达数据湖中时，要考虑的是对其进行敏感数据分析，并采用公认的保护方法。然而，单靠这些措施可能无法提供足够的保障，这就是为什么组织必须有强有力的治理和对数据处理伦理的承诺。

---

① 习近平. 高举中国特色社会主义伟大旗帜 为全面建设社会主义现代化国家而团结奋斗 [M]. 北京：人民出版社，2022.

五、建立数据伦理文化

建立一个符合伦理的数据处理文化需要理解现有规范，定义预期行为，并将这些编入相应制度和伦理规范中，并提供相应的培训和监管以强制推行预期行为，就像其他的关于数据管理和文化创新一样，这一过程也需要强有力的领导。

数据的伦理处理显然包括遵守法律，但也会影响数据的分析和解释方式，以及数据在内部和外部的利用方式。明确重视伦理行为的组织文化中不仅有行为准则，而且将确保建立明确的沟通和治理控制，以支持员工提出疑问和适当的升级路径，以便员工意识到不应触犯伦理的行为或伦理风险，他们能够在不担心报复的情况下提出问题或停止进程，改善组织在数据方面的伦理行为需要一个正式的组织变更管理过程。

（一）评审现有数据处理方法

改善的第一步就是了解组织现在所处的状态。评审现有数据处理流程的目的是理解这些方法在多大程度上直接而且明确地与伦理和合规性驱动因素有关，这些评审中还应该定义雇员如何理解现有做法在建立和维护客户、合伙人和其他利益相关方之间信任方面的伦理影响。该评审的交付物中应记录整个数据的生命周期，包括数据共享活动中的收集、使用和监督数据所依据的伦理准则。

（二）识别原则、实践和风险因素

使数据处理的伦理规范化是为了降低数据被滥用，从而降低给客户、雇员、供应商、其他利益相关方甚至是整个组织所带来的风险。一个试图改善其做法的组织应该了解这些通用原则，如保护用户个人隐私的必要性，同时也应关注具体行业问题，如财产保护和健康方面的信息。

组织对于数据伦理的处理方法必须符合法律和法规的合规性要求，例如，在全球开展业务的组织需要了解其业务所在国家的法律基础和伦理准则，并具体了解各国之间的协议。此外，许多组织都有一些其特有的风险，这些风险可能与其技术路径、雇员更替率、采集客户数据的方式或其他因素有关。

原则应与风险（如果不遵守原则可能发生的坏事情）和实践（正确的做法以避免风险）保持一致，应通过控制来支持实践。以健康方面的信息为例：

（1）指导性原则。人们对自己的健康信息享有隐私权。因此，患者的健康数据除非被授权给作为照顾患者的一部分人，其他人不允许访问患者的个人健康数据。

（2）风险。如果可以广泛访问患者的个人健康数据，那么这些个人信息将变成公共知识，从而危及患者的个人隐私权。

（3）实践。只有护士和医生才允许访问患者的个人健康数据，并且仅用于提供护理。

（4）控制。将对包含患者个人健康信息系统的所有用户进行年度审查，以确保只有需要访问的人才能访问。

（三）制定合乎伦理的数据处理策略和路线图

在评审当前状态并开发了一系列原则之后，组织可以通过正式制定策略来改善其数据处理方法，这些策略必须同时包含伦理准则和预期行为，以价值陈述和伦理行为准则来表达。这样的策略包括如下组成部分。

（1）价值观声明。价值观声明描述的是一个组织的信仰，例如，包括但不限于真理、公平和正义，这些声明提供了一个符合伦理准则的数据处理和决策制定的框架。

（2）符合伦理的数据处理原则。符合伦理的数据处理原则描述了一个组织如何处理数据所带来的挑战，例如，如何尊重个人的隐私权。原则和预期行为可以概括为伦理准则，并通过伦理制度加以支持，培训和沟通计划应包括社会的规范和制度。

（3）合规框架。合规框架包括驱动组织义务的因素，符合伦理的行为应使组织能够满足合规性要求，法规遵从性要求受地理和行业问题的影响。

（4）风险评估。风险评估定义了组织内部特殊问题出现的可能性和影响，这些应用于确定与缓解措施有关的优先行为，包括雇员遵守伦理准则的情况。

（5）培训和交流。培训应该包括对伦理准则的审查，雇员必须确保他们熟悉相应准则并了解违背伦理的数据处理所造成的影响。培训必须是不间断的，例如，每年度对伦理操守进行评估，交流应该覆盖到所有雇员。

（6）路线图。路线图应包括可由管理层批准的活动时间表。活动将包括执行培训和沟通计划，识别和补救现有实践中的差距，风险缓解和监控计划，制定详细的报表，反映组织在适当处理数据方面的目标地位，包括角色、职责和过程以及参考专家，以获取更多信息。路线图应涵盖所有适用的法律和文化因素。

（7）审计和监测方法。通过培训可以加强伦理观念和伦理准则，还应监测具体活动，以确保这些活动符合伦理准则。

（四）采用对社会负责的伦理风险模型

负责商务智能、分析学、数据科学的数据专业人士通常负责描述以下内容的数据：

（1）他们是谁？包括他们的原籍国家、民族、族裔和宗教特征。

（2）他们做什么？包括政治、社会和潜在的犯罪行为。

（3）他们在哪儿生活？他们有多少钱？他们买什么？他们与谁交谈？给谁发短信或者邮件？

（4）他们被如何对待？包括支出的分析，如评分和偏好跟踪，这些将会被标记为最终特权和未来的业务。

这些数据可能会被滥用并且与潜在的伦理标准相抵触，如尊重他人，善行和正义。执行商务智能、分析和数据科学相关活动时，需要一种超越当前所在组织界限的伦理观念，这会对更广泛的范围产生影响。

伦理观点之所以是必需的，不仅因为数据容易被滥用，还因为组织的社会责任不允许其损害数据。例如，某一组织可以专门为他们认为"不良"的用户设置标准，以便停止与这些人的商务活动，但是如果该组织在基础服务领域拥有垄断地位，那么这些人会发现自己无法获得必要的服务，所以他们将因为该组织的决定而受到伤害。使用个人信息资料的项目应该有一套严格的资料使用规则。抽样项目的伦理风险模型如图 7-2 所示。

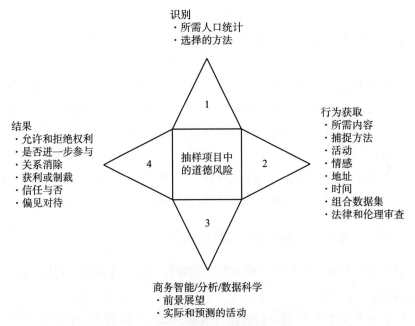

识别
· 所需人口统计
· 选择的方法

行为获取
· 所需内容
· 捕捉方法
· 活动
· 情感
· 地址
· 时间
· 组合数据集
· 法律和伦理审查

结果
· 允许和拒绝权利
· 是否进一步参与
· 关系消除
· 获利或制裁
· 信任与否
· 偏见对待

商务智能/分析/数据科学
· 前景展望
· 实际和预测的活动

图 7 – 2　抽样项目的伦理风险模型

资料来源：DAMA International. DAMA 数据管理知识体系指南［M］. 2 版. 北京：机械工业出版社，2020.

　　研究者应说明：（1）他们如何选择自己的群体进行研究。（2）数据如何获取。（3）活动分析的重点是什么。（4）如何使结果易于理解。

　　他们应该把每个领域都考虑在内，并处理好潜在伦理风险，尤其是对客户和公民可能产生负面影响的风险。风险模型可以被用于决定项目是否被执行，同时也影响项目怎样实施，例如，可以以匿名的方式生成数据，并将个人信息从档案中删除。加强并确保档案的安全性，并根据当地和其他适用的隐私法进行审核。如果该组织是对应领域的垄断者，而公民对于该资源，如能源和水，没有其他供应者可以选择，则法律可能不允许拒绝该用户。

　　因为数据分析是一个非常复杂的项目，人们可能看不清伦理上的挑战，每个组织都需要积极地识别潜在风险，他们还需要保护那些确实看到风险并提出疑虑的举报人。自动化监控已经无法防止不符合伦理要求的活动，分析家自己需要反思可能存在的偏见，工作场所的文化和伦理规范会影响公共的行为——伦理模型的学习和使用。DAMA 国际标准鼓励数据专业人员站在专业立场，向那些可能没有认识到数据特定用途影响以及牵连到他们工作中的业务领导人介绍这些风险状况。

课后思考题

1. 你是否曾经面临伦理困境，你是如何处理的？

2. 数据处理中的隐私问题是否值得关注，应如何协调数据处理和隐私保护之间的关系？

3. 当数据治理中面对与个人利益相关的数据时，应如何进行伦理决策？

4. 以企业为例，考虑什么事实会对童工的伦理决策产生影响。

第八章

数据质量管理

❖ 学习目标
1. 掌握数据质量的定义。
2. 熟悉数据质量的维度。
3. 掌握数据质量的业务规则。
4. 掌握数据治理管理活动的过程。
5. 熟悉数据质量管理的方法。

第一节　数据质量管理的基本概念

一、数据质量的定义

"数据质量"一词既指高质量数据的相关特征，也指用于衡量或改进数据质量的过程，这一双重含义可能会令人困惑，因此将它们区分开有助于理解什么是高质量的数据。数据质量如达到数据消费者的期望和需求，也就是说如果数据满足数据消费者应用需求的目的，就是高质量的；反之，如果不满足数据消费者应用需求的目的，就是低质量的，因此数据质量取决于使用数据的场景和数据消费者的需求。数据质量管理的挑战之一，是与质量相关的期望并不总是已知的，通常客户可能不清楚自身的质量期望，数据管理人员也不会询问这些需求。然而如果数据是可靠和可信的，那么数据管理专业人员需要更好地了解客户的质量要求，以及如何衡量数据质量。随着业务需求和外力的发展，需求会随着时间的推移而变化，因此需要进行持续的讨论。数据质量管理语境关系如图 8-1 所示。

定义：为确保满足数据消费者的需求，应用数据管理技术进行规划、实施和控制等管理活动

目标：
根据数据使用者的需求，开发一种让数据符合用途的管理方法
作为数据生命周期的一部分，定义数据质量控制的标准、要求和规范
定义和实施测量、监控和报告数据质量水平的过程
通过过程和系统的改进，识别和提倡提高数据质量的机会

业务驱动因素

输入： 数据政策和标准 数据质量期望 业务需求 业务规则 数据需求 业务元数据 技术元数据 数据源和数据存储 数据血缘	活动： 1.定义高质量数据（P） 2.定义数据质量战略（P） 3.识别关键数据和业务规则（P） （1）识别关键数据； （2）识别已有规则和模式 4.执行初始数据质量评估（P） （1）确定问题并排定优先顺序； （2）执行问题根本原因分析 5.确定改进方向并排定优先顺序 （1）根据业务影响确定行动的优先级； （2）制定预防和纠正措施； （3）确认计划的行动 6.定义数据质量改进目标（P） 7.开发和部署数据质量操作（D） （1）开发数据质量操作规程； （2）修正数据质量缺陷； （3）度量和监控数据质量； （4）报告数据质量水平和调查结果	交付成果： 数据质量战略和框架数据质量规划组织 数据概况分析 基于问题根本原因分析的建议 数据质量管理规程 数据质量报告 数据质量治理报告 数据质量服务等级协议 数据政策和指南

供给者： 业务管理人员 业务领域专家 数据架构师 数据建模师 系统专家 数据管理专员 业务流程分析师	参与者： 首席数据官 数据质量分析师 数据管理专员 数据所有者 数据分析师 数据管理专业人员 数据库管理员 数据质量经理	IT操作员 数据集成架构师 合规团队	消费者： 业务数据消费者 数据管理专员 工厂专员 知识工作者 数据治理组织 合作组织 卓越中心

技术驱动因素

方法： 多个子集交叉抽查 标记和注释数据问题 根本原因分析 统计过程控制	工具： 数据剖析和查询工具 数据质量规则模板 质量检查和审计代码模块 元数据存储库	度量指标： 治理一致性指标 数据质量测量结果 数据质量趋势 数据问题管理指标

图 8 - 1　数据质量管理语境关系

资料来源：DAMA International. DAMA 数据管理知识体系指南 [M]. 2 版. 北京：机械工业出版社，2020.

二、关键数据

大多数组织都有大量的数据，但并非所有的数据都同等重要。数据质量管理的一个原则是将改进的重点集中在对组织及其客户最重要的数据上，这样做可以明确项目范围，并使其能够对业务需求产生直接的、可测量的影响。虽然关键的特定驱动因素因行业而异，但组织间存在共同特征，可根据以下要求评估关键数据：（1）监管报告。（2）财务报告。（3）商业政策。（4）持续经营。（5）商业战略，尤其是差异化竞争战略。根据定义，主数据至关重要，可以根据使用的过程、出现在报告中的性质，或者根据问题对组织财务、监管或声誉带来的风险，来评估数据集或单个数据元素的重要性。

三、数据质量维度

数据质量维度是数据的某个可测量的特性，这里的"维度"可以类比于测量物理对象的维度（如长度、宽度、高度等）。数据质量维度提供了定义数据质量要求的一组词汇，通过这些维度定义可以评估初始数据质量和持续改进的成效。为了衡量数据质量，组织需要针对重要业务流程（值得测量的）和可以测量的参数建立特征。维度是衡量规则的基础，其本身应该与关键流程中的潜在风险直接相关，例如，如果"客户电子邮件地址"字段的数据不完整，将无法通过电子邮件向这些客户发送产品信息，这就将失去了潜在的销售机会。因此，应衡量有可用电子邮件地址的客户的百分比，并改进流程，直到至少有98%的客户有可用电子邮件地址为止。

数据质量领域的很多杰出学者已经发表了一系列质量维度，他们深入研究了如何获得高质量数据，以及如何测量数据质量。Strong-Wang框架（1996）侧重于数据消费者对数据的看法，描述了数据质量的4个大类及15个指标。

（1）内在数据质量。①准确性。②客观性。③可信度。④信誉度。

（2）场景数据质量。①增值性。②关联性。③及时性。④完整性。⑤适量性。

（3）表达数据质量。①可解释性。②易理解性。③表达一致性。④简洁性。

（4）访问数据质量。①可访问性。②访问安全性。

雷曼（Redman，1996）在《信息时代的数据质量》一书中，制定了一套基于数据结构的数据质量维度。将一个数据项定义为"可表示的三元组"：一个实体属性域与值的集合。维度可以与数据的任何组成部分相关联：模型（实体和属性）及其值。雷曼还定义了一类用于记录数据项规则的表达维度，在这三大类别中（数据模型、数据值、数据表达），他一共描述了20多个维度，其中包括以下内容。

（一）数据模型

（1）内容。①数据关联性。②获取价值的能力。③定义清晰性。

（2）详细程度。特征描述颗粒度。

（二）属性域的精准度

（1）构成。①自然性。每个属性在现实世界中应该有一个简单的对应物，且每个属性都应承载一个关于实体的单一事实。②可识别性。每个实体都应能与其他实体区分开来。③同一性。④最小必要冗余性。

（2）一致性。①模型各组成部分的语义一致性。②跨实体类型属性的结构一致性。

（3）应变性。①健壮性。②灵活性。

（4）数据值。①准确性。②完备性。③时效性。④一致性。

（5）数据表达。①适当性。②可解释性。③可移植性。④格式精确性。⑤格式灵活性。⑥表达空值的能力。⑦有效利用存储。⑧数据的物理实例与其格式一致。

拉里（Larry，1999）在《改善数据仓库和业务信息质量》一书中提出了一套综合指标，分为两大类别：固有特征和实用特征。固有特征与数据使用无关，实用特征是动态的，与数据表达相关，其质量价值因数据的用途而不同。

（1）固有质量特征。①定义的一致性。②值域的完备性。③有效性或业务规则一致性。④数据源的准确性。⑤反映现实的准确性。⑥精确性。

⑦非冗余性。⑧冗余或分布数据的等效性。⑨冗余或分布数据的并发性。

（2）实用质量特征。①可访问性。②及时性。③语境清晰性。④可用性。⑤多源数据的可整合性。⑥适当性或事实完整性。

2013 年，DAMAUK（data management association of united kingdom）发布了一份白皮书，描述了数据质量的 6 个核心维度：

（1）完备性。存储数据量与潜在数据量的百分比。

（2）唯一性。在满足对象识别的基础上不应多次记录实体实例（事物）。

（3）及时性。数据从要求的时间点起代表现实的程度。

（4）有效性。如数据符合其定义的语法（格式、类型、范围），则数据有效。

（5）准确性。数据正确描述所描述的"真实世界"对象或事件的程度。

（6）一致性。比较事物多种表述与定义的差异。

DAMAUK 白皮书还描述了对质量有影响的其他特性，但没有将这些指标称为"指标"，它们的工作方式类似于 Strong – Wang 的语境和表达数据质量特征，以及实用性特征。

（1）可用性（usability）。数据是否可理解、简单、相关、可访问、可维护，且达到正确的精度水平？

（2）时间问题（timing issues）（超出时效性本身）。是否稳定，是否对合法的变更请求做出及时响应？

（3）灵活性（flexibility）。数据是否具有可比性，是否与其他数据有很好的兼容性？是否具备可用的分组和分类？是否能被重用？是否易于操作？

（4）置信度（confidence）。数据治理、数据保护和数据安全等管控是否到位？数据的可信性如何，它是否是经验证的或是可验证的？

（5）价值（value）。数据是否有良好的成本/收益实例？是否得到了最佳应用？是否危及人们的安全、隐私或企业的法律责任？它是否支持或无助于建立企业形象或企业信息？

虽然不存在单一的、一致认可的数据质量维度集，但这些表述包含了一些共同的看法：维度包括一些可以客观衡量的特征（完整性、有效性、格式一致性），以及依赖于情境或主观解释的其他特征（可用性、可靠性、声誉）。无论使用什么名称，维度都集中在是否有足够的数据（完整性），数据是否正确（准确度、有效性），数据是否符合要求（一致性、完整性、唯一性），数据是否最新（及时性）、可访问性、可用性和安全性。党的二十大报告指出"统筹外部安全和内部安全、国土安全和国民安全、传统安全和非传统安全、自身安全和共同安全，统筹维护和塑造国家安全，夯实国家安全和社会稳定基层基础。"① 数据安全是典型的非传统安全，也是数据质量管理中的重要维度。

表 8 - 1 列示了一组有着普遍一致性的数据质量维度定义，并描述了测量它们的方法。

表 8 – 1　　　　　　　　　　　常见的数据质量维度

质量维度	描述
准确性 （accuracy）	准确性是指数据正确表示"真实"实体的程度。准确是很难描述的，除非组织能够复制数据或手动确认记录的准确性。大多数准确性的测量依赖于与已验证为准确的数据源的比较，如来自可靠数据源的记录或系统（如邓白氏征信所的参考数据）
完备性 （completeness）	完备性是指是否存在所有必要的数据。完备性可以在数据集、记录或列级别进行测量。数据集是否包含所有列记录？记录是否正确填写？（不同状态的记录可能对完备性有不同的期望）是否将列/属性填充到预期的级别？（有些列是强制性的，可选列仅在特定条件下填充）将完备性规则分配给具有不同约束级别的数据集：需要值的强制属性、具有条件值和可选值的数据元素，以及不适用的属性值。数据集级别的测量可能需要与记录源进行比较，也可能基于该数据集的历史水平
一致性 （consistency）	一致性可以指确保数据值在数据集内和数据集之间表达的相符程度。它也可以表示系统之间或不同时间的数据集大小和组成的一致程度。一致性可以在同一记录中的一组属性值和另一组属性值（记录级一致性）或不同记录内的一组属性值和另一组属性集（跨记录一致性）之间定义，也可以在不同记录中的同一组属性值之间或在同一记录不同时间点（时间一致性）的一组属性值之间定义。一致性也可以用来表示格式的一致性。注意，不要混淆一致性与准确性或正确性。 期望在数据集内和数据集之间保持一致的特性可以作为标准化数据的基础。数据标准化是指对输入数据的调整，以确保数据符合内容和形式的规范。标准化数据可以实现更有效的匹配，并促进一致的输出。将一致性约束封装为一组规则，这些规则指定属性值之间、记录或消息之间或单个属性的所有值（如有效值的范围或列表）之间的一致关系。例如，人们可能期望每天的事务数不超过前 30 天平均事务数的 105%

---

① 习近平 . 高举中国特色社会主义伟大旗帜 为全面建设社会主义现代化国家而团结奋斗 [M]. 北京：人民出版社，2022.

续表

质量维度	描述
完整性 （integrity）	完整性（或连贯性）包括与完备性、准确性和一致性相关的想法。在数据中，完整性通常指的是引用完整性（通过两个对象中包含的引用键实现数据对象之间的一致性）或数据集内部的一致性，这样数据就不至于缺失或不完整。没有完整性的数据集被看作已损坏或数据丢失。没有引用完整性的数据集被称为"孤儿"，具有无效的引用键或记录"重复"，即可能对聚合函数产生不良影响的重复行。"孤儿"记录的级别可以通过原始数据或数据集的百分比来衡量
合理性 （reasonability）	合理性是指数据模式符合预期的程度，例如，基于对该区域的顾客的了解，在该地区的销售分布是否有意义。合理性的衡量可以采取不同的形式，例如，合理性可能基于对基准数据的比较，或是过去相似数据集的实例（如上一季度的销售）。有些关于合理性的观点可能被认为太主观。如果是这样，请与数据消费者一同阐明他们对数据的期望，以制定客观的比较基准。一旦建立了合理的基准度量，就可以使用这些度量客观地比较相同数据集的新实例，以便发现变化
及时性 （timeliness）	及时性的概念与数据的几个特性有关。需要根据预期的波动性来理解及时性度量——数据可能发生变化的频率以及原因。数据的时效性是衡量数据值是否是最新版本信息的指标。相对静态的数据，如国家代码等参考数据值，可能在很长时间内保持最新，易变数据在短时间内保持最新，某些数据（如金融网页上的股票价格）通常会随时间显示，以便数据消费者了解数据记录后发生变化的风险。白天当市场开放时，这些数据将频繁更新；一旦市场关闭，数据将保持不变，因为市场没有新的交易成交，它们仍然是最新的数据。延迟性度量数据从创建到可用之间的时间，例如，对于前一天输入系统的数据，隔夜批处理可以在上午 8 点提供，有 1 天的延迟，但对于批处理期间生成的数据，只有 1 小时的延迟
唯一性/数据去重 （uniqueness/ deduplication）	唯一性，是指数据集内的任何实体不会重复出现。数据集内的实体具有唯一性，意味着键值与数据集内特定的唯一实体相关，唯一性可以通过对关键结构进行测试来度量
有效性 （validity）	有效性，是指数据值与定义的值域一致。值域可以被定义为参考表中的一组有效值或一个有效的范围，或者能够通过规则确定的值。在定义值域时，必须考虑期望值的数据类型、格式和精度，数据也可能只在特定时间内有效，如从射频识别（RFID）或某些科学数据集中生成的数据。数据有效性的检验，可以通过将其与域约束进行比较来进行。需要注意的是，数据可能是符合值域要求的有效值，但与特定记录的关联却是不准确或不正确的

资料来源：DAMA International. DAMA 数据管理知识体系指南［M］. 2 版. 北京：机械工业出版社，2020.

表 8 - 2 展示了数据质量维度及其相关的概念。

表 8 - 2　　　　　　　　　　**数据质量维度之间的对应关系**

维度	概念
精准性	与现实世界一致
	与可信的来源匹配
完整性	已填充行
	已填充列
	已填充表
	已填充框架
一致性	冗余或分布式数据的等价性
	逻辑分布
时效性	分布式数据并发
	当前值
数据完整性	实体的唯一 ID
	基数
	数据参考完整性
精度	数据值的精度
	足以完成任务的给定数据
隐私	遵守控制
合理性	操作任务的一致性
	真实可信
及时性	预期可用性
	手工或电子浮动
唯一性	数据集元素的唯一性
	数据集实体的唯一性
	冗余控制

续表

维度	概念
有效性	有效值控制
	推导正确
	符合商品规则的价值观
	其他数据类型规范的值
可访问性	以获取的数据
	访问控制
	保留

资料来源：DAMA International. DAMA 数据管理知识体系指南 ［M］. 2 版 . 北京：机械工业出版社，2020.

四、数据质量和元数据

数据的质量取决于它如何满足数据消费者的需求，元数据对于管理数据质量至关重要，数据的质量取决于它如何满足数据消费者的需求。元数据定义数据所代表的内容，拥有一个强大的数据定义流程，有助于组织正式确定和记录用于衡量数据质量的标准和要求。数据质量是为了满足预期，而元数据是阐明期望的主要手段。管理良好的元数据还可以支持改进数据质量的工作，元数据存储库可以存储数据质量度量的结果，以便在整个组织中共享这些结果，并使数据质量团队就优先级和改进驱动因素达成共识。

五、数据质量 ISO 标准

数据质量的国际标准 ISO 8000 尚在开发完善中，这一标准的建立是为了使复杂数据能够以与应用无关的形式进行交换。在关于标准的介绍中，ISO 声称为了能够以及时和经济高效的方式创建、收集、储存、维护、转移、处理和呈现数据以支持业务流程，既需要了解决定其数据质量的特征，也需要具有能够对数据质量进行测量、管理和报告的能力。

ISO 8000 定义了数据供应链中任何组织都可以测试的一些特性，从而可以客观地确定数据与 ISO 8000 之间是否具有一致性。ISO 8000 发布的第一部分（第 110 部分，2008 年发布）着重于语法、语义编码和主数据规范的一致性。该标准的其他部分包括第 100 部分——引言、第 120 部分——出处、第 130 部分——准确性和第 140 部分——完备性。

ISO 将高质量数据定义为符合规定要求的可移植数据，这个数据质量标准与 ISO 在数据可移植性和保存方面的总体工作有关。如果可以将数据与软件应用分离，则认为数据是"可移植的"。只能通过特定许可软件使用或读取的数据，受该软件许可条款的约束，组织可能无法使用它创建的数据，除非该数据可以从创建它的软件中分离出来。

为满足规定的要求，需要以清晰、明确的方式定义这些要求。ISO 22745是定义和交换主数据的标准，支持 ISO 8000，ISO 22745 定义了如何构造数据需求语句，并以 XML 为例定义了编码数据交换的格式，ISO 22745 通过使用兼容 ISO 22745 的开放技术词典来创建可移植数据，如 ECCMA（electronic commerce code management association）开放式技术词典。

ISO 8000 的目的是帮助组织定义什么是符合质量的数据、什么是不符合质量的数据，使他们能够使用标准约束要求符合质量的数据，并检核他们已经收到了符合同一质量标准的数据。当遵循标准时，就可以通过计算机程序确认数据是否已经满足需求。ISO 8000 第 61 部分"信息和数据质量管理过程参考模型"正在开发中，该标准描述了数据质量管理的结构和组织，包括：（1）数据质量规划。（2）数据质量控制。（3）数据质量保证。（4）数据质量改进。

六、数据质量改进

大多数改进数据质量的方法都是基于物理产品制造过程中的质量改进技术，就此而言，数据被理解为一系列过程的产物。简单地说，过程被定义为一系列将输入转化为输出的步骤，创建数据的过程可能由一个步骤（数据收集）或多个步骤组成：数据收集、集成到数据仓库、数据集市聚合等。在任何步骤中，数据都可能受到负面的影响，它可能被错误地收集、在系统之间丢弃或重复收集、对齐或汇总不正确等。提高数据质量需要能够评估输入和输出之间的关系，以确保输入满足过程的要求，并且输出符合预期。由于一个流程的输出成为其他流程的输入，因此必须沿着整个数据链定义需求。

数据质量改进的常用方法是戴明环，戴明环是一个基于科学的方法，包含"计划—执行—检查—处理"四个过程的问题解决模型。改进是通过一组确定的步骤来实现的，必须根据标准测量数据状况，如果数据状况不符合标准，则必须确定并纠正与标准不符的根本原因。无论是技术性的，还是非技术性的，根本原因可能都会在处理过程的某一步骤中找到。

对于给定的数据集，数据质量管理周期首先确定不符合数据消费者要求的数据，以及阻碍其实现业务目标的数据问题，需要根据数据质量的关键指标和已知的业务需求进行评估，需要确定问题的根本原因，以便利益相关方能够了解补救的成本和不补救问题的风险。这项工作通常由数据管理专员和其他利益相关方共同完成。

（1）计划（plan）阶段。数据质量团队评估已知问题的范围、影响和优先级，并评估解决这些问题的备选方案。这一阶段应该建立在分析问题根源的坚实基础上，从问题产生的原因和影响的角度了解成本/效益，确定优先顺序，并制订基本计划以解决这些问题。

（2）执行（do）阶段。数据质量团队负责努力解决引起问题的根本原因，并做出持续监控数据的计划，对于非技术流程类的根本原因，数据质量团队可以与流程所有者一起实施更改，对于需要技术变更类的根本原因，数据质量团队应与技术团队合作，以确保需求得到正确实施，并且技术变更不会引发错误。

（3）检查（check）阶段。这一阶段包括积极监控按要求测量的数据质量，只要数据满足定义的质量阈值，就不需要采取其他行动，这个过程将处于控制之中并能满足商业需求，如果数据低于可接受的质量阈值，则必须采取额外措施使其达到可接受的水平。

（4）处理（act）阶段。这一阶段是指处理和解决新出现的数据质量问题的活动，随着问题原因的评估和解决方案的提出，循环将重新开始。通过启动一个新的周期来实现持续改进。新周期开始于：①现有测量值低于阈值。②新数据集正在调查中。③对现有数据集提出新的数据质量要求。④业务规则、标准或期望变更。

第一次正确获取数据的成本，远比获取错误数据并修复数据的成本要低，从一开始就将质量引入数据管理过程的成本，低于对其进行改造的成本。在整个数据生命周期中维护高质量数据，比在现有流程中尝试提高质量的风险更小，且对组织的影响也要小得多。在建立流程或系统时就确立数据质量标准是成熟的数据管理组织的标志之一，要做到这一点需要良好的治理和行为准则以及跨职能的协作。

七、数据质量业务规则类型

业务规则描述业务应该如何在内部运行，以便成功地与外部世界保持一致，数据质量业务规则描述了组织内有用数据和可用数据的存在形式。这些规则需要符合质量维度要求，并用于描述数据质量要求。业务规则通常在软件中实现，或者使用文档模板输入数据，一些简单常见的业务规则类型有：

（1）定义一致性。确认对数据定义的理解相同，并在整个组织过程中得到实现和正确使用；确认包括对计算字段内任意时间或包含局部约束的算法协议，以及状态相互依赖规则。

（2）数值存在和记录完备性。定义数值缺失的情况是否可接受的规则。

（3）格式符合性。按指定模式分配给数据元素的值，如设置电话号码格式的标准。

（4）值域匹配性。指定数据元素的赋值须包含在某数据值域的枚举值中。

（5）范围一致性。数据元素赋值必须在定义的数字、词典或时间范围内，如数字范围大于 0、小于 100。

（6）映射一致性。表示分配给数据元素的值，必须对应于映射到其他等效对应值域中的选择的值。

（7）一致性规则。指根据这些属性的实际值，在两个（或多个）属性之间关系的条件判定，例如，通过对应于特定州或省的邮政编码进行地址验证。

（8）准确性验证。将数据值与记录系统或其他验证来源（如从供应商处购买的营销数据）中的相应值进行比较，以验证值是否匹配。

（9）唯一性验证。指定哪些实体必须具有唯一表达，以及每个表达的真实世界对象有且仅有一个记录的规则。

（10）及时性验证。表明与数据可访问性和可用性预期相关特征的规则。

其他类型的规则可能涉及应用于数据实例集合的聚合函数，聚合检查的示例包括：

（1）验证文件中记录数量的合理性，这需要基于一段时间内的统计量，以得到趋势信息。

（2）验证从一组交易中计算出的平均金额的合理性，这需要建立比较阈值，并基于一段时间内的统计数据。

（3）验证指定时间段内交易数量的预期差异，这需要基于一段时间内的统计数据，并通过它们来建立阈值。

八、数据质量问题的常见原因

从创建到处置，数据质量问题在数据生命周期的任何节点都可能出现。在调查根本原因时，分析师应该寻找潜在的原因，如数据输入、数据处理、系统设计，以及自动化流程中的手动干预问题。许多问题都有多种原因和促成因素（尤其是那些人们已经针对其创造了解决方法的问题），这些问题的原因也暗示了防止问题产生的方法，通过改进接口设计，将测试数据质量规则作为处理的一部分，关注系统设计中的数据质量，并严格控制自动化过程中的人工干预。

（一）缺乏领导力导致的问题

许多人认为大多数数据质量问题是由数据输入错误引起的，更深入理解后发现，业务和技术流程中的差距或执行不当会导致比错误输入更多的问题。然而，常识和研究表明，许多数据质量问题是由缺乏对高质量数据的组织承诺造成的，而缺乏组织承诺本身就是在治理和管理的形式上缺乏领导力。每个组织都有对运营有价值的信息和数据资产，事实上，每个组织的运作都依赖于它共享信息的能力。尽管如此，很少有组织能够严格管理这些资产，在大多数组织中数据差异（数据结构、格式和使用值的差异）是一个比简单错误更严重的问题，可能是数据集成的主要障碍。

数据管理制度专注于定义术语和合并数据周边的语言，这是组织获得更一致数据的起点。许多数据治理和信息资产项目仅由合规性驱动，而不是由作为数据资产衍生的潜在价值驱动。领导层缺乏认可意味着组织内部缺乏将数据作为资产并进行质量管理的承诺（Evans & Price，2012），如图 8 - 2 所示。

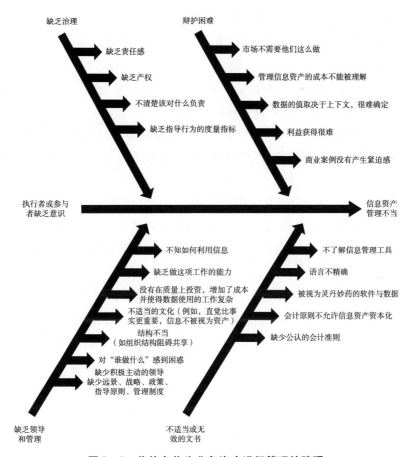

图 8 - 2　将信息作为业务资产进行管理的障碍

资料来源：DAMA International. DAMA 数据管理知识体系指南 ［M］. 2 版 . 机械工业出版社，2020.

有效管理数据质量的障碍包括：（1）领导和员工缺乏意识。（2）缺乏治理。（3）缺乏领导力和管理能力。（4）难以证明改进的合理性。（5）测量价值的工具不合适或不起作用。这些障碍会对客户体验、生产力、士气、组织效率、收入和竞争优势产生负面影响，既增加了组织的运营成本，也引入了风险。

（二）数据输入过程中引起的问题

（1）数据输入接口问题。设计不当的数据输入接口可能导致数据质量问题，如果数据输入接口没有编辑或没有控件防止不正确的数据被录入系统，则数据处理人可能会采取快捷方式处理数据，如跳过非强制字段和不更新有默认值的字段。

（2）列表条目放置。即使是数据输入界面的一个简单小功能，如下拉列表中的值顺序，也可能导致数据输入错误。

（3）字段重载。随着时间的推移，有些组织会出于不同的商业目的重复字段，而不是更改数据模型和用户界面，这种做法会导致字段内数据不一致和混乱。

（4）培训问题。即使控制和编辑到位，缺乏过程知识也会导致错误的数据输入，如果数据处理人不知道错误数据的影响，或者鼓励数据处理人提高录入效率而忽视录入准确性，则他们可能会根据数据质量以外的驱动因素做出选择。

（5）业务流程的变更。业务流程随着时间的推移而变化，在变化过程中引入了新的业务规则和数据质量要求。但是，这些业务规则更改并不总能被及时或全面地纳入系统，如果接口未升级以适应新的或更改的需求，将导致数据错误。此外，除非在整个系统中宣告业务规则的更改，否则数据很可能会受到影响。

（6）业务流程执行混乱。通过混乱的流程创建的数据很可能不一致，混乱的流程可能是由培训或文档编制问题以及需求的变化导致的。

（三）数据处理功能引起的问题

（1）有关数据源的错误假设。问题可能是由多种原因导致：错误或变更、系统文档不完整或过时，或知识转移不充分（如当领域专家离开时没有记录他们的知识）。通常，基于对系统之间关系的有限知识来完成系统整合活动，如与并购相关的活动。当需要集成多个源系统并进行数据反馈时，总有可能遗漏细节，特别是在不同层次的源系统知识以及紧张的时间安排下。

（2）过时的业务规则。随着时间的推移，业务规则会发生变化，应定期对业务规则进行审查和更新，如果有自动测量规则，测量规则的技术也应更新，如果没有更新，可能无法识别问题或产生误报（或两者都有）。

（3）变更的数据结构。源系统可以在不通知下游消费者（包括人和系统）或没有足够时间让下游消费者响应变更的情况下变更结构，这可能会导致无效的值或阻止数据传送和加载，或者导致下游系统无法立即检测到的更细微的改变。

（四）系统设计引起的问题

（1）未能执行参照完整性。参照完整性对于确保应用程序或系统级别的高质量数据是必要的，如果没有强制执行参照完整性，或者关闭了验证（如为了提高响应时间），则有可能出现各种数据质量问题：①产生破坏唯一性约束的重复数据。②既可以包含，又可以排除在某些报表中的孤儿数据，导致同样的计算生成多个值。③由于参照完整性要求已还原或更改，无法升级。④由于丢失的数据被分配为默认值而导致数据不准确。

（2）未执行唯一性约束。表或文件中的多个数据实例副本预期包含唯一实例，如果对实例的唯一性检查不足，或者为了提高性能而关闭了数据库中的唯一约束，则可能高估数据聚合的结果。

（3）编码不准确和分歧。如果数据映射或格式不正确，或处理数据的规则不准确，处理过的数据就会出现质量问题，如计算错误、数据被链接或分配到不匹配的字段、键或者关系等。

（4）数据模型不准确。如果数据模型内的假设没有实际数据的支持，则会出现数据质量问题，包括实际数据超出字段长度导致数据丢失、分配不正确 ID 或键值等。

（5）字段重载。随着时间的推移，为了其他目的重用字段，而不是更改数据模型或代码，可能会导致混淆的值集、不明确的含义，以及潜在的结构问题，如分配错误的键值。

（6）时间数据不匹配。在没有统一数据字典的情况下，多个系统可能会采用不同的日期格式或时间，当不同源系统之间的数据同步时，反过来会导致数据不匹配和数据丢失。

（7）主数据管理薄弱。不成熟的主数据管理可能为数据选择不可靠的数据源，导致数据质量问题，在数据来源准确的假设被推翻之前很难找到这些问题。

（8）数据复制。不必要的数据复制通常是数据管理不善造成的，有害的数据复制问题主要有两种：①单源——多个本地实例，例如，同一个客户的信息保存在同一数据库中多个类似或内容相同名字不同的表中。如果没有系统的、特定的知识，很难知道哪一个实例最适合使用。②多源——单一本地实例。具有多个权威来源或记录系统的数据实例，例如，来自多个销售点系统的单个客户实例。处理此类数据时，可能会产生重复的临时存储区域，当把其处理为永久性的生产数据区时，合并规则决定哪个"源"具有更高的优先级。

（五）解决问题引起的问题

手动数据修复是直接对数据库中的数据进行更改，而不是通过应用接口或业务处理规则进行更改实现。这些脚本或手动命令通常是仓促编写的，用于在紧急情况下"修复"数据，如蓄意注入坏数据、安全疏忽、内部欺诈或外部数据源引起的业务中断等情况。与其他未经测试的代码一样，如果修改需求之外的数据，或没有将补丁传送给受原始问题影响的所有历史数据的下游应用系统等，则极有可能导致更多的错误，并产生更高的风险。大多数这样的补丁也都是直接更改数据，而不是保留先前的状态并添加已更正的行。

如果没有从备份中完全还原，这些更改通常是不可撤销的，只是在数据库日志中显示了更改过程。因此，非常不鼓励使用这些捷径——它们可能会引起安全漏洞或者业务中断，最终花费的时间比采用恰当纠正措施需要的时间更长，所有的改变都应该通过一个受控的变更管理过程实现。

九、数据剖析

数据剖析（data profiling）是一种用于检查数据和评估质量的数据分析形式，数据剖析使用统计技术来发现数据集合的真实结构、内容和质量（Olson，2003）。

剖析引擎生成统计信息，分析人员可以使用这些统计信息识别数据内容和结构中的模式。例如：

（1）空值数。标识空值是否存在，并检查是否允许空值。

（2）最大/最小值。识别异常值，如负值。

（3）最大/最小长度。确定具有特定长度要求的字段的异常值或无效值。

（4）单个列值的频率分布。能够评估合理性（如交易的国家代码分布、频繁或不经常发生的值的检查，以及用默认值填充的记录百分比）。

（5）数据类型和格式。识别不符合格式要求的水平，以及意外格式识别（如小数位数、嵌入空格、样本值）。

剖析还包括跨列分析，它可以识别重叠或重复的列，并暴露值的内在依赖关系。表间分析探索重叠的值集，并帮助识别外键关系，大多数数据分析工具允许深入分析数据，以进行进一步调查。分析人员必须评估剖析引擎的结果，以确定数据是否符合规则和其他要求，一个好的分析人员可以使用分析结果确认已知的关系，并发现数据集内和数据集之间隐藏的特征和模式，包括业务规则和有效性约束。剖析通常被作为项目中数据发现的一部分（尤其是数据集成项目），或者用于评估待改进的数据的当前状态，数据剖析结果可用来识别那些可以提升数据和元数据质量的机会（Olson，2003；Maydanchik，2007）。

虽然剖析是理解数据的有效方法，但只是提高数据质量的第一步，它使组织能够识别潜在的问题，解决问题还需要其他形式的分析，包括业务流程分析、数据血缘分析和更深入的数据分析，这些分析有助于挖掘出问题的根本原因。

十、数据质量和数据处理

虽然数据质量改进工作的重点是防止错误，但也可以通过某种形式的数据处理来提升数据质量。

（一）数据清理

数据清理或数据清洗，可以通过数据转换使其符合数据标准和域规则。

清理包括检测和纠正数据错误，使数据质量达到可接受的水平，通过清理不断地修正数据，这个过程需要花费成本，并且会带来风险。在理想情况下，随着时间的推移，数据问题的根本原因已经得到解决，对数据清理的需求应该减少。

数据清理需求可以通过以下方式解决：（1）实施控制以防止数据输入错误。（2）纠正源系统中的数据错误。（3）改进数据录入的业务流程。在某些情况下，通过中游系统做出持续修正是必要的，因为在中游系统中重新处理数据比任何其他替代方案的代价都要小。

（二）数据增强

数据增强或丰富是给数据集添加属性以提高其质量和可用性的过程。通过集成组织内部的数据集可以获得一些增强，也可以通过购买外部数据来增强组织数据，数据增强的示例包括：

（1）时间戳。改进数据的一种方法是记录数据项创建、修改或停用的日期和时间，这有助于跟踪历史数据事件。如果在数据中发现了问题，时间戳能使分析人员定位到发生问题的时间范围，在根本原因分析中将非常有价值。

（2）审计数据。审计可以记录数据血缘，这对于历史跟踪和验证很重要。

（3）参考词汇表。在定制化的业务语境中，特定于业务的术语、本体和词汇表增强了数据理解和控制。

（4）语境信息。添加如位置、环境或访问方法等上下文语境信息，并标记数据以供审查和分析。

（5）地理信息。可以通过地址标准化和地理编码增强地理信息，包括区域编码、市政和街区地图、经纬度和其他类型的位置数据。

（6）人口统计信息。可以通过人口统计信息增强客户数据，如年龄、婚姻状况、性别、收入或民族编码。企业实体数据可以与年收入、员工数量、办公空间大小等关联。

（7）心理信息。用于按特定行为、习惯或偏好对目标人群进行细分的数据，如产品和品牌偏好、组织成员资格、休闲活动、通勤交通方式、购物时间偏好等。

（8）评估信息。针对资产评估、库存和销售数据等使用这种增强方式。

（三）数据解析和格式化

数据解析是使用预先确定的规则来解释其内容或值的分析过程。首先，数据分析人员定义一组模式；其次，把这些模式录入用于区分有效和无效的数据值的规则引擎内，规则引擎匹配特定模式触发操作。数据解析将特征分配给数据实例中出现的数据值，这些特征有助于确定潜在的附加效益来源。例如，如果可以确定一个名为"name"的属性中嵌入了属于"business name"的值，那么该数据值将被标识为一个企业的名称，而不是一个人的名称，数据值中任何含有层次结构（如子零件、零件和部件）语义的情况，都使用相同的方法。

许多数据质量问题涉及这样的情况，即表示类似概念的数据值发生变化时会导致歧义。重新提取和排列分离的组件（通常称为标记，即 tokens），可以使其转换为标准的表达，从而创建一个有效的模式。当无效模式被识别出来时，应用程序可以尝试将无效值转换为符合规则的值，或者将数据从某个源模式映射到相应的目标表述来实现标准化。

思考一下符合编码习惯但格式不同的电话号码，有些有数字，有些有字母字符，都使用不同的特殊字符来分隔，人们可以识别出每一个电话号码，但是为了确定这些数字是否准确（可能通过将其与主客户目录进行比较），或者为了调查每个供应商是否存在重复的号码，必须将这些值解析为不同的组成段（区域代码、交换局代码和终端代码），然后转换为标准格式。

另一个很好的例子是客户名称，因为名称可以用数千种不同的形式表示。一个好的标准化工具能够把客户名称解析为不同的组成部分，如名、姓、首字母、头衔、称呼，再将这些组成部分重新排列成其他数据服务能够操作的规范表示。

人类识别熟悉模式的能力有助于描述属于同一抽象值类的不同数据值，如人们可以识别不同类型的电话号码，因为它们符合常用模式。因此分析人员可以描述表示数据对象的格式模式，如人名、产品描述等。数据质量工具解析符合这些模式的任何数据值，然后将其转换为单一的标准化形式，从而简化评估、相似性分析和补救过程。基于模式的解析可以自动识别，并促成有意义的值组件的标准化。

（四）数据转换与标准化

在正常处理过程中，可以通过触发数据规则将数据转换为目标体系结构可读取的格式，然而可读取并不总是意味着可接受。规则直接在数据集成流中创建，或依赖于可选的嵌入式技术，或可从工具中访问的其他技术上进行创建。数据转换建立在这些标准化技术基础之上，通过将原始格式和模式中的数据值映射到目标表述形式来指导基于规则的转换，模式中经解析的组件将按照知识库中的规则进行重新排列、更正或任何更改。事实上，标准化是分析人员或工具供应商经过反复分析语境、语言学，以及公认的最常见的惯用语等，为获取规则而进行的一种特殊的格式转换。

第二节　数据质量管理活动

一、定义高质量数据

许多人看到质量差的数据时都能辨识出，但是很少有人能够定义高质量数据，或者他们用非常不严谨的术语定义它为"数据必须是正确的""我们需要准确的数据"。高质量的数据能满足数据消费者的需要。在启动数据质量方案之前，有益的做法是了解业务需求、定义术语、识别组织的痛点，并开始就数据质量改进的驱动因素和优先事项达成共识。根据一组问题，可以了解当前状态，并评估组织对数据质量改进的准备情况。

（1）"高质量数据"是什么意思？（2）低质量数据对业务运营和战略的影响是什么？（3）更高质量的数据如何赋能业务战略？（4）数据质量改进需要哪些优先事项的推动？（5）对低质量数据的容忍度是多少？（6）为支持数据质量改进而实施的治理措施是什么？（7）配套实施的治理结构是什么？

要全面了解组织中数据质量的当前状态，需要从不同的角度来探讨这个问题：（1）了解业务战略和目标。（2）与利益相关方面谈，以识别痛点、风险和业务驱动因素。（3）通过资料收集和其他剖析形式直接评估数据。（4）记录业务流程中的数据依赖关系。（5）记录业务流程的技术架构和系统支持。上述评估过程可以揭示大量的机会，这需要根据对组织的潜在利益进行优先排序。利用利益相关方（包括数据管理专员、业务和技术领域专家）的输入，数据质量团队应定义数据质量的含义并提出项目优先级。

二、定义数据质量战略

提高数据质量要有一定的战略，应考虑到需要完成的工作以及人们执行这些工作的方式。数据质量优先级必须与业务战略一致，采纳或开发一个框架及方法论将有助于指导战略和开展战术，同时提供衡量进展和影响的方法。一个框架应包括以下方法：

（1）了解并优先考虑业务需求。（2）确定满足业务需求的关键数据。（3）根据业务需求定义业务规则和数据质量标准。（4）根据预期评估数据。（5）分享调查结果，并从利益相关方那里获得反馈。（6）优先处理和管理问题。（7）确定并优先考虑改进机会。（8）测量、监控和报告数据质量。（9）管理通过数据质量流程生成的元数据。（10）将数据质量控制集成到业务和技术流程中。

框架还应该考虑如何管理数据质量以及如何利用数据质量工具，提高数据质量需要数据质量团队吸引业务和技术人员，定义一个解决关键问题的工作计划和最佳实践，并制定支持数据质量持续管理的操作流程。这样的团队通常是数据管理组织的一部分，数据质量分析人员需要与各级数据管理专员密切合作，并对制度施加影响，包括有关业务流程和系统开发的制度，即使这样的团队还是无法解决组织面临的所有数据质量的挑战。数据质量工作和对高质量数据的承诺需要嵌入组织实践，数据质量策略应该说明如何扩展最佳实践。

三、识别关键数据和业务规则

并非所有的数据都同等重要，数据质量管理工作应首先关注组织中最重要的数据，如果数据质量更高，将为组织及其客户提供更多的价值。可以根据监管要求、财务价值和对客户的直接影响等因素对数据进行优先级排序，通常数据质量改进工作从主数据开始，根据定义，主数据是任何组织中最重要的数据之一。重要性分析结果是一个数据列表，数据质量团队可以使用该结果聚焦他们的工作。在确定关键数据之后，数据质量分析人员需要识别能描述或暗示有关数据质量特征要求的业务规则，通常规则本身并没有明确的文档记录，它们可能需要通过分析现有的业务流程、工作流、规则、政策、标准、系统编辑、软件代码、触发器和过程、状态代码分配和使用以及简单的常识进行逆向还原。例如，如果一家营销公司的目标锁定在特定人群，那么数据质量的潜在指标可能是人口统计领域（出生日期、年龄、性别和家庭收入等）的人口水平和合理性。

识别能描述或暗示有关数据质量特征要求的业务规则，大多数业务规则都与如何收集或创建数据相关，但数据质量度量则围绕数据是否被适当使用进行。数据创建和数据使用是相关的，人们之所以想使用数据，正是因为它代表的含义以及数据创建。例如，要了解一个组织在某季度或某一段时间内的销售业绩，需要依靠有关销售流程的可靠数据（销售的数量和单位、销售给老客户和新客户的数量对比等）。

知道数据的所有使用方法是不可能的，但可以理解创建或收集数据的过程和规则。描述数据是否适合使用的度量，应该根据已知用途和基于数据质量指标（完整性、一致性、有效性、完整性等）的可测量规则进行开发，这些有意义的指标提供了测量的基础。分析师通过质量指标描述了规则（如字段是强制的，必须有值）和结果（实际上，该字段3%的记录未被填充，是空的；数据完整性仅为97%）。

在字段或列的级别，规则可以比较简单。完整性规则反映了字段是强制的还是可选的，如果是可选的，还应反映填充字段的条件。有效性规则依赖于规定有效值的域以及在某些情况下字段之间的关系，例如，邮政编码本身必须是有效的，并且与国家代码正确关联；应在数据集级别定义规则，如每个客户都必须有一个有效的邮寄地址。

因为大多数人不习惯用规则来思考数据，故定义数据质量规则具有很大的挑战性，有必要向利益相关方询问相关业务流程的输入和输出需求来间接了解规则，这样有助于了解痛点、数据丢失或不正确时会发生什么、如何识别问题、如何识别坏数据等。请记住，为了评估数据，不需要一次了解所有规则，发现和完善规则是一个持续的过程，获得规则的最好方法之一是分享评估结果，这些结果通常会让利益相关方对数据有一个新的视角，告诉他们想知道的数据信息，帮助他们更清晰地阐明规则。

四、执行初始数据质量评估

一旦确定最关键的业务需求和支持它们的数据，数据质量评估的最重要部分就是实际查看数据、查询数据，以了解数据内容和关系，以及将实际数据与规则和期望进行比较。第一次这样做时，分析人员会发现许多事情：数据中未被记录的依赖关系、隐含规则、冗余数据、矛盾数据等，当然还有实际符合规则的数据。在数据管理专员、其他领域专家和数据消费者的帮助下，数据治理分析人员需要对调查结果进行分类并确定其优先级。

初始数据质量评估的目标是了解数据，以便定义可操作的改进计划。通常最好从聚焦一项较小的工作开始——一个基本的概念证明（proof of concept，POC）——来演示改进过程是如何工作的。步骤包括：

（1）定义评估的目标。这些目标将推动工作进展。（2）确定要评估的数据。重点应放在一个小的数据集，甚至一个数据元素，或一个特定的数据质量问题上。（3）识别数据的用途和数据的使用者。（4）利用待评估的数据识别已知风险，包括数据问题对组织过程的潜在影响。（5）根据已知和建议的规则检查数据。（6）记录不一致的级别和问题类型。（7）根据初步发现进行额外的深入分析，以便：①量化结果。②根据业务影响优化问题。③提出关于数据问题根本原因的假设。（8）与数据管理专员、领域专家和数据消费者会面，确认问题和优先级。（9）使用调查结果作为规划的基础。①解决问题，最好是找到问题的根本原因。②控制和改进处理流程，以防止问题重复发生。③持续控制和汇报。

五、识别改进方向并确定优先排序

在证明改进过程可行后，下一个目标是策略性地应用它，要做到这一点，需要识别潜在的改进措施，并确定其优先顺序。识别可以通过对较大数据集进行全面的数据分析来完成，以了解现有问题的广度；也可以通过其他方式实现，如就数据的影响问题与利益相关方进行沟通，并跟踪分析这些问题的业务影响。最终需要结合数据分析人员以及利益相关方的讨论来排定最终优先顺序。

执行全面的数据剖析和分析的步骤基本上与执行小规模评估的步骤相同：定义目标、了解数据使用和风险，根据规则衡量、记录并与领域专家确认结果，利用这些信息确定补救和改进工作的优先级。然而有时也需要全面分析存在技术方面的障碍，如果要制订有效的行动计划，则需要在一个分析团队中协调这项工作，并总结和理解总体结果，像小规模的剖析工作一样，大规模的剖析工作仍然应该集中在最关键的数据上。

剖析数据只是分析数据质量问题的第一步，它有助于识别问题，但无法确定产生问题的根本原因，也无法确定问题对业务流程的影响，确定影响需要数据链上的利益相关方的介入。在规划大规模分析时，确保分配足够的时间来共享结果、确定问题的优先级，并确定需要深入分析的问题。

六、定义数据质量改进目标

初步评估获得的知识为特定的数据质量提升目标奠定了基础。数据质量提升可以采取不同的形式，从简单的补救（如纠正记录中的错误）到根本原因的改进。补救和改进计划应考虑可以快速实现的问题（可以立即以低成本解决问题）和长期的战略性变化。这些计划的战略重点应是解决问题的根本原因，并建立问题预防机制。许多事情都会阻碍改进工作，如系统限制、数据龄期、正在进行的使用有问题数据的项目、数据环境的总体复杂性、文化变革阻力。为了防止这些限制阻碍数据质量改进工作的进行，须量化对数据质量改进带来业务价值的一致性，设定具体的、可实现的目标。

例如，根据流程改进和系统设置，目标可能是将客户数据的完整性从90%提高到95%，显然比较初始度量的结果和改进后的结果才能显示改造的成效，但价值来自改进产生的好处：减少客户投诉、减少纠正错误的时间等，通过测量这些内容来解释改进工作的价值。改善数据必须有积极的投资回报，没有人关心字段完整性的级别，除非有业务影响。当发现问题时，可以根据以下内容确定改进的投资回报率：（1）受影响数据的关键性（重要性排序）。（2）受影响的数据量。（3）数据的龄期。（4）受问题影响的业务流程数量和类型。（5）受问题影响的消费者、客户、供应商或员工数量。（6）与问题相关的风险。（7）纠正根本原因的成本。（8）潜在的工作成本。在评估问题时，尤其是评估那些确定了根本原因并且需要进行技术变更的问题时，时时刻刻要注意防止问题再次发生。预防问题的成本通常比纠正问题的成本要低，有时甚至要低几个数量级。

七、开发和部署数据质量操作

许多数据质量方案都是从通过数据质量评估结果确定的一组改进项目开始的。为了保证数据质量，应围绕数据质量方案制订一个实施计划，允许团队管理数据质量规则和标准、监控数据与规则的持续一致性、识别和管理数据质量问题，并报告数据质量水平。为了支持这些活动，数据质量分析人员和数据管理专员也需要参与记录数据标准和业务规则、为供应商建立数据质量要求等活动。

（一）管理数据质量规则

剖析和分析数据的过程将帮助组织发现业务和数据质量规则。随着数据质量实践的成熟，对这些规则的获取应该纳入到系统开发和增强过程中。预先定义规则将包括：（1）对数据质量特征设定明确的期望。（2）提供防止引入数据问题的系统编辑和控制要求。（3）向供应商和其他外部方提供数据质量要求。（4）为正在进行的数据质量测量和报告创建基础。

简而言之，数据质量规则和标准是元数据的一种关键形式，为了提高效率，需要将它们作为元数据进行管理。规则应该是：（1）记录的一致性。建立记录规则的标准和模板，使其具有一致的格式和含义。（2）根据数据质量定义维度。质量维度帮助人们了解正在测量的内容。维度的一致应用将有助于度量和管理问题的过程。（3）与业务影响挂钩。虽然数据质量维度能够帮助理解常见问题，但它们本身并不是目标，标准和规则应该与它们对组织成功的影响直接相关，不应采取与业务流程无关的度量方法。（4）数据分析支持。数据质量分析人员不应猜测规则，而应根据实际数据测试规则。在多数情况下，规则将显示数据存在的问题，但有关分析也表明规则本身通常并不完整。（5）由领域专家确认。规则的目标是描述数据的形态，通常需要通过组织过程的知识确认规则正确地描述了数据，当主题专家确认或解释数据分析的结果时，知识就产生了。（6）所有数据消费者都可以访问。所有数据消费者都应该能够访问记录的规则，这样既可以让他们更好地理解数据，同时也有助于确保规则正确和完整，确保使用者能够就规则提出问题并提供反馈。

(二) 测量和监控数据质量

业务数据质量管理过程取决于测量和监控数据质量的能力。进行业务数据质量度量的原因有两个方面，它们同等重要：(1) 向数据消费者通报数据质量水平。(2) 管理业务或技术流程，改变引入的变更风险。有些测量方法同时适用于这两个目的，应根据数据评估和根本原因分析的结果制定测量方法。旨在通知数据消费者侧重于度量关键数据元素及其关系，如果这些元素和关系不健全，将直接影响业务流程。与风险管理相关的度量应该集中在过去出错的关系以及将来可能出错的关系上。

应将从过去的问题中获得的知识应用于风险管理，例如，如果许多数字问题都与复杂的推导相关，那么应该评估所有的推导，甚至是那些与数字数据问题无关的推导。在大多数情况下，有必要对存在问题的功能或类似的功能进行监控。测量结果可以分为两个层次进行描述：执行单个规则相关的详细信息和规则汇总的总体结果。每个规则都应该有一个用于比较的标准、目标或阈值索引。此函数通常反映正确数据的百分比或异常数据的百分比，具体取决于使用的公式。

$$\text{ValidDQI}(r) = [\text{TestExcutions}(r) - \text{ExpextionsFound}(r)] / \text{TestExcutions}(r)$$

$$\text{InValidDQI}(r) = \text{ExpextionsFound}(r) / \text{TestExcutions}(r)$$

r 为正在测试的规则。例如，对业务规则 rule(r) 的 10000 次测试中发现 560 个异常，那么在本例中，有效数据质量 (ValidDQI) 的结果为 9440 ÷ 10000 × 100% = 94.4%，无效数据质量 (InvalidDQI) 的结果为 560 ÷ 10000 × 100% = 5.6%。

数据质量规则为数据质量的操作管理提供了基础。无论是通过现成的商业成品组件 (commercial off-the-shelf, COTS)、数据质量工具、用于监视和报告的规则引擎和报告工具，还是自定义开发的应用程序，均可以将规则集成到应用程序服务或数据服务中，以补充数据生命周期。通过将控制和度量过程纳入信息处理流程进行持续的监控，可以通过流程或批处理的方式对数据质量规则的一致性进行自动监控，在三个粒度级别上进行度量：数据元素值、数据实例或记录、数据集。在数据创建过程以及在各处理阶段之间传递数据时，可以在流程中完成测量。批处理查询可以在集中收集数据实例时完成，这个过程通常是在持久存储中，因为测量过程可能需要整个集合，故针对数据集的测量通常无法在流程中完成。将控制和测量过程的结果纳入操作程序和报告框架，可以持续监测数据质量水平，以便对数据生成/收集活动进行反馈和改进。

（三）制定管理数据问题的操作过程

无论采用哪种工具监控数据质量，当数据质量团队成员对结果进行评估时都需要及时、有效地对调查结果进行响应。团队必须设计和实施详细的操作过程。

（1）诊断问题。诊断问题的目的是审查数据质量事件的症状，跟踪相关数据的血缘，确定问题及其来源，并查明问题的根本原因。这个过程应说明数据质量操作团队将如何：①在适当的信息处理流程下查看数据问题，并隔离出现缺陷过程。②评估是否存在任何可能导致错误的环境变化。③评估是否有其他过程问题导致了数据质量事件。④确定外部数据是否存在影响数据质量的问题。虽然数据质量团队可以牵头推动这项工作，但成功需要跨职能的协作。

（2）制定补救方案。根据诊断结果评估解决问题的备选方案。包括：①纠正非技术性根本原因，如缺乏培训、缺乏领导支持、责任和所有权不明确等。②修改系统以消除技术类的根本原因。③制定控制措施以防止问题发生。④引入额外的检查和监测。⑤直接修正有缺陷的数据。⑥基于变更的成本和影响对比更正后的数据的价值分析，不采取任何操作。

（3）解决问题。确定解决问题的方案选项后，数据质量团队必须与业务数据的所有者协商，以确定解决问题的最佳方法。该过程应详细说明分析人员如何：①评估替代方案的相对成本和优点。②推荐计划中的一个备选方案。③提供开发和实施该解决方案的计划。④实施该解决方案。

在问题管理过程中做出的决定应在事件跟踪系统中进行记录跟踪。如果这个跟踪系统得到良好的管理，它可以提供关于数据问题产生原因和成本的有价值的洞察，包括问题和根本原因的描述、补救方案以及如何解决该问题的决定。

事件跟踪系统将收集与解决问题、分配工作、确定问题数量和发生频率并做出响应、给出计划解决方案和解决问题所需性能数据。这些指标可以为当前工作流的有效性、系统性和资源利用率提供有价值的洞察，它们是重要的管理数据点，可以推动数据质量控制进行持续的、具有可操作性的改进。

事件跟踪数据也可以帮助数据消费者。根据经修补的数据进行决策时，应该了解数据已经被修改过，了解数据被修改的原因以及被修改的方法，这就是为什么记录修改方法和它们的原理非常重要。将事件跟踪数据提供给数据消费者和研究代码变化的开发人员，虽然对实施数据修改的人来说，数据的变化可能显而易见，但如果没有文档记录，未来的数据消费者将无法了解更改的历史。数据质量事件跟踪要求培训员工学会对问题进行分类、记录和跟踪。进行有效的跟踪需要做到以下四点。

（1）标准化数据质量问题和活动。由于不同行业描述数据问题的术语可能千差万别，因此对所用的概念定义标准词汇表非常重要，这样做将简化分类和报告。随着调查的深入和根本原因的暴露，问题的分类可能会发生变化，标准化可使衡量问题和活动的数量、确定系统和参与者之间的模式和相互依赖关系以及报告数据质量活动的总体影响等变得更加容易。

（2）提供数据问题的分配过程。操作过程指导分析人员将数据质量事件分配给个人进行诊断并提供解决方案，推荐那些具有特定专业领域知识的人员推动事件跟踪系统内的分配过程。

（3）管理问题升级过程。数据质量问题处理需要根据问题的影响、持续时间或紧急程度制定明确的升级机制，明确规定数据质量服务级别协议（service level agreement，SLA）中的升级顺序，事件跟踪系统将执行升级过程，这有助于加快有效处理和解决数据问题的速度。

（4）管理数据质量解决方案工作流。数据质量服务水平协议规定了监控、控制和解决的目标，所有这些目标定义了操作工作流的集合，事件跟踪系统可以支持工作流管理，以跟踪问题诊断和解决的进度。

（四）制定数据质量服务水平协议

数据质量服务水平协议规定了组织对每个系统中数据质量问题进行响应和补救的期望。随着时间的推移，其中计划的数据质量检查有助于确定要解决的问题，逐步减少问题的数量。在对数据缺陷进行隔离和根因分析的同时，预期的操作程序将在既定的时间段内提供解决根本问题的补救方案。进行数据质量检查和到位的监控会提高发现和修补数据质量问题的可能性，及时避免对业务产生重大的负面影响。数据质量服务水平协议中定义的数据质量控制操作包括：（1）协议涵盖的数据元素。（2）与数据缺陷相关的业务影响。（3）与每个数据元素相关的数据质量指标。（4）从每个已确定指标的数据元素出发，识别数据价值链上每个应用程序系统中的质量期望。（5）测量这些期望的方法。（6）每次测量的可接受性阈值。（7）如果不满足可接受性阈值，应通知数据管理专员。（8）预期解决或补救问题的时间和截止日期。（9）升级策略，以及可能的奖励和惩罚。

数据质量服务水平协议还定义了与业务数据质量过程绩效相关的角色和职责。业务数据质量过程提供了符合业务规则定义的报告，并监控员工在应对数据质量事件时的表现。数据管理专员和业务数据质量人员在维护数据质量服务水平的同时，应考虑其数据质量服务水平协议限制，并将数据质量与个人绩效计划联系起来。

如果没能在指定的解决时间内解决问题，则必须有一个向管理链上层报送违反服务级别要求的升级过程。数据质量服务水平协议确定了通知生成的时间限制、管理链中通知的名称以及何时需要进行升级。根据数据质量的规则集、一致的测量方法、业务客户定义的可接受阈值以及 SLA，数据质量团队可以监控数据是否符合业务期望，并了解数据质量团队在处理数据错误时候的表现如何。SLA 报告可以根据业务和运营需求按计划进行。特别关注的是报告趋势分析，如果在 SLA 框架中构建了此类概念，则重点定期关注奖励和惩罚。

（五）编写数据质量报告

评估数据质量和管理数据问题的工作对组织用处不大，除非通过报告共享信息让数据消费者了解到数据的状况。报告应着重于：（1）数据质量评分卡。可从高级别的视角提供与各种指标相关的分数，并在既定的阈值内向组织的不同层级报告。（2）数据质量趋势。随时间显示数据质量是怎样被测量的，以及数据质量趋势是向上还是向下。（3）SLA 指标。例如，运营数据质量人员是否及时诊断和响应数据质量事件。（4）数据质量问题管理。

监控问题和解决方案的状态。（5）数据质量团队与治理政策的一致性。
（6）IT和业务团队对数据质量政策的一致性。（7）改善项目带来的积极影响。报告应尽可能与数据质量SLA中的指标保持一致，以便团队的目标与客户的目标保持一致。

数据质量方案还应报告改进项目带来的积极影响，最佳的做法是持续地提醒组织数据为客户带来的直接影响。

第三节　数据质量管理方法

有效的数据管理涉及一系列复杂的、相互关联的过程，它使组织能够利用他们的数据来实现其战略目标。数据管理能力包括为各类应用设计数据模型、安全存储和访问数据、适当地共享数据、从数据中获得知识，以及保障满足业务需求的能力等，但实现数据价值的前提是数据本身是可靠和可信的，换句话说，数据应是高质量的。然而诸多因素都在破坏这一前提，导致低质量数据产生的因素包括：组织缺乏对低质量数据影响的理解、缺乏规划、孤岛式系统设计、不一致的开发过程、不完整的文档、缺乏标准或缺乏治理等，而很多组织都未能清楚定义该怎么做才能让数据满足目标。

所有数据管理的原则都应有助于提高数据质量，支持组织使用高质量数据应是所有数据管理原则的目标。数据交互过程中任何人的糟糕决策或行动，都可能导致数据质量变差，因此产生高质量数据需要跨职能的承诺和协调。组织和团队要意识到这一点，通过执行过程和项目管理，提前为高质量的数据做好准备，以应对与数据相关的意外或不可接受的风险。

没有一个组织拥有完美的业务流程、完美的技术流程或完美的数据管理实践，所有组织都会遇到与数据质量相关的问题。相比那些不开展数据质量管理的组织，实施正式数据质量管理的组织碰到的问题会更少。

正式的数据质量管理类似于其他产品领域的持续质量管理，包括在整个生命周期制定标准，在数据创建、转换和存储过程中完善质量，以及根据标准度量数据来管理数据。将数据管理到这样的水平通常需要有数据质量团队（data quality program team）。数据质量团队负责与业务和技术数据管理专业人员协作，并推动将质量管理技能应用于数据工作，以确保数据适用于各种需求，该团队可能会参与一系列项目，通过这些项目建立流程和最佳实践，同时解决高优先级的数据问题。

由于管理数据质量涉及数据生命周期管理，因此数据质量团队还将承担与数据使用相关的操作责任，例如，报告数据质量水平，参与数据问题的分析、问题的量化和优先级排序。团队还负责与那些需要数据开展工作的人合作，以确保数据满足他们的需求，并与那些在工作过程中创建、更新或删除数据的人合作，以确保他们正确地处理数据，数据质量取决于所有与数据交互的人，而不仅仅是数据管理专业人员。

与数据治理和整体数据管理一样，数据质量管理不是一个项目，而是一项持续性工作。它包括项目和维护工作，以及承诺进行沟通和培训。最重要的是，数据质量改进取得长期成功取决于组织文化的改变及质量观念的建立。正如《领导者数据宣言》一书中所述，持续性的根本变革需要组织内各级人员的坚定领导和参与。使用数据完成工作的人——在大多数组织中，这一比例非常高——需要去推动变革，而最关键的变革之一是关注他们的组织如何管理和提高数据质量。

一、数据质量管理业务驱动因素

建立正式数据质量管理的业务驱动因素包括：（1）提高组织数据价值和数据利用的机会。（2）降低因低质量数据导致的风险和成本。（3）提高组织效率和生产力。（4）保护和提高组织的声誉。

希望从数据中获取价值的组织认识到，高质量数据比低质量数据更有价值。使用劣质数据充满风险，会损害组织的声誉，导致罚款、收入损失、客户流失和负面的媒体曝光。监管的需求通常要求高质量的数据。此外，许多直接成本均与低质量数据有关，例如：（1）无法正确开具发票。（2）增加客服电话量，降低解决问题的能力。（3）因错失商业机会造成收入损失。（4）影响并购后的整合进展。（5）增加受欺诈的风险。（6）由错误数据驱动的错误业务决策造成损失。（7）因缺乏良好信誉而导致业务损失。

高质量数据本身并不是目的，它只是组织获取成功的一种手段，值得信赖的数据不仅降低了风险，还降低了成本，提高了效率。当员工使用可靠的数据时，他们可以更快、更一致地回答问题，如果数据是正确的，他们能花更少的时间发现问题，并将更多的时间用于使用数据来获得洞察力、做决策和服务客户。

二、数据质量管理目标和原则

数据质量管理专注于以下目标：（1）根据数据消费者的需求，开发一种受管理的方法，使数据符合要求。（2）定义数据质量控制的标准和规范，并作为整个数据生命周期的一部分。（3）定义和实施测量、监控和报告数据质量水平的过程。

根据数据消费者要求，通过改变流程和系统以及参与可显著提高数据质量的活动，识别和倡导提高数据质量的机会。数据质量管理应遵循以下原则：

（1）重要性。数据质量管理应关注对企业及其客户最重要的数据，改进的优先顺序应根据数据的重要性以及数据不正确时的风险水平来判定。

（2）全生命周期管理。数据质量管理应覆盖从创建或采购直至处置的数据全生命周期，包括其在系统内部和系统之间流转时的数据管理，数据链中的每个环节都应确保具有高质量的输出。

（3）预防。数据质量方案的重点应放在预防数据错误和降低数据可用性等情形上，不应放在简单的纠正记录上。

（4）根因修正。提高数据质量不只是纠正错误，因为数据质量问题通常与流程或系统设计有关，所以提高数据质量通常需要对流程和支持它们的系统进行更改，而不仅仅是从表象来理解和解决。

（5）治理。数据治理活动必须支持高质量数据的开发，数据质量规划活动必须支持和维持受治理的数据环境。

（6）标准驱动。数据生命周期中的所有利益相关方都会有数据质量要求，在可能的情况下对于可量化的数据质量需求应该以可测量的标准和期望的形式来定义。

（7）客观测量和透明度。数据质量水平需要得到客观、一致的测量，应该与利益相关方一同讨论与分享测量过程和测量方法，因为他们是质量的裁决者。

（8）嵌入业务流程。业务流程所有者对通过其流程生成的数据质量负责，他们必须在其流程中实施数据质量标准。

（9）系统强制执行。系统所有者必须让系统强制执行数据质量要求。

（10）与服务水平相关联。数据质量报告和问题管理应纳入服务水平协议。

三、预防措施

创建高质量数据的最佳方法是防止低质量数据进入组织。预防措施可以阻止已知错误的发生，在事后对数据进行检查并不能提高其质量。预防方法包括：

（1）建立数据输入控制。创建数据输入规则，防止无效或不准确的数据进入系统。

（2）培训数据生产者。确保上游系统的员工了解其数据对下游用户的影响，对数据的准确性和完整性进行激励或基础评估，让其不仅仅追求录入速度。

（3）定义和执行规则。创建一个"数据防火墙"，一个包含用于检查数据质量是否良好的所有业务数据质量规则的表，然后用于应用程序（如数据仓库）中。数据防火墙可以检查应用程序处理数据的质量级别，如果质量级别低于可接受的级别，分析人员将得到通知。

（4）要求数据供应商提供高质量数据。检查外部数据供应商的流程，以检查其结构、定义、数据源和数据出处。这样做可以评估其数据的集成程度，并有助于防止使用未经授权的数据，或者未得到所有者许可而获取的数据。

（5）实施数据治理和管理制度。定义并执行以下内容的角色和责任：参与规则、决策权和有效管理数据和信息资产的责任（McGilvray，2008），与数据管理专员合作，修改数据生成、发送和接收的流程和机制。

（6）制定正式的变更控制。确保在实施之前对存储数据的所有变更进行定义和测试。通过建立把关过程，防止在正常处理流程之外直接更改数据。

四、纠正措施

问题发生并被检测到之后，实施纠正措施。数据质量问题应系统地、从根本上解决，最大限度地降低纠正措施的成本和风险。"就地解决问题"是数据质量管理中的最佳实践，这通常意味着纠正措施应包括防止产生质量问题的原因再次发生。执行数据修正一般有以下三种方法。

（1）自动修正。自动修正技术包括基于规则的标准化、规范化和更正，修改后的值是在没有人工干预的情况下获取或生成和提交的。例如，地址自动更正，它将投递地址提交给地址标准化程序，该标准化程序使用规则、解析、标准化和引用表来核对和更正投递地址。自动修正需要一个环境，如具有定义良好的标准、普遍接受的规则和已知的错误模式等。如果这个环境得到很好的管理，并且纠正的数据能够与上游系统共享，那么自动修正的数量可以随着时间的推移而减少。

（2）人工检查修正。使用自动工具纠正数据，并在纠正提交到永久存储之前进行人工检查。自动应用名称和地址修正、身份解析和基于模式的修正，并使用一些评分机制来提出修正的置信水平。分数高于特定置信水平的更正可以不经审核而提交，但分数低于置信水平的更正将提交给数据管理专员进行审核和批准。提交所有批准的更正，并审查未批准的更正，以了解是否调整应用的基本规则。在某些环境下，敏感数据集需要人工监督，如主数据管理是一个可能适用于人工检查的典型场景。

（3）人工修正。在缺乏工具、自动化程度不足或者确定通过人工监督能更好地处理变更的情况下，人工更正是唯一的选择。手动更正最好通过带有控制和编辑的界面来完成，该界面为更改提供了审计跟踪。在生产环境中直接进行更正和提交更新的记录方法非常危险，应避免使用此方法。

五、质量检查和审核代码模块

创建可共享、可链接和可重用的代码模块，开发人员可以从存储库中拿到它们，重复执行数据质量检查和审计过程。如果模块需要更改，那么链接到该模块的所有代码都将得到更新。这些模块简化了维护过程，精心设计的代码块可以防止许多数据质量问题，与此同时，它们确保了流程的一致执行。如果法律或政策要求报告特定质量结果，通常需要描述结果的血缘关系，质量检查模块可以提供这类功能。对于具有任何可疑质量指标且优先级较高的数据，应在共享环境中通过质量记录和信心评分（confidence racing）使信息质量达到标准。

六、有效的数据质量指标

管理数据质量的一个重要组成部分是开发度量指标，以告知数据消费者对其数据使用非常重要的质量特征，很多事情都可以度量，但不是所有的事情都值得投入时间和精力。在制定度量标准时，数据质量分析人员应考虑以下特征。

（1）可度量性。数据质量指标必须是可度量的——它必须是可被量化的东西，例如，数据相关性是不可度量的，除非设置了明确的数据相关性标准。即便是数据完整性这一指标也需要得到客观的定义才能被测量，预期的结果应在离散范围内可量化。

（2）业务相关性。虽然很多东西是可测量的，但并不能全部转化为有用的指标。测量需要与数据消费者相关，如果指标不能与业务操作或性能的某些方面相关，那么它的价值是有限的，每个数据质量指标都应该与数据对关键业务期望的影响相关联。

（3）可接受性。数据质量指标构成了数据质量的业务需求，根据已确定的指标进行量化提供了数据质量级别的有力证据。根据指定的可接受性阈值确定数据是否满足业务期望，如果得分等于或超过阈值，则数据质量满足业务期望；如果得分低于阈值，则数据质量不满足业务期望。

（4）问责/管理制度。关键利益相关方（如业务所有者和数据管理专员）应理解和审核指标。当度量的测量结果显示质量不符合预期时，会通知关键利益相关方，业务数据所有者对此负责，并由数据管理专员采取适当的纠正措施。

（5）可控制性。指标应反映业务的可控方面。换句话说，如果度量超出范围，它应该触发行动来改进数据，如果没有任何响应，那么这个指标可能没有什么用处。

（6）趋势分析。指标使组织能够在一段时间内测量数据质量改进的情况。跟踪有助于数据质量团队成员监控数据质量和数据共享协议范围内的活动，并证明改进活动的有效性。一旦信息流程稳定后，就可以应用统计过程控制技术发现改变，从而实现其所研究的度量结果和技术处理过程的可预测性变化。

七、统计过程控制

统计过程控制（statics process control，SPC）是一种通过分析过程输入、输出或步骤的变化测量值来管理过程的方法。该技术于 20 世纪 20 年代在制造业发展起来，后应用到其他行业，如六西格玛改进方法和数据质量管理，简单地说，就是一系列将输入转化为输出的步骤过程。SPC 基于这样一个假设：当一个具有一致输入的过程被一致执行时，它将产生一致的输出。它使用集中趋势（变量的值接近其中心值的趋势，如平均值、中值或模式）和围绕中心值可变性（如范围、方差、标准偏差）的度量来确定过程中的偏差。SPC 使用的主要工具是控制图，它是一个时间序列图，包括平均值的中心线（集中趋势的度量），以及描述测算的上下控制界限（围绕中心值的可变性）。在一个稳定的过程中，超出控制范围的度量结果表明了异常状况的存在。

SPC 通过识别过程中的变化来衡量过程结果的可预测性。过程有两种不同类型：流程内部固有的常见原因和不可预测或间歇性的特殊原因。当常见原因是唯一的变异源时，就说明系统处于控制之下，并且可以建立一个正常的变化范围，这个范围就是可以检测变化的基线。

将 SPC 应用于数据质量度量是基于以下假设展开的，即数据和制造产品一样，是一个过程的产物。有时创建数据的过程非常简单（如一个人填写表单），有时却相当复杂，如用一组汇总医疗索赔数据的算法跟踪与特定临床方案有效性相关的趋势。如果这样一个过程有一致的输入并且执行过程一致，那么每次运行都会产生一致的结果，但是如果输入或执行过程发生变化，那么输出也会发生变化。其中的每一部分都可以被度量，测量结果可用于探测特殊原因，了解这些特殊原因可用于减少与数据收集或处理相关的风险。

　　将 SPC 应用于控制、发现和提升，第一步是对过程进行度量，以识别和消除特殊原因。该活动建立对过程状态的控制。第二步是尽可能早地发现异常变化，因为早期发现问题简化了对问题根源的调查过程，对过程的度量也有助于减少对常见变化原因的不必要影响，从而提高效率。

八、根本原因分析

　　导致问题产生的根本原因一旦消失，问题本身也会消失，根本原因分析是一个理解导致问题发生的因素及其作用原理的过程，其目的是识别潜在的条件，这些条件一旦消除，问题也将消失。

　　数据管理的例子可以解释这个定义，假设每个月运行的数据处理需要输入一个客户信息文件，对数据的测量表明，在 4 月、7 月、10 月和 1 月，数据质量下降。对交付时间的检查表明，在 3 月、6 月、9 月和 12 月，文件在当月 30 日进行交付，而在其他月份则在 25 日交付。进一步分析表明，负责交付文件的团队还负责关闭季度财务流程，季度财务流程优先于其他工作，从而导致客户信息文件在这些月内延迟交付，影响了质量。该数据产生质量问题的根本原因是由竞争优先级引起的进程延迟，可以通过安排文件交付计划并确保资源在计划内交付来解决这一问题。

　　常见的根因分析技术包括帕累托分析（80/20 规则）、鱼骨图分析、跟踪和追踪、过程分析以及五个为什么等（McGilvray，2008）。

九、就绪评估/风险评估

　　大多数依赖数据的组织都有很多改进的机会，从数据管理的角度来看，数据质量方案是否正式、能否取得支持，取决于组织的成熟程度。组织采用数据质量的实践准备情况，可以通过以下特征进行评估。

　　（1）管理层承诺将数据作为战略资产进行管理。要获得管理层对数据管理的支持，就要明确高级管理人员能否理解数据在组织中扮演的角色。高级管理人员在多大程度上认识到数据对战略目标的价值？他们将哪些风险与低质量数据联系起来？他们对数据治理的好处有多了解？对改变文化以支持质量改进的能力有多乐观？

（2）组织对数据质量的当前理解。大多数组织在开始其质量改进之前，他们通常表示了解质量数据差的障碍和痛点。了解这些很重要，低质量数据可以直接与组织的负面影响关联在一起，包括直接和间接成本；对痛点的理解也有助于确定和优先考虑改进项目。

（3）数据的实际情况。以客观的方式描述导致痛点的数据情况是改进数据的第一步。通过剖析和分析，以及对已知问题和痛点的量化来度量和描述数据。如果数据质量团队不知道数据的实际情况，那么将很难确定优先级并抓住改进机会采取行动。

（4）与数据创建、处理或使用相关的风险。识别数据可能出现的问题以及质量不佳的数据对组织造成的潜在损害，为降低风险提供了基础，如果组织认识不到这些风险，那么获取组织对数据质量规划的支持可能是一个挑战。

（5）可扩展数据质量监控的文化和技术就绪。数据质量可能受到业务和技术流程的负面影响，提高数据质量取决于业务和 IT 团队之间的合作，如果业务和 IT 团队之间的关系不是协作的状态，将很难取得进展。就绪评估的结果将有助于确定从何处开始以及如何快速进行，也可为实现路线图计划目标打下基础。如果数据质量改进获得强有力的高层支持，并且组织了解自己的数据，那么就可能启动一个完整的战略计划。如果组织不了解其数据的实际状态，那么在制定完整的战略之前，可能需要先集中精力构建这些知识。

十、组织与文化变革

数据质量不是通过一些工具和口号就能改进的，而是要通过帮助员工和利益相关方树立不断行动的思维观念，同时要始终考虑数据质量和业务与客户的需求来改进。让一个组织认真对待数据质量，通常需要进行重大的文化变革，这种变革需要领导者的远见和领导力。

要提高数据对组织作用和重要性的认识。所有员工都必须负责任地处理并提出数据质量问题，从消费者的角度要求高质量的数据，并向他人提供高质量信息，每个接触数据的人都会影响数据的质量，数据质量不仅是数据质量团队或 IT 团队的职责。

正如员工需要了解获取新客户或保持现有客户的成本一样，他们也需要了解低质量数据的组织成本，以及导致数据质量低下的原因。例如，如果客户数据不完整，客户可能会收到错误的产品，从而给组织造成直接和间接成本。客户不但会退回产品，而且他们可能会通过呼叫中心打电话投诉，对组织声誉造成损害。如果由于组织没有建立明确的需求而导致客户数据不完整，那么使用这些数据的每个人都有权要求澄清需求并遵循标准。

最终如果要让员工生成更高质量的数据并以确保质量的方式管理数据，他们需要以不同的方式思考和行动，这需要培训和强化训练。培训应着重于：（1）导致数据问题的常见原因。（2）组织数据生态系统中的关系以及为什么提高数据质量需要全局方法。（3）糟糕数据造成的后果。（4）持续改进的必要性。（5）要"数据语言化"，阐述数据对组织战略与成功、监管报告和客户满意度的影响。培训还应包括对任何过程变更的介绍，以及有关变更如何提高数据质量的声明。

十一、数据质量和数据治理

数据质量工作作为数据治理计划的组成部分时，效果更好，通常数据质量问题是建设企业范围数据治理的原因。将数据质量工作纳入整体治理工作，使数据质量方案团队能够与一系列利益相关方和推动者合作。（1）风险与安全人员可以帮助识别与数据相关的组织弱点。（2）业务流程工程和培训人员可以帮助团队实施流程改进。（3）业务和运营数据专员以及数据所有者可以识别关键数据、定义标准和质量期望，并优先处理数据问题。

治理组织可以通过以下方式加快数据质量方案的工作：（1）设定优先级。（2）确定和协调有权参与各种数据质量相关决定和相关活动的人。（3）制定和维护数据质量标准。（4）报告企业范围内数据质量的相关测量结果。（5）提供有助于员工参与的指导。（6）建立知识共享的沟通机制。（7）制定和应用数据质量和合规政策。（8）监控和报告绩效。（9）共享数据质量检查结果，以提高认识，确定改进机会，并就改进达成共识。（10）解决变化和冲突，提供方向性指导。

（一）数据质量制度

数据质量工作应有匹配的数据治理制度的支持，例如，治理制度可授权定期的质量审计，并实施相关标准和最佳实践。所有数据管理知识领域都需要制定相关制度，但数据质量制度尤其重要，因为它们经常涉及法规要求。各项制度应包括：（1）制度的目的、范围和适用性。（2）术语定义。（3）数据质量团队的职责。（4）其他利益相关方的责任。（5）报告。（6）策略的实施，包括与之相关的风险、预防措施、合规性、数据保护和数据安全性等。

（二）度量指标

数据质量团队的大部分工作将集中于质量的度量和报告上，数据质量的高阶指标包括：（1）投资回报。关于改进工作的成本与改进数据质量的好处的声明。（2）质量水平。测量一个数据集内或多个数据集之间的错误或不满足甚至违反需求情况的数量和比率。（3）数据质量趋势。随着时间的推移，针对阈值和目标的质量改进，或各阶段的质量事件。（4）数据问题管理指标。①按数据质量指标对问题进行分类与计数。②各业务职能部门及其问题状态（已解决、未解决、已升级）。③按优先级和严重程度对问题进行排序。④解决问题的时间。（5）服务水平的一致性。包括负责人员在内的组织单位对数据质量评估项目干预过程的一致性。

课后思考题

1. 结合管理信息系统和 ERP 中数据编码的内容，说明数据质量的作用。

2. 请说明在数据 ETC 中如何体现数据质量管理思想。

3. 数据质量管理对于数据治理的作用体现在哪些方面？

4. 从商业模式和企业文化角度出发，说明企业可以如何进行数据质量管理。

数据成熟度评估

❖学习目标

1. 掌握数据成熟度评估的级别和目标。
2. 熟悉数据成熟度评估的驱动因素。
3. 掌握数据成熟度评估的标准。
4. 掌握数据成熟度评估的过程。
5. 熟悉数据成熟度管理。

能力成熟度评估（capability maturity assessment，CMA）是一种基于能力成熟度模型（capability maturity model，CMM）框架的能力提升方案，描述了数据管理能力初始状态发展到最优化的过程。CMA 概念源于美国国防部为评估软件承包商而建立的标准，20 世纪 80 年代中期，卡内基梅隆大学软件工程研究所发布了软件能力成熟度模型。虽然 CMM 首先应用于软件开发，但现在已被广泛用于其他一系列领域，包括数据管理。

第一节　数据成熟度的基本概念

一、数据成熟度级别

成熟度模型通过描述各阶段能力特点来定义成熟度的级别，当一个组织满足某阶段能力特征时，就可以评估其成熟度等级，并制订一个提高能力的计划，它还可以帮助组织在等级评估的指导下进行改进，与竞争对手或合作伙伴进行比较。在每一个新等级，能力评估会变得更加一致、可预测和可靠，当能力呈现出与等级不符的特征时，等级会得到提升，但能力水平有既定顺序，不能跳过任何等级。

这些级别通常包括：（1）0 级。无能力级。（2）1 级。初始级或临时级：成功取决于个人的能力。（3）2 级。可重复级：制定了最初级的流程规则。（4）3 级。已定义级：已建立标准并使用。（5）4 级。已管理级：能力可以被量化和控制。（6）5 级。优化级：能力提升的目标是可量化的。

在每个级别中，判定标准是通过展现的能力特征来描述的。例如，成熟度模型可能包括与流程如何落地执行有关的标准，包括这些执行过程的自动化程度等，它可能侧重于策略、控制及过程细节。这样的评估有助于搞清楚哪些方面的工作做得很好，哪些方面的工作做得不好，以及组织在哪些方面存在差距。

基于评估结果，组织可以制定路线图以实现以下目标：（1）与过程、方法、资源和自动化相关的高价值改进机会。（2）符合业务战略的能力。（3）定期基于模型评估组织能力开展治理项目。数据管理成熟度评估（data management maturity assessment，DMMA）可用于全面评估数据管理，也可用于聚焦单个知识领域甚至单个过程。无论其焦点是什么，DMMA 都可以帮助弥合业务部门和 IT 部门在数据管理实践的状况和有效性方面的观念冲突。DMMA 提供了一种用于描述数据管理知识领域进展情况的通用语言，也提供了一种可以根据组织的战略优先事项进行调整的基于阶段的改进路径，因此它可以用于设置和衡量组织目标，以及将该组织与其他组织或行业基准进行比较。

二、数据成熟度评估驱动因素

在开始介绍 DMMA 之前，组织必须建立对其当前状态能力、资产、目标和优先级的初步认识。组织需要一定程度的成熟度来进行评估，并通过设定目标、制定路线图和监控进度来有效地响应评估结果。各组织进行能力成熟度评估有以下六个原因。

（1）监管。监管对数据管理提出了最低成熟度水平要求。

（2）出于规划与合规性目的，数据治理需要进行成熟度评估。

（3）过程改进的组织就绪。组织认识到要改进其实践过程应从评估其当前状态开始。例如，它承诺管理主数据，并需要评估其部署主数据管理流程和工具的准备情况。

（4）组织变更。组织变更（如合并）会带来数据管理挑战，DMMA 为应对这些挑战制定了规划。

（5）新技术。技术的进步提供了管理和使用数据的新方法，组织希望了解成功采用的可能性。

（6）数据管理问题。当需要解决数据质量问题或应对其他数据管理挑战时，组织希望对其当前状态进行评估，以便更好地决定如何实施变更。数据管理成熟度评估语境关系如图 9 - 1 所示。

三、数据成熟度评估目标和原则

数据管理能力评估的主要目标是评估关键数据管理活动的当前状态，以便制订计划进行改进。评估通过分析具体的优势和弱点，将组织置于成熟度水平量尺上，从而帮助组织认知、确定优先次序和实施改进机会。在实现其主要目标时，DMMA 可以对文化产生积极影响。它有助于：（1）向利益相关方介绍数据管理概念、原则和实践。（2）厘清利益相关方在组织数据方面的角色和责任。（3）强调将数据作为关键资产进行管理的必要性。（4）扩大对整个组织内数据管理活动的认识。（5）改进有效数据治理所需的协作。

根据评估结果，组织可以丰富其数据管理大纲，从而支撑组织的运营和战略方向。通常数据管理的计划存在组织孤岛问题，它们很少从企业视角审视数据，DMMA 可以帮助组织刻画组织整体战略的统一愿景，还能使组织明确优先事项和目标，并制订综合改进计划。

四、数据成熟度评价及特点

CMM 通常定义 5 ~ 6 个成熟度级别，每个级别有各自的特性，从初始级到优化级，如图 9 - 2 所示。

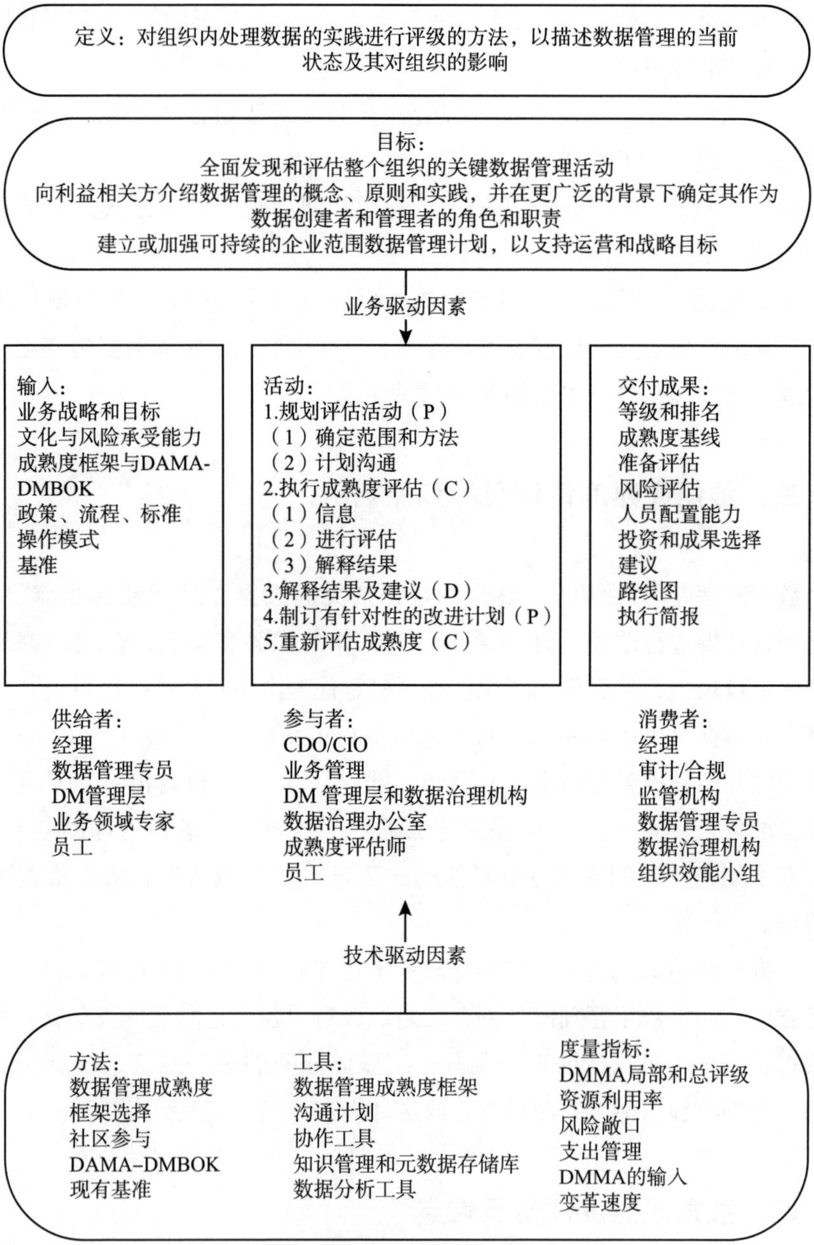

> 定义：对组织内处理数据的实践进行评级的方法，以描述数据管理的当前状态及其对组织的影响

> 目标：
> 全面发现和评估整个组织的关键数据管理活动
> 向利益相关方介绍数据管理的概念、原则和实践，并在更广泛的背景下确定其作为数据创建者和管理者的角色和职责
> 建立或加强可持续的企业范围数据管理计划，以支持运营和战略目标

业务驱动因素

输入： 业务战略和目标 文化与风险承受能力 成熟度框架与DAMA-DMBOK 政策、流程、标准 操作模式 基准	活动： 1.规划评估活动（P） （1）确定范围和方法 （2）计划沟通 2.执行成熟度评估（C） （1）信息 （2）进行评估 （3）解释结果 3.解释结果及建议（D） 4.制订有针对性的改进计划（P） 5.重新评估成熟度（C）	交付成果： 等级和排名 成熟度基线 准备评估 风险评估 人员配置能力 投资和成果选择 建议 路线图 执行简报
供给者： 经理 数据管理专员 DM管理层 业务领域专家 员工	参与者： CDO/CIO 业务管理 DM管理层和数据治理机构 数据治理办公室 成熟度评估师 员工	消费者： 经理 审计/合规 监管机构 数据管理专员 数据治理机构 组织效能小组

技术驱动因素

方法： 数据管理成熟度 框架选择 社区参与 DAMA-DMBOK 现有基准	工具： 数据管理成熟度框架 沟通计划 协作工具 知识管理和元数据存储库 数据分析工具	度量指标： DMMA局部和总评级 资源利用率 风险敞口 支出管理 DMMA的输入 变革速度

图 9-1　数据管理成熟度评估语境关系

资料来源：DAMA International. DAMA 数据管理知识体系指南 ［M］. 2 版. 北京：机械工业出版社，2020.

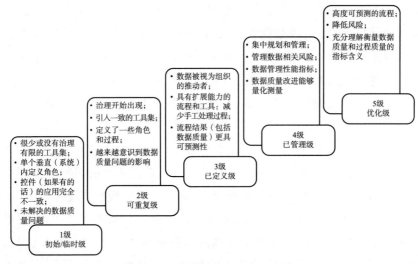

图 9 - 2　数据管理成熟度模型示例

资料来源：DAMA International. DAMA 数据管理知识体系指南［M］. 2 版 . 北京：机械工业出版社，2020.

以下是对数据管理成熟度宏观状态的一般总结，包括对每个知识领域内的子类别标准的详细评估，如战略、政策、标准、角色定义等。

（1）0 级无能力。在数据管理中，管理活动或正式企业流程处于无组织的状态。很少有组织处在 0 级阶段，这个级别在成熟度模型中是为了定义才被设定的。

（2）1 级初始/临时。使用有限的工具集进行通用的数据管理，很少或根本没有治理活动。数据处理高度依赖于少数专家，角色和责任在各部门中分开定义。每个数据所有者自主接收、生成和发送数据控件的应用不一致。管理数据的解决方案是有限的。数据质量问题普遍存在，但无法得到解决，基础设施支持处于业务单元级别。评估标准可能包括对任意一个流程进行控制，如记录数据质量问题。

（3）2 级可重复。有一致的工具和角色定义来支持流程执行。在 2 级中，组织开始使用集中化的工具，并为数据管理提供更多的监控手段。角色的定义和流程并不完全依赖于特定专家。组织对数据质量问题和概念有了认识，开始认识到主数据和参考数据的概念。评估标准可能包括组件中的正式角色定义，如职位描述、流程文档以及利用工具集的能力。

（4）3级已定义：新兴数据管理能力。第3级将引入可扩展的数据管理流程并将其制度化，并将数据管理视为一种组织促成因素，其特点包括在组织中的数据复制受到控制，总体数据质量普遍提高，有协调一致的政策定义和管理。越正式的流程定义越能显著减少人工干预，这样伴随着集中化的设计流程，意味着流程的结果更加可预测。评估标准可能包括制定数据管理政策、可扩展过程的使用以及数据模型和系统控制的一致性。

（5）4级已管理。从1~3级增长中获得的经验积累使组织能够在即将开展新项目和任务时预测结果，并开始管理与数据相关的风险，数据管理包括一些绩效指标。4级的特点包括从桌面到基础设施的数据管理工具标准化，以及结构良好的集中规划和治理功能。此级别的机构在数据质量和全组织数据管理能力（如端到端的数据审核）等方面有显著性提高。评估标准可能包括与项目成功相关的指标、系统的操作指标和数据质量指标。

（6）5级优化。当数据管理实践得到优化时，由于流程自动化和技术变更管理，它们是高度可预测的，这个成熟度级别的组织会更关注于持续改进。在第5级，工具支持跨流程查看数据，控制数据的扩散防止不必要的复制，使用容易理解的指标来管理和度量数据质量和过程。评估标准可能包括变更管理组件和流程改进的一些度量指标。

五、数据成熟度评估标准

每个能力级别都有与正在评估的流程有关的具体评估标准，例如，如果正在评估数据建模功能的成熟度，那么1级可能会问到是否有数据建模实践以及有多少个系统；2级可能会要求定义企业数据建模方法；3级将考察该方法的实施推广程度；4级将查看建模标准是否得到了有效的执行；5级将要求有适当的方式来改进建模实践。

在任何级别上，评估标准都将按照一个尺度进行评估，如1—未开始、2—正在进行、3—能使用、4—有效，以此显示该级别的进展情况，并向下一个级别迈进，分数可以组合可视化手段显示，以便理解当前状态和目标状态之间的差异。当使用可映射到 DAMA – DMBOK 数据管理知识领域的模型进行评估时，可以根据语境关系图中的类别制定标准。

（1）活动。活动或流程在多大程度上已到位？是否定义了有效和高效执行的标准？活动的定义和执行情况如何？是否产生最佳实践输出？

（2）工具。该活动在多大程度上是由一组通用工具实现自动化和支持的？是否在特定角色和职责范围内提供工具培训？工具是否在需要的时候和需要的地方可用？它们是否优化配置以提供最有效和最高效的结果？长期技术计划应制订到何种程度，才具有适应未来的能力？

（3）标准。这项活动在多大程度上得到一套通用标准的支持？这些标准是否有文件记录？标准是否有治理活动和变更管理活动强制执行和支持？

（4）人员和资源。组织在多大程度上配备人员执行活动？执行活动需要哪些特定的技能、训练和知识？角色和职责的定义如何？

图9-3直观地呈现了数据管理成熟度评估的结果。对于每种能力（治理、架构等），图形的外环显示了组织竞争成功所需的能力等级，内环显示通过评估确定的能力等级，两环之间距离最大的区域代表着组织面临的最大风险。这种报告既有助于确定优先事项，还可以用来测量一段时间内的进展情况。

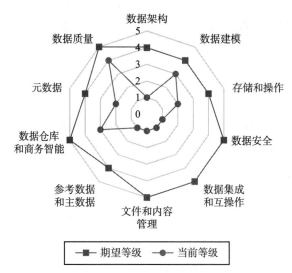

图9-3　数据管理成熟度评估可视化示例

资料来源：DAMA International. DAMA 数据管理知识体系指南 ［M］. 2 版. 北京：机械工业出版社，2020.

六、DMMA 数据成熟度评估框架

数据管理成熟度评估框架被划分为离散的数据管理主题，框架焦点和内容取决于它们是用于通用行业还是特定行业。然而大多数主体都可以映射到 DAMA – DMBOK 知识领域，上面的示例旨在说明数据管理领域中开发的能力成熟度模型范围。许多供应商都开发了自己的模型，在选择供应商或开发自己的框架之前，组织应该先评估如下五个模型。

(一) CMMI 数据管理成熟度模型

能力成熟度模型研究所（CMMI）开发了数据管理成熟度模型（CMMI – DMM），该模型为以下数据管理领域提供了评估标准：（1）数据管理策略。（2）数据治理。（3）数据质量。（4）平台与架构。（5）数据操作。（6）支持流程。

在每个流程中，模型都会识别出一些评估子流程，例如，数据质量部分包括数据质量策略和数据质量评估、分析和清理。该模型还考虑了数据管理各知识领域之间的关系，例如，会考虑利益相关方的需求以及业务流程和数据质量管理之间的关系。

(二) EDM 委员会 DCAM

企业数据管理委员会（enterprise data management council）是总部设在美国的金融服务行业宣传组织，它开发了数据管理能力评估模型（data management capability assessment model，DCAM）。DCAM 是成员们努力在数据管理最佳实践上达成共识的结果，描述了与可持续数据管理项目开发相关的 37 项能力和 115 项子能力，评估重点关注利益相关方的参与程度、流程的形式及展示能力的组件。

(三) IBM 数据管理委员会成熟度模型

IBM 数据管理委员会成熟度模型基于 55 个组织委员会组成。委员会成员合作定义了一组通用的可观察和期望的行为，组织可以通过这些行为评估和设计自己的数据治理项目。该模型的目的是通过经验证的业务技术、协作方法和最佳实践，帮助组织构建治理中的一致性和质量控制。该模型围绕4个关键类别组成：（1）结果。数据风险管理和合规、价值创造。（2）使能因素。组织结构和认知、政策、管理。（3）核心内容。数据质量管理、信息生命周期管理、信息安全和隐私管理。（4）支持内容。数据架构、分类和元数据、审计信息、日志记录和报告。IBM模型既是一个成熟度框架，也是为了成熟度分级而构造出的一组有答案的评估问题。

（四）斯坦福数据治理成熟度模型

斯坦福大学的数据治理成熟度模型是为该大学开发的，它并不是一个行业标准，但即便如此，它仍然是提供指导和测量标准模型的一个好例子。该模型关注的是数据治理，而不是数据管理，但它为全面评估数据管理奠定了基础，该模型区分基础部分（意识、形式化、元数据）和项目部分（数据管理、数据质量、主数据）。该模型在每部分都清楚地说明了人员、政策和能力的驱动因素，而且阐明了每个成熟度级别的特征，并为每个级别提供了定性和定量的测量。

（五）Gartner 的企业信息管理成熟度模型

高德纳（Gartner）发布了一个企业信息管理成熟度模型，该模型建立了评估愿景、战略、度量、治理、角色和责任、生命周期和基础架构的标准。

在选择 DMM 框架时，应考虑以下标准：（1）易用性。实践活动是以非技术性术语来描述的，它传达了活动的功能本质。（2）全面性。该框架涉及广泛的数据管理活动，包括业务参与，而不仅仅是 IT 过程。（3）可扩展性和灵活性。框架的结构能够支持增强行业特定或附加的规程，并且可以根据组织的需要全部或部分使用。（4）内置的未来演进路径。虽然不同组织确定的优先级不同，但 DMM 框架描述了每个功能逻辑前进的方式。（5）行业不可知论与行业特定论。某些组织受益于行业特定的方法，但其他组织受益于更通用的框架。所有的 DMM 框架都应该遵循跨垂直领域的数据管理最佳实践。（6）抽象或详细程度。实践和评估标准表达详细，可以确保它们指导相关执行工作。（7）非规定性。框架描述了需要执行的内容，而不是必须如何执行。（8）按主题组织。框架将数据管理活动放置在适当的情景中，使每个活动都能够单独评估，同时又可识别依赖关系。（9）可重复。该框架可以得到一致的解释，支持可重复的结果，以便将一个组织与其行业中的其他组织进行比较，并跟踪一段时间内的进展情况。（10）由中立的独立组织支持。为了避免利益冲突，该模型应由保持中立的供应商广泛提供，以确保最佳实践的广泛代表性。模型的重点应该放在实践上，而不是放在工具上。（11）培训支持。该模型有全面的培训支持，使专业人员能够掌握框架并优化其使用方法。

第二节　数据成熟度评估实施过程

数据管理成熟度评估需要计划，为确保实际可行的结果，应在计划内留出时间准备材料和评估结果，评估应在规定的短时间内进行。评估的目的是揭露当前的优势和改进的机会，而不是解决问题，评估是通过向业务、数据管理和信息技术参与者征求意见来进行的，目的是在证据的支持下就当前的状态能力达成共识。证据可能来自对组件的检查（如是否存在数据库备份）、访谈（证实某人正在执行评估系统以供重用）或两者兼而有之。评估可以扩展以满足组织需要，但修改时须小心谨慎。如果剪裁或修改模型，模型可能会失去原始的严谨性或可追溯性，自定义模型时，应保持模型的完整性不变。

一、规划评估活动

评估计划包括确定总体方法，并在评估之前和评估期间与利益相关方进行沟通，确保他们参与评估工作，评估本身包括收集和评估输入、沟通结果、建议和行动计划。

（1）定义目标。任何组织当其决定进行数据管理成熟度评估时，其实已经是在努力改进。在大多数情况下，这样的组织将为评估活动确定驱动因素，这些驱动因素必须以目标的形式进行阐明，描述评估的影响范围和重点。管理人员和业务部门必须清楚地了解评估的目标，以确保其与组织的战略方向保持一致，评估目标还需要提供一些标准，包括采用哪种评估模型、哪些业务领域需要优先评估、由谁提供直接的输入等。

（2）选择框架。现有框架侧重于数据管理的不同方面。根据当前状况和评估目标的假设审查这些框架，以便选择一个对组织有帮助意义的框架，评估模型的聚焦领域可以根据组织的侧重或范围进行定制。框架的选择会影响评估的进行方式，因此相应的工作小组必须具备模型和相应方法论方面的知识。

（3）定义组织范围。虽然大多数 DMM 框架的设计都适用于整个企业范围，但在整个企业范围内实施可能是不切实际的。对于第一次评估，最好定义一个可控的范围，如单个业务领域或项目，所选领域是该组织的一个有意义的子集模块，参与者应是可以影响关键业务流程的人，这些关键的业务流程会对数据资产产生影响。作为整个阶段的一部分，这种评估工作可以在该组织的其他领域重复进行，这是在局部评估和全企业评估之间的一种折中方法。

①局部评估（localized assessments）。可以更深入地了解细节，也可以更快地完成，因为其范围有限。要进行局部评估，应选择受高度监管的职能领域，如上市公司的财务报告。输入、角色、工具和消费者可能不在被评估职能的范围内，它们会使评估的范围界定和执行复杂化，因为许多数据资产是共享的，故计划良好的局部评估通常可以聚合和加权以形成企业评估。

②企业评估（enterprise assessments）。侧重于组织中广泛存在的、有时是不连贯的部分。企业评估可以由多个局部评估组成，也可以是一个独立的任务，例如，一个组织可以基于相同的标准评估不同的职能（研发、制造和融资）。输入、角色、工具和消费者通常是跨企业、多层次的。

（4）定义交互方法。在实施 DMMA 时，组织应遵循所选模型的建议。信息收集活动可能包括研讨会、访谈、调查和组件评审，采用一个能在组织文化中运作良好的方法，可以尽量减少参与者的时间投入，以便在参与者对评估过程还有清晰认识的情况下定义评估行动，并使评估能够快速完成。在所有情况下，都需要通过让参与者对评估标准进行评分来确定响应行动，在许多情况下，评估还包括对产品工件和其他证据的实际检查和评估。

　　如果在完成评估过程中出现延误，利益相关方可能会失去对数据管理计划的热情及促成积极变革的动力。建议避免太过详细和全面的分析，强调根据评估领导的专业知识做出正确的判断。DMM框架提供了衡量标准和嵌入式改进路径，使当前的数据管理项目和它的部分工作融合形成一幅完整的图画。

　　（5）计划沟通。沟通有助于评估项目的整体成功以及由此产生相应行动的推进，应该在参与者和其他利益相关方之间直接进行沟通。最终的调查结果可能会改变方法论和组织标准，从而影响人们的工作，因此需要就个人和团体的目的、过程和具体期望进行清楚的沟通，确保参与者了解评估模型以及如何使用调查结果。在评估开始之前，应告知利益相关方对评估的期望。沟通应描述：①数据管理成熟度评估的目的。②评估应如何进行。③他们参与的是什么部分。④评估活动的时间表。

　　在任何评估活动（如专题小组会议）期间，确保有明确的议程，包括解决待办事项问题的计划，并不断提醒参与者活动的目标和目的，对参与者的持续参与表达感激并向其描述下一步计划。明确计划的方法是否可能在目标业务范围内成功实施，包括阻力与合作因素；明确外部检查暴露发现问题可能引发的内部合规问题，以及可能存在的人力资源问题等。沟通计划应包括对调查结果的汇报，以及在各层级上进行再次沟通的建议时间表，包括一般报告和执行简报。

二、执行成熟度评估

　　（1）收集信息下一步的工作是根据交互模型为评估活动收集适当的输入。收集的信息至少包括评估标准的正式评级，还可以包括访谈和焦点小组的成果、系统分析和设计文档、数据调查、电子邮件字符串、程序手册、标准、策略、文件存储库、批准工作流、各种工作产品、元数据存储库、数据和集成参考架构、模板和表单。

　　（2）执行评估总体评级任务和解释通常是多阶段的。参与者可能会对同一个评估主题产生不同的评级意见，需要通过讨论达成一致意见。输入由各位参与者提供，然后通过组件评审或评估团队的检查进行改进，其目标是对当前状态达成共识，这种共识应该得到证据的支持（行为和组件的实际证据）。如果利益相关方对当前的状态没有共识，那么将很难就如何提升组织达成共识。改进需要遵循如下过程：

①审查评级方法，并为每个工作产品或活动给定初步评级。

②记录支持证据。

③与参与者一起讨论，就每个领域的最终评分达成共识。在合适的情况下，根据每个标准的重要性使用不同权重。

④记录关于模型标准的声明和评审员的解释，作为评级的说明。

⑤开发可视化工具，展示说明评估结果。

三、解释结果及建议

对结果的解释包括明确提升机会与组织战略保持一致，并建议利用这些机会实施行动，换句话说，解释定义了朝向目标状态迈进的下一步行为。当评估完成后，组织需要为其希望在数据管理中实现的目标状态做出规划。根据目前状态、组织文化和变革驱动因素的不同，实现预期目标所需的时间和努力也有所不同。在呈现评估结果时，从组织评级的意义开始，评级的意义可以与组织和文化驱动以及业务目标驱动等联系起来，如提升客户满意度或增加销售额。这说明了组织的当前能力与它们支持的业务流程和策略之间的联系，以及通过转移到目标状态带来能力提升的益处。

（1）评估结果报告应包括：①评估的业务驱动因素。②评估的总体结果。③按主题分类有差距的评级。④弥补差距的建议方法。⑤所观察到的组织的优势。⑥进展的风险。⑦投资和成果选项。⑧衡量进展的治理指标。⑨资源分析与未来潜在效用。⑩可在组织内使用或重复使用的组件。

评估报告是作为一种增强数据管理计划的输入，无论是作为一个整体，还是作为数据管理知识领域的部分。组织可以开发或推进其数据管理策略，策略应包括通过改进治理流程和标准来进一步实现业务目标。

（2）制定管理层简报。评估团队应准备管理层简报来总结调查结果，包括优势、差距和建议，管理层使用这些结果作为制定有关目标、计划和时间表的决策的输入。团队必须提炼这些信息，以明确每个执行组可能产生的影响和利益。

管理层往往希望目标高于评估建议，换句话说，他们希望在成熟度模型中跳级。对于具有较高成熟度的目标，必须将其反映在对建议的影响性分析中，这种加速是有成本的，而成本必须与收益相平衡。

四、制订有针对性的改进计划

DMMA 应该直接影响数据策略、IT 治理及数据管理程序和策略。DMMA 的建议应该是可行的，且应该描述组织所需要的能力，通过这一做法，评估可以成为 IT 和业务领导者的有力工具，帮助组织设定优先级和分配资源。

DMMA 评级突出了管理层关注的项目。最初评级可能被用作一个独立的度量标准，以确定一个组织从事某项特定活动的程度。但是，评级可以快速地作用于正在进行的一些度量中，特别是对于需要更改的活动。如果评估模型用于持续的度量，那么它的标准不仅要引导组织达到更高的成熟度级别，而且要保持对组织改进工作的关注。

DMMA 评估结果应足够详细和全面，能支撑多年的数据管理改进计划，包括该组织为建立数据管理能力所做的最佳实践举措。由于变革主要通过项目在组织中发生，所以新项目必须采用更好的实践措施。路线图或参考计划应包括：（1）对特定数据管理功能进行改进的系列活动。（2）实施改进活动的时间表。（3）一旦活动实施，DMMA 评级的预期改善情况。（4）监督活动，包括在时间线上逐渐成熟的监督。路线图将为优化工作流提供目标和节奏，并辅之以衡量进展的方法。

五、重新评估成熟度

应定期进行重新评估，它们是循环往复持续改进的一部分：（1）通过第一次评估建立基线评级。（2）定义重新评估参数，包括组织范围。（3）根据需要，在公布的时间表上重复 DMMA 评估。（4）跟踪相对于初始基线的趋势。（5）根据重新评估结果制定建议，重新评估也可以重振或重新集中精力。可衡量的进展有助于保持整个组织的认同和热情，而监管框架的变动、内外部政策、可治理方法和战略创新的变化是定期重新评估的其他原因。

第三节　数据成熟度管理

通常 DMMA 是整个数据治理活动集中的一部分，每个活动都有一个生命周期。DMMA 的生命周期包括初始规划和初始评估，然后是建议、行动计划和定期重新评估，而生命周期本身应该受到控制。

一、就绪评估和风险评估

就绪评估和风险评估在进行成熟度评估之前，识别潜在风险及一些风险缓解策略是有帮助的。表 9 – 1 总结了 DMMA 的典型风险及其缓解措施。

表 9 – 1　　　　　　　　　　DMMA 的典型风险及其缓解措施

风险	缓解措施
缺乏组织认同	将与评估有关的概念社会化； 在进行评估之前，建立受益声明； 分享文章和成功案例； 请一位高层支持者来支持这项工作并审查其结果
缺乏 DMMA 专业知识； 缺乏时间或内部专业知识； 缺乏沟通计划或标准	使用第三方资源或专家； 要求将知识转移和培训作为参与的一部分
组织中缺乏"数据说话"； 关于数据的对话很快就转移到关于系统的讨论	将 DMMA 与特定的业务问题或场景关联起来； 在沟通计划中声明，无论背景和技术经验如何，DMMA 都将教导所有参与者； 让参与者在 DMMA 之前了解关键概念
用于分析的资产不完整或已过期	标记"截止日期"或相应地平衡评级。例如，对于过期超过 1 年的所有内容都赋值 – 1
关注点太过狭小	将调查深度降低到一个简单的 DMMA，并快速转到其他区域进行评估，针对后来的对比极限做出评级。 作为试点进行第一次 DMMA，然后运用经验知识处理更广阔的范围；在 DAMA – DMBOK 知识领域的背景下提出拟议评估范围内的重点。 说明遗漏的范围，并讨论包含的必要性

续表

风险	缓解措施
难以接近的工作人员或系统	减小 DMMA 的横向范围，优先关注可用的知识领域和工作人员
出现诸如监管变化的意外情况	在评估工作流程和重点中增加灵活性

资料来源：DAMA International. DAMA 数据管理知识体系指南［M］. 2 版. 北京：机械工业出版社，2020.

二、组织和文化变革

建立或增强数据管理程序包括对过程、方法和工具的改变。随着这些变化，文化也必须改变。组织和文化变革起始于承认事情可以变得更好，衡量功能的工作通常会带来有意义的变化，DMMA 以成熟度级别定位组织，并提供改进的路线图，这样做可以指导组织通过变革向前发展。DMMA 结果应该是组织内部更大范围讨论的一部分，当有效的数据治理得到适当的支持时，DMMA 结果可以合并不同的观点，形成共同的愿景，并加速组织的发展。

三、过程监督

对 DMMA 过程的监督工作属于数据治理团队，如果正式的数据治理不到位，那么监督工作将默认为属于 DMMA 的指导委员会或管理层。流程应该有一个执行发起人（最好是 CDO），以确保数据管理活动的改进直接映射到业务目标中。监督的广度和深度取决于 DMMA 的范围，流程中涉及的每个功能在执行、方法、结果和总体评估的路线图中都有发言权。每个涉及的数据管理区域和组织功能都将有一个独立的视图，将通过 DMMA 框架拥有共同语言。

四、度量指标

度量指标除了作为改进策略的核心组成部分之外，也是关键的沟通工具，初始 DMMA 指标是表示当前数据管理状态的评级，可以定期对这些指标进行重新评估，以显示改进趋势。每个组织都应该根据其目标状态路线图开发指标。指标示例可能包括：

（1）DMMA评级。DMMA评级提供了组织能力级别的快照，评级会附带一个描述，也许是针对评估或特定主题领域的评级的自定义加权，以及推荐的目标状态。

（2）资源利用率。这是一个强大的度量指标，帮助人员以计数的形式表示数据管理的成本，例如，组织中的每个资源都花费10%的时间手动聚合数据。

（3）风险敞口。对风险情景做出反应的能力，反映了组织相对于其DMMA评级的能力，例如，某组织想要开始一项需要高度自动化的新业务，但其当前的操作模式基于手动数据管理（1级），那么他们将有无法交付的风险。

（4）支出管理。表示如何在整个组织中分配数据管理成本，并确定此成本对可持续性和价值的影响。这些指标与数据治理指标相重叠：①数据管理可持续性。②实现主动性的目标和目的。③沟通的有效性。④教育和培训的有效性。⑤变更采用的速度。⑥数据管理价值。⑦对业务目标的贡献。⑧降低风险。⑨提高运营效率。

（5）DMMA的输入。这对于管理非常重要，因为它们涉及覆盖范围的完整性、调查水平以及与评分结果解释相关的范围的详细信息，核心输入可以包括以下内容：计数、覆盖范围、可用性、系统数量、数据量、涉及的团队等。

（6）变革速度。指一个组织提高自身能力的速度，通过DMMA建立基线，定期重新评估用于趋势改进。

课后思考题

1. 请思考数据质量和数据成熟度的关系。

2. 请结合产品生命周期和企业生命周期，说明数据成熟度评估在数据治理中的作用。

3. 商业模式评估和数据成熟度评估的相同点和不同点。

数据管理组织与角色期望

❖ **学习目标**

1. 掌握主要的数据管理组织的结构。
2. 熟悉数据管理组织成功的关键因素。
3. 掌握如何建立数据管理组织。
4. 了解数据管理组织和其他数据机构间的关系。
5. 熟悉数据管理中的组织角色和个人角色。

随着数据领域的快速发展，组织需要改进管理和治理数据的方式。当前，大多数组织正面临着越来越多的数据，这些数据格式多样、数量庞大，并源自不同的渠道，由于数据数量和种类的增加，加剧了数据管理的复杂性。与此同时，数据消费者要求更快速、更方便地访问数据，他们希望理解并使用数据，以便及时地解决关键业务问题。数据管理和数据治理组织需要足够灵活，才能在不断发展的环境中有效地工作，因此他们需要澄清关于所有权、协作、责任和决策的基本问题。

本章将描述在组建数据管理或数据治理组织时应该考虑的一组原则，同时涉及数据治理和数据管理，因为数据治理为数据管理组织执行活动提供指导和业务背景，两者都没有完美的组织结构。虽然数据治理和数据管理组织应该遵循一些公共原则，但是很多细节仍依赖于组织所在行业的驱动因素和组织自身的企业文化。

第一节　数据管理组织的结构

数据管理组织设计中的一个关键步骤是确定组织的最佳运营模式，运营模式是阐明角色、责任和决策过程的框架，它描述了人们如何互相协作。可靠的运营模式有助于组织建立问责机制，确保组织内部的正确职能得到体现，促进了沟通，并提供了解决问题的流程。运营模式构成了组织结构的基础，但它不是组织结构图，不是简单地将人名放在框中，而是描述组织各组成部分之间的关系。

一、现有的组织和文化规范意识

意识、所有权和问责制度是激励和吸引人们参与数据管理积极性、政策和流程的关键。在定义任何新组织或尝试改进现有组织之前，了解当前组织的企业文化、运营模式和人员都非常重要，如图 10 - 1 所示。

图 10 - 1　评估当前状态以构建运营模式

资料来源：DAMA International. DAMA 数据管理知识体系指南［M］.2 版.北京：机械工业出版社，2020.

（1）数据在组织中的作用。数据驱动的关键流程是什么？如何定义和理解数据需求？数据在组织战略中扮演的角色如何？

（2）关于数据的文化规范。实施或改进管理和治理结构时，是否存在潜在的文化障碍？

（3）数据管理和数据治理实践。如何以及由谁来执行与数据相关的工作？如何以及由谁来做出有关数据的决策？

（4）如何组织和执行工作。例如，专注于项目和运营执行之间的关系是什么？哪些委员会框架可以支持数据管理工作？

（5）汇报关系的组织方式。例如，组织是集中的、分散的、层级化的，还是扁平化的？

（6）技能水平。从一线员工到高管、领域专家和其他利益相关方的数据知识和数据管理知识水平如何？

在形成现状描述之后，评估对当前状态的满意度，以便深入了解组织的数据管理需求和优先级。例如：（1）组织是否拥有制定合理、及时的业务决策所需的信息？（2）组织是否对其收入报告有信心？（3）组织是否跟踪组织关键绩效指标？（4）组织是否遵守所有与数据管理有关的法律？

大多数寻求改进数据管理或治理实践的组织，都处于能力成熟度范围的中间级别（他们在 CMM 的级别认定既不是 0 级也不是 5 级）。理解和适应现有的组织文化和组织规范，对建立相关的数据管理组织非常重要。如果数据管理组织与现有的决策和委员会结构不一致，那么后期维持将是一项挑战，因此，发展而不是实施激进的变革对组织是有意义的。

数据管理组织应与公司的组织层级结构和资源保持一致，需要了解数据管理在组织内部的功能和政治作用，目标应该是跨职能的不同业务利益相关方共同参与。这需要：

（1）识别当前正在执行数据管理职能的员工，认识并先邀请他们参与进来。仅在数据管理和治理需求增长时，才考虑投入更多的资源。

（2）检验组织管理数据的方法，并确定如何改进流程。改进数据管理实践可能需要进行多次改变。

（3）从组织的角度考虑，规划需要进行的各种变更，以更好地满足需求。

二、分散运营模式

在分散运营模式中，数据管理职能分布在不同的业务部门和 IT 部门（见图 10-2）。委员会是互相协作的基础，委员会不属于任何一个单独的部门，许多数据管理规划从基层开始，意图统一整个组织的数据管理实践，因而具有分散的结构。

该模式的优点包括：组织结构相对扁平，数据管理组织与业务线或 IT 部门具有一致性，这种一致性通常意味着对数据要有清晰的理解，相对容易实施或改进。该模式的缺点是让过多的人员参与治理和制定决策，实施协作决策通常比集中发布号令更加困难。分散模式一般不太正式，可能难以长期维持，为了取得成功，他们需要一些方法强化实践的一致性，但这可能很难协调，使用分散模式来定义数据所有权通常也比较困难。

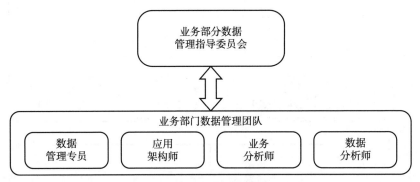

图 10 – 2　分散运营模式

资料来源：DAMA International. DAMA 数据管理知识体系指南［M］. 2 版. 北京：机械工业出版社，2020.

三、网络运营模式

通过 RACI（谁负责，responsible；谁批准，accountable；咨询谁，consulted；通知谁，informed）责任矩阵，利用一系列的文件记录联系和责任制度，使分散的非正规性组织变得更加正式，称为网络模式。它作为人和角色之间的一系列已知连接运行，可以表示为"网络"，网络模式的优点类似于分散模式（结构扁平、观念一致、快速组建）。采用 RACI，有助于在不影响组织结构的情况下建立责任制，它的缺点是需要维护和执行与 RACI 相关的期望。

四、集中运营模式

最正式且成熟的数据管理运营模式是集中运营模式（见图 10 – 3），所有工作都由数据管理组织掌控。参与数据治理和数据管理的人员直接向负责治理、管理职责、元数据管理、数据质量管理、主数据和参考数据管理、数据架构、业务分析等工作的数据管理主管报告。

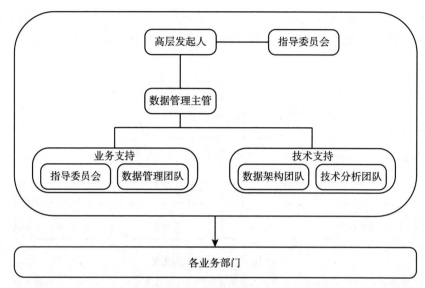

图 10 - 3　集中运营模式

资料来源：DAMA International. DAMA 数据管理知识体系指南 ［M］. 2 版. 北京：机械工业出版社，2020.

集中模式的优点是它为数据管理或数据治理提供了正式的管理职位，且拥有一个最终决策人，因为职责是明确的，所以决策更容易。在组织内部，可以按不同的业务类型或业务主题分别管理数据。它的缺点是实施集中模式通常需要重大的组织变革。将数据管理的角色从核心业务流程中正式分离，存在业务知识逐渐丢失的风险。

集中模式通常需要创建一个新的组织。但问题出现了：数据管理组织在整个企业中的位置如何？谁领导它，领导者向谁报告？对于数据管理组织而言，不再向首席信息官（chief information officer，CIO）报告变得越来越普遍，因为他们希望维护业务而非 IT 对数据的看法。这些组织通常也是共享服务部门、运营团队或者是首席数据官组织的一部分。

五、混合运营模式

顾名思义，混合运营模式包含分散模式和集中模式的优点（见图 10 - 4），在混合运营模式中，一个集中的数据管理卓越中心与分散的业务部门团队合作，通常通过一个代表关键业务部门的执行指导委员会和一系列针对特定问题的技术工作组来完成工作。

图 10 - 4　混合运营模式

资料来源：DAMA International. DAMA 数据管理知识体系指南［M］. 2 版 . 北京：机械工业出版社，2020.

在该模式内，一些角色仍然是分散的，例如，数据架构师可能会保留在企业架构组中，各业务团队可能拥有自己的数据质量团队，哪些角色是集中的，哪些角色是分散的，在很大程度上取决于组织文化。

混合模式的优点是，它可以从组织的顶层制定适当的指导方向，并且有一位对数据管理或数据治理负责的高管。业务团队具有广泛的责任感，可以通过业务优先级调整给予更多的关注，他们受益于这个专门的数据管理卓越中心的支持，有助于将重点放在特定的挑战上。该模式的挑战包括组织的建立，通常这种模式需要配备额外的人员到卓越中心，业务团队可能有不同的优先级，这些优先级需要从企业自身的角度进行管理。此外，中央组织的优先事项与各分散组织的优先事项之间有时也会发生冲突。

六、联邦运营模式

作为混合运营模式的一种变体，联邦运营模式提供了额外的集中层/分散层，这在大型全球企业中通常是必需的，基于部门或区域划分，企业数据管理组织可以具有多个混合数据管理模式。

联邦运营模式提供了一个具有分散执行的集中策略，因此对于大型企业来说，它可能是唯一可行的模式，一个负责整个组织数据管理的主管领导，负责管理企业卓越中心。当然，不同的业务线有权根据需求和优先级来适应要求。该模式使组织能够根据特定数据实体、部门需求来确定优先级，其主要缺点是管理起来较复杂，它的层次太多，需要在业务线的自治和企业的需求之间取得平衡，而这种平衡会影响企业的优先级（见图 10 - 5）。

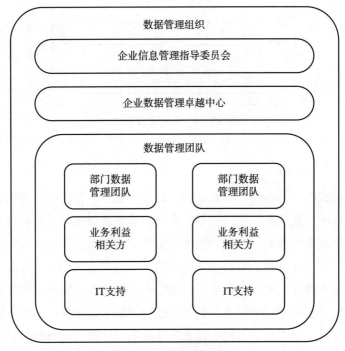

图 10 - 5   联邦运营模式

资料来源：DAMA International. DAMA 数据管理知识体系指南 ［M］. 2 版 . 北京：机械工业出版社，2020.

七、确定组织的最佳模式

运营模式是改进数据管理和数据治理实践的起点，引入运营模式之前，需要了解它如何影响当前组织以及它可能会如何发展。由于运营模式将帮助政策和流程的定义、批准和执行，因此确定最适合组织的运营模式是至关重要的。评估当前的组织结构是集中的、分散的，还是混合的、层级化的或相对扁平的？描述相关部门或区域的独立性，他们的运作是否是自给自足的？他们的要求和目标是否有很大的差异？最重要的是，尝试确定决策是如何做出的（如民主或强制性指令），以及如何实施这些决策？这些问题的答案能够提供一个起点，以了解组织处于分散模式还是集中模式。

八、DMO 替代方案和设计考虑因素

大多数组织在转向正式的数据管理组织（data management organization，DMO）之前，都处于分散模式。当一个组织看到数据质量改进带来的影响时，它可能已开始通过数据管理 RACI 矩阵来制定责任制度，并演变成网络模式。随着时间的推移，分布式角色之间的协同作用将变得更加明显，规模经济将被确立，从而将一些角色和人员拉入有组织的群体，最终变形为混合模式或联邦模式。有些组织没有经历这个不断成熟的过程，而是基于市场冲击或新的政府法规被迫迅速成长，在这种情况下，如果要取得成功和可持续发展，积极应对与组织变革相关的不适是很重要的。无论选择哪种模式，简单性、可用性对于接受和可持续性是至关重要的。如果运营模式符合公司的文化，那么数据管理和适当的治理则可以运用到运营中，并与战略保持一致。构建一个运营模式时，需注意以下要点：

（1）通过评估当前状态来确定起点。

（2）将运营模式与组织结构联系起来。

（3）考虑：①组织复杂性＋成熟度。②领域复杂性＋成熟度。③可扩展性。

（4）获得高层支持——这是可持续发展模式的必要条件。

（5）确保任何领导机构（指导委员会、咨询委员会、董事会）都是决策机构。

（6）考虑试点规划和分批次实施。

（7）专注于高价值、高影响力的数据域。

（8）使用现有的资源。

（9）永远不要采用"一刀切"（one-size-fits-all）的方法。

第二节　数据管理组织的关键成功因素

无论数据管理组织的架构如何，有 10 个因素始终被证明对其成功发挥着关键作用。

一、高管层的支持

拥有合适的高管层支持，可确保受数据管理规划影响的利益相关方获得必要的指导。在组织变革的过程中，将新的以数据为中心的组织有效地整合在一起，从而获得长期持续的发展，相关管理层人员应该理解并相信这一过程，他们必须能够有效地动员其他领导者支持变革。

二、明确的愿景

明确的愿景以及推动的计划，对数据管理组织的成功至关重要。组织领导者必须确保所有受数据管理影响的利益相关方（包括内部和外部）明白和理解数据管理是什么，为什么很重要，他们的工作将如何影响数据管理及数据管理对他们自身的影响。

三、积极的变更

数据管理与建立数据管理组织相关的变更过程，需要规划、管理和保持变更。将组织的变革管理应用于数据管理组织的建立，可以解决人们面临的挑战，使数据管理组织获得长期可持续发展的可能。

四、领导者之间的共识

领导者之间的共识，确保了对数据管理规划的一致性和统一支持，并就如何定义成功达成一致。领导者之间的共识，包括领导者对目标与数据管理成果和价值的共识，以及对领导者宗旨的共识。如果领导者之间未能达成一致，会导致他们释放抵制并将破坏变革的信息，因此评估并定期重新评估各级领导者之间的意见，确定他们之间是否存在较大的分歧，并采取措施快速解决这些问题是至关重要的。

五、持续的沟通

应尽早展开沟通，并保持公开和一定的频率。组织必须确保利益相关方清楚地知道数据管理是什么，为什么它对公司很重要，什么在变化以及行为需要如何变化。如果不知道该采取何种不同的方法，就无法改进管理数据的方式。围绕数据管理计划创作一个故事，并围绕它构建关键信息有助于理解这些过程，在强调数据管理的重要性时，信息必须是一致的。此外，信息还应根据利益相关方群体进行定制，例如，在数据管理方面，不同群体所需的教育水平或培训次数会有所不同。信息应该支持按需重复，能对其进行经常性的检查，以确保数据持续有效，并逐步建立起数据意识。

六、利益相关方的参与

受数据管理计划影响的个人和团体，会对新计划及他们自己在其中的角色做出不同的反应，组织如何吸引这些利益相关方，如何与他们沟通、回应他们并邀请他们参与，都将对新计划的成功产生重大影响。利益相关方分析有助于组织更好地理解那些受数据管理变更影响的内容，通过获取这些信息并根据组织内的影响程度和数据管理实施中的兴趣（或因数据管理实施而产生的影响）对利益相关方进行映射，组织可以确定让不同利益相关方参与变更过程的最佳方法。

七、指导和培训

不同的群体需要不同类型和层次的培训，培训对于实现数据管理是至关重要的。领导者需要明确数据管理的方向，并明确数据管理对公司的价值，数据管理专员、所有者和管理员都需要深入地了解数据管理计划，有针对性的培训可以使他们有效地发挥作用，这意味着他们需要新政策、流程、技术、程序甚至工具方面的培训。

八、采用度量策略

围绕数据管理计划的进展情况制定度量标准是非常重要的，这有助于了解当前的数据管理路线图是否有效，以及是否继续有效。如何制定度量标准，具体如下：（1）是否采用。（2）改进的程度，或相对于之前状态的增量。（3）数据管理的有利方面。数据管理如何影响结果可测量的解决方案。（4）改进的流程和项目。（5）识别并规避的风险。（6）数据管理的创新方面。数据管理如何从根本上改变业务的方式。（7）可信度分析。数据管理的有利方面可以侧重于改进以数据为中心的流程。例如，月末结账、风险识别和项目执行效率。数据管理的创新可以通过增强可信数据来改进决策和分析。

九、坚持指导原则

指导原则阐明了组织的共同价值观，是战略愿景和使命的基础，也是综合决策的基础，指导原则构成了组织在长期日常活动中遵循的规则、约束、标准和行为准则。无论是分散的运营模式，还是集中的运营模式，还是介于两者之间的任何形式，都必须建立和商定指导原则，使所有参与者保持一致的行事方式。指导原则是做出所有决策的参考，是创建有效数据管理计划的重要步骤，它有效地推动了组织行为的转变。

十、演进而非革命

在数据管理的各个方面，"演进而非革命"的理念有助于最大限度地减少重大变化或大规模高风险项目，建立一个持续发展和成熟的组织非常重要，以逐步改进数据管理和业务目标优先级的方式，将确保和持续改进新的政策和流程的执行。增量变化更容易被证明，因此也更容易获得利益相关方的认可和支持，并让那些重要的参与者参与进来。

第三节　建立数据管理组织

一、识别当前的数据管理参与者

在实施运营模式时，从已经参与数据管理活动的团队开始，这将最大限度地减少对组织的影响，并有助于确保团队关注的重点是数据而不是人力资源或政治。

首先，回顾现有的数据管理活动，如谁创建和管理数据，谁评估数据质量，甚至谁的职位头衔中包括"数据"二字。其次，通过对组织的调查，找出谁可能已经担任了所需的角色和职责，这些人可能拥有不同的职位，他们可能是分散组织的一部分，尚未被企业识别出。最后，编制"数据人员"清单后，找出差距，确认执行数据策略还需要哪些其他角色和技能。通常组织中其他部门的人员拥有类似的、可转移的技能，组织中的现有人员为数据管理工作带来了宝贵的知识和经验。

完成人员盘点后，为他们分配合适的角色，并审查他们的薪酬，使其与数据管理的期望保持一致，人力资源部门将参与核实职位、角色、薪酬和绩效目标。在组织内部，确保将角色指派给正确且级别恰当的人员，这样在需要他们做出决定时，他们就有能力做出坚定的决策。

二、识别委员会的参与者

无论组织选择哪种运营模式，一些治理工作都需要由数据治理指导委员会和工作组来完成，让合适的人员加入指导委员会，并充分利用他们的时间，这是非常重要的，让他们了解情况并专注于改进数据管理，将有助于他们实现业务目标和战略目标。许多组织不愿意启动另一个委员会，因为他们已经有很多委员会，利用现有委员会推进数据管理工作往往比建立一个新的委员会更容易，但这个过程需要小心谨慎。利用现有委员会的主要风险是数据管理工作可能无法获得所需关注，尤其是在早期阶段，成为高级指导委员会或者战略性小组一员的过程都需要进行利益相关方分析，以此识别高层支持者。

三、识别和分析利益相关方

利益相关方是指能够影响数据管理规划或被其影响的任何个人或团体，利益相关方可以在组织内部或外部，他们可能是领域专家、高级领导者、员工团队、委员会、客户、政府或监管机构、经纪人、代理商、供应商等。内部利益相关方可能来自 IT、运营、合规、法律、人力资源、财务或其他业务部门，对于一些具有影响力的外部利益相关方，数据管理组织也必须考虑他们的需求。

利益相关方分析可以帮助组织确定一些最佳方法，通过这些方法让参与者参与数据管理流程，并让他们在运营模式中发挥作用。从分析中获得的洞察力也有助于确定如何最佳地分配利益相关方的时间和其他有限资源，越早进行分析越好，这样组织越能够预测成员对变革的反应，越能提早制订计划。

利益相关方分析需要回答以下问题：（1）谁将受到数据管理的影响。（2）角色和职责如何转变。（3）受影响的人如何应对变化。（4）人们会有哪些问题和顾虑。分析的结果将确定利益相关方名单、他们的目标和优先事项，以及这些对他们重要的原因。根据分析，找出利益相关方会采取的行动，需要特别注意的是怎样做才能找到关键的利益相关方。

这些关键的利益相关方可以决定组织的数据管理成功与否，尤其是最初的优先事项，可以考虑以下四点：（1）谁控制关键资源。（2）谁可以直接或间接阻止数据管理计划。（3）谁可以影响其他关键因素。（4）利益相关方是否会支持即将发生的变化。

四、让利益相关方参与进来

在识别利益相关方、高层支持者或列出备选名单后，清楚地阐明为什么每个利益相关方都包含在内是非常重要的。推动数据管理工作的个人或团队，应阐明每个利益相关方对项目成功不可或缺的原因，这意味着需要了解他们的个人目标和职业目标，并将数据管理过程的输出与他们的目标关联，这样他们就能看到直接联系。如果不了解这种联系，他们也许在短期内愿意提供帮助，但不会长期提供支持或帮助。

第四节　数据管理组织与其他数据相关机构之间的沟通

一旦确立了运营模式并确定了参与者，就可以将人员转移到新授权的角色中，组织的正式运作，意味着组建委员会并与利益相关方建立合作。在集中模式下，大多数数据管理活动将控制在一个组织内进行。在分散或网络模式下，数据管理组织则需要与对数据管理方式产生重大影响的其他团体合作。这些团体通常是：（1）首席数据官组织。（2）数据治理机构。（3）数据质量团队。（4）企业架构团队。

一、首席数据官

虽然大多数公司在某种程度上已认识到数据是有价值的公司资产，但只有少数公司指定了 CDO 来帮助弥合技术和业务之间的差距，并在高层建立企业级的高级数据管理战略。高德纳（Gartner，2015）认为，到 2017 年，所有受监管公司中有一半将聘用 CDO。虽然 CDO 的要求和职能受限于每个组织的文化、组织结构和业务需求，但许多 CDO 往往是业务战略家、顾问、数据质量管理专员和全方位数据管理大使中的一员。

2014 年，数据学院（Dataversity）发布了概述 CDO 常见任务的研究，其中包括：（1）建立组织数据战略。（2）使以数据为中心的需求与可用的 IT 和业务资源保持一致。（3）建立数据治理标准、政策和程序。（4）为业务提供建议以实现数据能动性，如业务分析、大数据、数据质量和数据技术。（5）向企业内外部利益相关方宣传良好的信息管理原则的重要性。（6）监督数据在业务分析和商务智能中的使用情况。

Dataversity 的研究结果显示，不同行业的关注点存在差异，无论是哪个行业，数据管理组织通常都可以通过 CDO 进行报告。在偏分散的运营模式中，CDO 负责制定数据战略，而 IT、运营或其他业务线中的资源负责战略执行。一些数据管理办公室最初是在 CDO 刚刚确定战略的基础上建立的，但随着时间的推移，数据管理、治理和分析等职能也将逐步划分在 CDO 的职责范围内。

二、数据治理

数据治理是用于建立有效管理企业数据的战略、目标和策略的组织框架。它由管理和确保数据的可获得性、可用性、完整性、一致性、可审计性和安全性所需的流程、策略、组织和技术组成。由于数据治理过程需要数据战略、标准、政策和沟通的相互作用，因此它与数据管理具有协同关系。数据治理为数据管理提供了一个框架，使其与业务优先级和利益相关方保持一致。

在集中模式下，数据治理办公室可以向数据管理组织报告，反之亦然。当数据管理计划专注于将数据作为资产及建立所需的策略和指南时，数据治理办公室可以作为主管，数据管理组织向数据治理办公室报告（或二者合为一体），这种情况多在以政策和责任制度为重点的高度监管的环境中产生。

即使在非常分散的模式中，数据治理办公室和数据管理组织之间也应该建立紧密的合作关系，数据治理办公室负责创建数据管理的指导方针和政策，而数据管理组织负责实施。拉德里（Ladley，2012）简洁地阐明了这种关系，数据治理是要"做正确的事情"，数据管理是要"将事情做正确"，它们是创造有价值数据所需要的两个方面，通过这种方式数据治理为数据管理提供了指导方向。

最重要的是，就支持数据治理和数据管理效率的角色、职责和责任而言，需要有协同和一致的认识，数据治理工作组的参与者可以来自数据管理组织，数据管理组织可以使用数据治理监督提供的授权和"空中掩护"。

三、数据质量

数据质量管理是数据管理实践和组织的关键能力，许多数据管理组织的工作最早从关注数据质量开始，期望评估和改进整个组织的数据质量。在一个业务范围内，甚至在一个应用程序内解决数据质量问题，而无须涉及其他组织或跨管理职能的复杂性。然而，随着数据质量实践的成熟，组织将从统一的数据质量方法中受益，如建立卓越中心。当数据质量管理的目标是提升跨业务线或应用程序共享的数据质量时，通常侧重于主数据管理。数据管理组织通过数据质量计划有机发展是很常见的，因为对提高数据质量的投资可以增加整个公司的价值，与提高数据质量相关的工作可以扩展到其他领域，如主数据管理、参考数据管理和元数据管理。

数据质量计划可以演变为与总体数据管理计划类似的运营模式，尽管任何规模的公司都极少能够完全集中数据质量职能，在大多数情况下，数据质量的很多方面都是在单一业务线或应用程序中执行的。由于数据质量规划可以是分散式的、网络式的或混合式的，因此可将数据质量运营模式与整个数据管理组织的运营模式保持一致，使用一致的利益相关方、关系、责任、标准、流程甚至工具。

四、企业架构

企业架构团队负责设计并记录组织的总体蓝图，阐明如何实现其战略目标并进行优化。企业架构实践包括：（1）技术架构。（2）应用架构。（3）信息（或数据）架构。（4）业务架构。数据架构是数据管理组织有效运行的关键能力，因此数据架构师可以安排在任一团队中，同时服务于其他团队。

当数据架构师位于数据管理组织内部时，他们一般通过架构审查委员会（architecture review boards，ARB）与其他架构同行进行交流。ARB 负责审查并指导各种项目和程序中架构标准的实施，以及它们受影响的情况，ARB 可以依据对架构标准的遵守程度来批准或拒绝新项目和系统。当组织没有数据架构师时，数据管理可以通过以下几种方式与架构组织进行交互：

（1）通过数据治理。由于数据管理和企业架构都参与了数据治理计划，因此治理工作组和委员会框架可以提供一个共同的目标、期望、标准和活动平台。

（2）通过 ARB。在将数据管理项目提交给 ARB 后，架构团队将提供指导、反馈和批准。

（3）点对点（ad-hoc）。如果没有正式的委员会，那么数据管理负责人应定期与架构负责人会面，以确保双方对受影响的项目和流程有共同的认识和理解。由于点对点式管理流程的难度较大，可能会逐渐发展出促进讨论和决策的正式角色或委员会，如果有数据架构师，那么他们将在治理讨论中代表架构，并主导 ARB 的讨论。

五、管理全球化组织

全球公司面临着复杂的数据管理挑战，这些挑战基于不同国家/地区的特定法律法规的数量和种类，特别是与特定类型数据的隐私和安全有关的法律法规。将这些问题添加到全球化组织（分散的工作人员、系统，不同的时区和语言）的典型管理挑战中，高效且有效地管理数据似乎是一项无休止的繁重任务。

全球化组织需要特别注意：（1）遵守标准。（2）同步流程。（3）明确责任制度。（4）培训和交流。（5）有效地监控和度量。（6）发展规模经济。（7）减少重复性工作。

随着数据管理计划和组织变得更加全球化，网络或联邦模式变得更具有吸引力，在这些模式中，权责更容易明确，标准更容易被遵循，并且可以包容区域的差异性。

第五节　数据管理角色

可以根据职能或个人层级定义数据管理角色，在不同组织之间，角色名称会有所不同，对某些角色的需求会增加或减少。无论是直接角色（如设计数据仓库的数据架构师），还是间接角色（如开发网站的 Web 开发人员），所有 IT 角色都可以映射到数据生命周期中的某个点，因此他们都会影响数据管理。同样，许多业务角色需要创建、访问或操作数据，某些角色（如数据质量分析师）需要综合技术技能和业务知识。下面将侧重于对那些直接参与数据管理的职能和角色进行描述。

一、组织角色

IT 数据管理组织提供从数据、应用程序和技术架构到数据库管理的一系列服务。集中式数据管理服务组织专注于数据管理，该组织团队可能包括数据管理执行官、其他数据管理的管理人员、数据架构师、数据分析师、数据质量分析师、数据库管理员、数据安全管理员、元数据专家、数据建模师、数据管理员、数据仓库架构师、数据集成架构师和商务智能分析师。

联邦式数据管理服务方式会包括一组 IT 单元，而每个单元分别侧重于数据管理的某个方面，特别是在大型组织中，这些 IT 单元的职能通常是分散的，例如，每条业务线可能都有自己的软件开发团队。也许还同时采用了混合模式，例如，虽然每个业务线有自己的开发人员，但数据库管理员（database administrator，DBA）的功能可能是集中的。专注于数据管理的业务线通常与数据治理或企业信息管理团队相关，例如，数据管理专员通常是数据治理组织的一部分，这些组织将促进数据治理机构的设立，如数据治理委员会。

二、个人角色

个人角色可以从业务或 IT 角度分别定义，一些混合角色则需要同时掌握系统和业务流程两个方面的知识。

（一）执行官角色

数据管理执行官可能侧重于业务或技术层面，首席信息官和首席技术官则在 IT 方面发挥着重要作用，在过去 10 年间，侧重业务层面的 CDO 获得了良好的信誉，许多组织已经聘请了 CDO。

（二）业务角色

业务角色主要关注数据治理功能，尤其是管理职责。数据管理专员通常被认为是领域专家，他们对业务实体的数据质量和元数据、主题域或数据库负责，依据组织的优先级不同，数据管理专员扮演不同的角色。数据管理职责的最初重点通常是为其主题领域定义业务术语和有效值，在许多组织中，数据管理专员还负责定义数据属性，以及维护数据质量要求和业务规则，并帮助识别和解决数据问题，为数据标准、策略和过程提供输入。数据管理专员可以被安排在企业、业务部门或职能部门。他们的角色可以是正式的（"数据管理专员"本身是一个职位）或非正式的（他们专职管理数据，但职位头衔不同）。

除了数据管理专员外，业务流程分析师和流程架构师也有助于确保业务流程模型和创建数据的实际流程的合理性，并支持下游使用它们。其他基于业务知识的工作者们，同样有助于数据的整体管理，例如，利用客户数据及信息进行分析的业务分析师提升了组织的数据价值。

（三）IT 角色

IT 角色包括不同类型的架构师、不同级别的开发人员、数据库管理员以及一系列支持性角色。

（1）数据架构师（data architect）。负责数据架构和数据集成的高级分析师，数据架构师可以在企业级或某个功能级别开展工作，数据架构师一般致力于数据仓库、数据集市及其相关的集成流程。

（2）数据建模师（data modeler）。负责捕获和建模数据需求、数据定义、业务规则、数据质量要求、逻辑和物理数据模型。

（3）数据模型管理员（data model administrator）。负责数据模型版本控制和变更管理。

（4）数据库管理员（database administrator）。负责结构化数据资产的设计、实施和支持，以及提高数据访问性能的技术方法。

（5）数据安全管理员（data security administrator）。负责确保对不同保护级别数据的受控访问。

（6）数据集成架构师（data integration architect）。负责设计数据集成和提高企业数据资产质量的高级数据集成开发人员。

（7）数据集成专家（data integration specialist）。负责实现以批量或准实时方式集成（复制、提取、转换、加载）数据资产的软件设计或开发人员。

（8）分析/报表开发人员（analytics/report developer）。负责创建报表和分析应用解决方案的软件开发人员。

（9）应用架构师（application architect）。负责集成应用系统的高级开发人员。

（10）技术架构师（technical architect）。负责协调和集成 IT 基础设施，以及 IT 技术框架的高级技术工程师。

（11）技术工程师（technical engineer）。负责研究、实施、管理和支持某一特定信息技术基础设施的高级技术分析师。

（12）桌面管理员（help desk administrator）。负责处理、跟踪和解决与信息、信息系统或 IT 基础设施使用相关的问题。

（13）IT 审计员（IT auditor）。负责包括审计数据质量和数据安全性的IT 内部或外部的审计人员。

（四）混合角色

混合角色需要同时具备业务和技术知识，根据组织的不同情况确定担任这些角色的人员是汇报给 IT 部门还是业务部门。

（1）数据质量分析师（data quality analyst）。负责确定数据的适用性并监控数据的持续状况；进行数据问题的根因分析，并帮助组织识别提高数据质量的业务流程及技术改进。

（2）元数据专家（metadata specialist）。负责元数据的集成、控制和交付，包括元数据存储库的管理。

（3）BI 架构师（business intelligence architect）。负责商务智能用户环境

设计的高级商务智能分析师。

（4）BI 分析师/管理员（business intelligence analyst/administrator）。负责支持业务人员有效使用商务智能数据。

（5）BI 项目经理（business intelligence program manager）。负责协调整个公司的 BI 需求和计划，并将它们整合成一个整体的优先计划和路线图。

课后思考题

1. 数据管理组织在数据治理中可以发挥什么作用？

2. 数据管理组织的结构对数据质量管理有什么影响？

3. 如何通过数据管理组织的构建提高数据成熟度？

4. 数据管理组织建设中是否会存在伦理决策问题，如果存在请说明。

参 考 文 献

[1] 白宏. 现代商业模式的本质属性与结构特征研究 [D]. 上海：东华大学，2012.

[2] 蔡万刚. 基于大数据的互联网平台企业商业模式研究 [D]. 上海：东华大学，2019.

[3] 陈佳贵. 关于企业生命周期与企业蜕变的探讨 [J]. 中国工业经济，1995（11）：5-13.

[4] 陈金波. 企业进化理论的起源与发展 [J]. 华东经济管理，2005（6）：75-78.

[5] 陈文基. 商业模式研究及其在业务系统设计中的应用 [D]. 北京：北京邮电大学，2012.

[6] 陈翔. 互联网环境下企业商业模式研究 [D]. 南京：东南大学，2005.

[7] 陈杨. 基于电子商务环境的商业企业商业模式创新管理研究 [D]. 哈尔滨：哈尔滨理工大学，2020.

[8] 陈一华. 制造企业数字赋能扩散及驱动商业模式创新的机理研究 [D]. 广州：华南理工大学，2021.

[9] 陈志武. 与女儿谈商业模式：戴尔的成功秘诀 [EB/OL]. 创富志，2008-07-08.

[10] DAMA International. DAMA 数据管理知识体系指南 [M]. 2 版. 北京：机械工业出版社，2020.

[11] 蒂莫西·克拉克，亚历山大·奥斯特瓦德，伊夫·皮尼厄. 商业模式新生代（个人篇）一张画布重塑你的职业生涯 [M]. 贺芳芳，杜军，

译．北京：人民邮电出版社，2023.

［12］董钊．新创企业数字能力对商业模式创新的影响研究［D］．长春：吉林大学，2021.

［13］冯雪飞．商业模式创新中顾客价值主张研究［D］．大连：大连理工大学，2015.

［14］格奥尔格·西梅尔．货币哲学［M］．北京：中国社会科学出版社，2007.

［15］顾备华．李靖华．论企业生命周期［J］．科技与管理，2000（3）：12－17.

［16］关钰桥．分享经济企业商业模式及其合法性获取研究［D］．大连：东北财经大学，2020.

［17］郭毅夫．商业模式创新与企业竞争优势：内在机理及实证研究［D］．上海：东华大学，2009.

［18］加里·哈默尔．领导企业变革［M］．曲昭光，赖溟溟，译．北京：人民邮电出版社，2002：214－215.

［19］贾映辉．数据治理视域下的政府数据开放影响因素研究［D］．北京：中共中央党校，2021.

［20］姜超．新创企业商业模式与创业绩效的关系研究：以创业者创业能力为调节变量［D］．重庆：重庆工商大学，2017.

［21］焦凯．互联网思维对企业边界的影响［J］．企业管理，2015（6）：123－125.

［22］柯达转型数码之痛：无可奈何花落去［EB/OL］．传媒中国网，2008－05－25.

［23］李长云．创新商业模式的机理与实现路径［J］．中国软科学，2012（4）：167－176.

［24］李东，徐天舒，白璐．基于试错：学习的商业模式实验创新：总体过程与领导角色［J］．东南大学学报（哲学社会科学版），2013，15（3）：20－27.

［25］李飞．企业成长路径与商业模式的动态演进研究［D］．天津：天津大学，2010.

［26］李斐飞．价值重构：数字时代广告公司商业模式创新研究［D］.

武汉：武汉大学，2017.

　　[27] 李欢.基于 MAS 的物联网商业模式研究 [D].天津：天津大学，2014.

　　[28] 李维安等.网络组织：组织发展新趋势 [M].北京：经济科学出版社.2003.

　　[29] 李文博.大数据驱动情景下企业商业模式创新的发生机理——对100个大数据案例的话语分析 [J].科技进步与对策，2016，33（7）：30 - 35.

　　[30] 李振勇.商业模式：企业竞争的最高形态 [M].北京：新华出版社，2006.

　　[31] 李志强，赵卫军.企业技术创新与商业模式创新的协同研究 [J].中国软科学，2012，27（10）：117 - 124.

　　[32] 理查德·德乔治.企业伦理学：原书第 7 版 [M].北京：机械工业出版社，2012.

　　[33] 廖素琴.组织惯性视角下分布式领导与开放式创新对商业模式创新的影响研究 [D].北京：中国科学技术大学，2018.

　　[34] 刘阿龙.制造企业商业模式的前因及绩效影响研究 [D].北京：中国科学技术大学，2021.

　　[35] 刘东.回应企业网络对经济学的挑战 [J].南京社会科学，2003（1）：78 - 82.

　　[36] 刘建基.网络嵌入性对科技中小企业商业模式创新的影响研究 [D].沈阳：辽宁大学，2018.

　　[37] 娄汇阳.商业模式刚性研究 [D].武汉：武汉大学，2016.

　　[38] 娄永海.基于 TRIZ 理论的企业商业模式研究 [D].长春：吉林大学，2009.

　　[39] 罗珉，曾涛，周思伟.企业商业模式创新：基于租金理论的解释 [J].中国工业经济，2005（7）：73 - 81.

　　[40] 罗兴武.转型经济背景下商业模式创新对新创企业成长的作用机制研究：组织合法性视角 [D].杭州：浙江工商大学，2016.

　　[41] 马歇尔.经济学原理（上卷）[M].北京：商务印书馆，1997.

　　[42] 欧晓华.基于价值网络重构的移动互联网企业商业模式创新研究

［D］. 西安: 西北大学, 2015.

　　［43］庞学卿. 商业模式创新的前因及绩效: 管理决策视角 ［D］. 杭州: 浙江大学, 2016.

　　［44］齐严. 商业模式创新研究 ［D］. 北京: 北京邮电大学, 2010.

　　［45］任会朋, 戴洛特. 知识创造、环境不确定性与商业模式创新 ［J］. 北京交通大学学报 (社会科学版), 2020, 19 (3): 83 - 90.

　　［46］任静, 朱方明. 成熟企业不连续创新的商业模式研究 ［J］. 中国科技论坛, 2007 (10): 18 - 22.

　　［47］任佩瑜. 林兴国. 基于复杂性科学的企业生命周期研究 ［J］. 四川大学学报 (哲社版), 2003 (6): 35 - 39.

　　［48］任志安. 知识交易成本与企业网络的组织性质 ［J］. 经济问题, 2004 (12): 23 - 27.

　　［49］单标安, 李扬, 马婧. 基于共享愿景调节效应的高管创造力与商业模式创新的关系研究 ［J］. 管理学报, 2020, 17 (5): 697 - 703.

　　［50］三谷宏治. 商业模式全史 ［M］. 南京: 江苏凤凰文艺出版社, 2016.

　　［51］沈永言. 商业模式理论与创新研究 ［D］. 北京: 北京邮电大学, 2011.

　　［52］苏江华. 基于容量测评的商业模式性能评估方法与应用研究 ［D］. 南京: 东南大学, 2016.

　　［53］TRIZ 理论——40 种基本措施 ［EB/OL］. 中国发明网, 2008 - 10 - 06.

　　［54］TseE. 源创新: 转型期的中国企业创新之道 ［M］. 北京: 五洲传播出版社, 2012.

　　［55］唐彬. 跨界搜寻、大数据能力对平台企业商业模式创新的影响研究 ［D］. 长春: 吉林大学, 2021.

　　［56］田剑, 徐佳斌. 平台型企业商业模式创新驱动因素研究 ［J］. 科学学研究, 2020, 38 (5): 949 - 960.

　　［57］田志龙, 盘远华, 高海涛. 商业模式创新途径探讨 ［J］. 经济与管理, 2006 (1): 42 - 45.

　　［58］王国海. 企业商业模式与财务特征研究 ［D］. 武汉: 武汉大学,

2015.

［59］王丽平，赵飞跃．组织忘记、关系学习、企业开放度与商业模式创新［J］．科研管理，2016，37（3）：42-50.

［60］王茜．IT驱动的商业模式创新机理与路径研究［J］．管理学报，2011，8（1）：126-132.

［61］王伟毅，李乾文．创业视角下的商业模式研究［J］．外国经济与管理，2005，27（11）：32-40.

［62］王旭．中国情境下商业模式与企业绩效关系研究［D］．北京：北京科技大学，2018.

［63］王云美．创新型企业商业模式研究［D］．上海：复旦大学，2012.

［64］魏炜，李飞，朱武祥．商业模式学原理［M］．北京：北京大学出版社，2020.

［65］魏炜，朱武祥，林桂平．商业模式的经济解释：深度解构商业模式密码［M］．北京：机械工业出版社，2012.

［66］沃尔玛戴尔主流商业模式典范研究解析［EB/OL］．ERP世界网，2007-09-10.

［67］吴晓波，朱培忠，吴东．后发者如何实现快速追赶?：一个二次商业模式创新和技术创新的共演模型［J］．科学学研究，2013，31（11）：1726-1735.

［68］项国鹏，杨卓，罗兴武．价值创造视角下的商业模式研究回顾与理论框架构建：基于扎根思想的编码与提炼［J］．外国经济与管理，2014，36（6）：32-41.

［69］肖红军，阳镇．可持续性商业模式创新：研究回顾与展望［J］．外国经济与管理，2020，42（9）：3-18.

［70］肖沙娜·朱伯夫，詹姆斯·马克斯明．支持型经济［M］．北京：中信出版社，2004.

［71］许文彬．经济学中的达尔文主义：背离与复归［J］．南开经济研究，2004（4）：3-10.

［72］亚德里安·斯莱沃斯基．利润模式［M］．北京：商务印书馆，2006.

［73］亚历山大·奥斯特瓦德，格雷格·贝尔纳达，伊夫·皮尼厄，等.

价值主张设计：如何构建商业模式最重要的环节 [M]. 北京：机械工业出版社，2015.

[74] 亚历山大·奥斯特瓦德，伊夫·皮尼厄. 商业模式新生代 [M]. 黄涛，郁靖，译. 北京：机械工业出版社，2020.

[75] 杨柔坚. 基于价值链重构的传统企业商业模式创新和价值创造研究 [D]. 南京：南京师范大学，2018.

[76] 杨瑞龙，杨其静. 专用性、专有性与企业制度 [J]. 经济研究，2001 (3)：3-11，93.

[77] 杨瑞龙. 企业间网络的效率边界：经济组织逻辑的重新审视 [J]. 中国工业经济，2003 (11)：36-39.

[78] 杨义兵. 创业孵化器运行效率与商业模式研究 [D]. 长春：吉林大学，2020.

[79] 伊查克·爱迪思. 企业生命周期 [M]. 赵睿，译. 北京：中国社会科学出版社，1997.

[80] 尹雪婷. 商业模式创新与企业绩效关系的实证研究 [D]. 长春：吉林大学，2020.

[81] 于浩淼. 互联网经济下免费商业模式研究 [D]. 天津：天津财经大学，2017.

[82] 喻红阳，袁付礼，李海婴. 相互关系的粘合剂：网络组织界面管理 [J]. 价值工程，2005 (4)：81-84.

[83] 原磊. 商业模式分类问题研究 [J]. 中国软科学，2008 (5)：35-44.

[84] 曾锵. 基于价值创造的零售商业模式研究 [D]. 杭州：浙江工商大学，2019.

[85] 曾涛. 企业商业模式研究 [D]. 成都：西南财经大学，2006.

[86] 张红. 创业学习对新创企业商业模式创新的影响：有调节的中介效应 [D]. 长春：吉林大学，2017.

[87] 张帅. 创业企业数字化商业模式创新的过程与路径研究 [D]. 大连：大连理工大学，2022.

[88] 张哲. 专用汽车制造企业增值服务商业模式研究 [D]. 北京：北京交通大学，2020.

[89] 赵宇楠，井润田，董梅. 商业模式创新过程：针对核心要素构建方式的案例研究 [J]. 管理评论，2019，31（7）：22 – 36，44.

[90] 周丛根. 网络经济背景下的商业模式创新路径研究 [D]. 上海：上海社会科学院，2011.

[91] 周飞，孙锐. 基于动态能力视角的跨界搜寻对商业模式创新的影响研究 [J]. 管理学报，2016，13（11）：1674 – 1680.

[92] 周建. 战略联盟与企业竞争力 [M]. 上海：复旦大学出版社，2002.

[93] 周祖城. 企业伦理学 [M]. 北京：清华大学出版社，2005.

[94] 朱曼曼. 数据治理视角下我国国家科研信息系统建设路径研究 [D]. 北京：中国科学院大学（中国科学院文献情报中心），2022.

[95] 2007 最佳商业模式考评指标 [EB/OL]. 商界论坛 2007 最佳商业模式中国峰会，2007 – 09 – 16.

[96] A. Alchian. Uncertainty, evolution and economic theory [J]. Journal of Political Economy，1950（58）：211 – 222.

[97] Afuah A., Tucci C L. Internet business models and strategies：Text and cases [M]. New York：McGraw – Hill，2001.

[98] Afuah. Business models：A strategic management approach [M]. Boston：Massachusetts：McGraw – Hill，2003.

[99] Alberti – Alhtaybat L. V., Al – Htaybat K., Hutaibat K. A knowledge management and sharing business model for dealing with disruption：The case of Aramex [J]. Journal of Business Research，2019，94：400 – 407.

[100] Amit, Zott. Value creation in e-business [J]. Strategic management journal，2001，22（67）：493 – 520.

[101] Arend. The business model：Present and future beyond askeumorph [J]. Strategic Organization [J]. 2013，11（4）：390 – 402.

[102] Arthur T. Denzau, Douglass C. North. Shared mental models：Ideologies and institutions [J]. Kyklos，1994，47（1）：127 – 136.

[103] Aspara J., Hietanen J., Tikkanen H. Business model innovation vs replication：Financial performance implications of strategic emphases [J]. Journal of Strategic Marketing，2010，18（1）：39 – 56.

[104] Aspara J. Business model innovation vs replication: Financial performance implications of strategic emphases [J]. Journal of Strategic Marketing, 2010, 18 (1): 39 – 56.

[105] Baden Fuller, Haefliger. Business models and technological innovation [J]. Long Range Planning, 2013, 46 (6): 419 – 426.

[106] Birger Wernerfelt. A resource-based view of the firm [J]. Strategic Management Journal, 1984, 5 (1): 171 – 180.

[107] Björkdahl J. Technology cross fertilization and the business model: The case of integrating ICTs in mechanical engineering products [J]. Research Policy, 2009 (38): 1468 – 1477.

[108] Bock A., Opsahl T., George G. Business model innovation and strategic flexibility: A study of the effects of informal and formal organization [R]. Working paper no. SSRN 1533742, Imperial College, London, United Kingdom, 2010.

[109] Bock A. J., Opsahl T., George G., et al. The effects of culture and structure on strategic flexibility during business model innovation [J]. Journal of Management Studies, 2012, 49 (2): 279 – 305.

[110] Bo Eriksen, Raphael Amit. Strategic implications of business process re-engineering. In Nicolai J Foss and Christian Knudsen (eds.). Towards a Competence Theory of the Firm [M]. London: Routledge, 1996.

[111] Bohnsack, Pinkse, Kolk. Business models for sustainable technologies: Exploring business model evolution in the case of electric vehicles [J]. Research Policy, 2014, 43 (2): 284 – 300.

[112] Bourreau M., Gensollen M., Moreau F. The impact of a radical innovation on business models: Incremental adjustments or big bang? [J]. Industry & Innovation, 2012, 19 (5): 415 – 435.

[113] Brink J., Holmén M. Capabilities and radical changes of the business models of new bioscience firms [J]. Creativity and Innovation Management, 2009, 18 (2): 109 – 120.

[114] Calia R. C., Guerrini F. M., Moura G. L. Innovation networks: From technological development to business model reconfiguration [J]. Technova-

tion, 2007 (27): 426 – 432.

[115] Casadesus – Masanell R. , Ricart J. E. From strategy to business models and to tactics [J]. Long Range Planning, 2010, 43 (2 – 3): 195 – 215.

[116] Chandler. The growth of the transnational industrial firm in the United States and the United Kingdom: A comparative analysis [J]. Economic History Review, 1962 (33): 396 – 410.

[117] Chandy R. K, Tellis G. J. Organizing for radical product innovation: The overlooked role of willingness to cannibalize [J]. Journal of marketing Research, 1998, 35 (4): 474 – 487.

[118] Chesbrough H. , Rosenbloom R. S. The role of the business model in capturing value from innovation: Evidence from Xerox Corporation's technology spin-off companies [J]. Industrial and Corporate Change, 2002, 11 (3): 529 – 555.

[119] Chesbrough H. W. Business model innovation: It's not just about technology anymore [J]. Strategy and Leadership, 2007 (35): 12 – 17.

[120] Chesbrough. Business model innovation: Opportunities and barriers [J]. Long Range Planning, 2010, 43 (2): 354 – 363.

[121] Chesbrough H. W. Business model innovation: Opportunities and barriers [J]. Long Range Planning, 2010, 43 (2 – 3): 354 – 363.

[122] Christensen, Clayton M. , Mark W. Johnson, Darrell K. Rigby. Foundation for growth: How to identify and build disruptive new businesses [J]. Sloan Management Review, 2002 (43): 22 – 31.

[123] C. K. Prahalad, Gary Hamel. The core competence of the corporation [J]. Harvard Business Review, 1990 , 68 (5/6): 79 – 91.

[124] Coff R. The coevolution of rent appropriation and capability development [J]. Strategic Management Journal, 2010, 31 (7): 711 – 733.

[125] Cortimiglia M. N. , Ghezzi A. , Frank A. G. Business model innovation and strategy making nexus: Evidence from a cross-industry mixed-methods study [J]. R & D Management, 2016, 46 (3): 414 – 432.

[126] Cristina Boari. Industrial clusters: Focal firms, and economic dyna-

mism – A perspective from Italy. World Bank Institute, The International Bank for Reconstruction and Development/The World Bank [R]. Washington, DC: Unpublished, 2001.

[127] Dahan Nm, Doh Jp, Oetzel J. Corporate – NGO collaboration: Co-creating new business models for developing markets [J]. Long Range Planning, 2010, 43 (2): 326 – 342.

[128] Daniel A. Wren. Interface and interorganizational coordination [J]. Academy of Management Journal, 1967, 10 (1): 69 – 81.

[129] David J. Teece, Gary Pisano, Amy Shuen. Dynamic capabilities and strategic management [J]. Strategic Management Journal, 1997, 18 (7): 509 – 533.

[130] De George R. T. Business Ethics 7th ed [M]. Upper Saddle River, NJ: Prentice Hall, 2010: 70.

[131] Derail B. , Lecocq X. Business model evolution: In search of dynamic consistency [J]. Long Range Planning, 2010, 43 (2): 227 – 246.

[132] Doganova, Eyquem – Renault. What do business models do?: Innovation devices in technology entrepreneurship [J]. Research Policy, 2009, 38 (10): 1559 – 1570.

[133] Doz Y. L. , Kosonen M. Embedding strategic agility [J]. Long Range Planning, 2010 (43): 370 – 382.

[134] Edith T. Penrose. The theory of the growth of the firm [M]. Cambridge, London: Oxford Press, 1959.

[135] Edward E. Chamberlin. Theory of Monopolistic Competition [M]. Cambridge, Massachusetts: Harvard University Press, 1933.

[136] Eisemnann T. Strategies for two-sided markets [J]. Harvard Business Review, 2006, 84 (10): 92 – 101.

[137] F. Robert Dwyer, S. Paul H. Schurr, Sejo Oh. Developing buyer-seller relationships [J]. Journal of Marketing, April 1987, 51 (2): 11 – 27.

[138] Gambardella A. , McGahan A. Business-model innovation: General purpose technologies and their implications for industry structure [J]. Long Range Planning, 2010, 43 (2 – 3): 262 – 271.

［139］ Garnaut R. Principles and practice of resource rent laxation ［J］. Australian Economic Review, 2010, 43 (4): 347 – 356.

［140］ Gary Hamel. Competition for competence and inter-partner learning within international strategic alliances ［J］. Strategic Management Journal, Summer Special Issue, 1991, 12 (SI): 83 – 103.

［141］ Ghezzi A. , Cavallo A. Agile business model innovation in digital entrepreneurship: Lean startup approaches ［J］. Journal of business research, 2020 (110): 519 – 537.

［142］ Giesen E. , Berman S. J. , Bell R. , et al. Three ways to successfully innovate your business models ［J］. Strategy and Leadership, 2007 (35): 27 – 33.

［143］ Giesen E. , Riddleberger E. , Christner R. , et al. When and how to innovate your business model ［J］. Strategy & Leadership, 2010, 38 (4): 17 – 26.

［144］ Guo H. , Su Z. , Ahlstrom D. Business model innovation: The effects of exploratory orientation, opportunity recognition, and entrepreneurial bricolage in an emerging economy ［J］. Asia Pacific Journal of Management, 2016, 33 (2): 533 – 549.

［145］ Hacklin, Wallnofer. The business model in the practice of strategic decision making: Insights from a case study ［J］. Management Decision, 2012, 50 (2): 166 – 188.

［146］ Hamel, Gary. Strategy innovation and the quest for value ［J］. Sloan Management Review, 1998 (39): 7 – 14.

［147］ Hamel G. Leading the revolution ［M］. USA: Harvard Business School Press, 2000.

［148］ Hannan M. T. , Freeman J. H. The population ecology of organizations ［J］. American Journal of Sociology, 1977 (82): 926 – 964.

［149］ Harry G. Barkema, Joel A. C. Baum, Elizabeth A. Mannix. Management challenges in a new time ［J］. Academy of Management Journal, 2002, 45 (5): 126 – 137.

［150］ Huang H. C. , Lai M. C. , Lin L. H. , et al. Overcoming organizational inertia to strengthen business model innovation [J]. Journal of Organization-al Change Management, 2013, 26 (6): 977 – 1002.

[151] Ikujiro Nonaka. The knowledge-creating company [J]. Harvard Busi-ness Review, 1991 (11/12): 96 – 104.

[152] Jacobides M. G. Benefiting from innovation: Value creation, value appropriation and the role of industry architectures [J]. Research Policy, 2006, 35 (8): 1200 – 1221.

[153] James C. Anderson, James A. Narus. A model of distributor firm and manufacturer firm working partnerships [J]. Journal of Marketing January, 1990, 54 (1): 42 – 58.

[154] Jay B. Barney. Firm resource and sustained competitive advantage [J]. Journal Management, 1991, 17 (1): 99 – 120.

[155] Joan Magretta. Why business models matter [J]. Harvard Business Review, 2002, 80 (5): 86.

[156] Johnson M. W. , Suskewicz J. How to jump-start the clean tech economy [J]. Harvard Business Review, 2009, 87 (11): 52 – 60.

[157] Johnson G. , Whittington R. , Angwin D. Exploring strategy text & cases [M]. Financial Times Prentice Hall, 2011.

[158] Johnson M. W. , Christensen C. M. , Kagermann H. Reinventing your business model [J]. Harvard Business Review, 2008, 86 (12): 50 – 59.

[159] José Carlos Jarillo. Strategic networks: Creating the borderless organi-zation [J]. Strategic Management Journal, 1988, 9 (1): 31 – 41.

[160] Joseph Alois Schumpeter. Capitalism, socialism and democracy [M]. New York: Harper, 1942.

[161] Kathleen R. , Conner. A historical comparison of resource-based the-ory and five schools of thought within industrial organization economics: Do we have a new theory of the firm? [J]. Journal of Management, 1991, 17 (1): 121 – 154.

[162] Kaufmann P. , Lafontaine F. Costs of control: The source of econom-ic rents for McDonald's franchisees [J]. Journal of law and economics, 1994, 37 (2): 417 – 453.

[163] Kim W. C. , Mauborgne R. Blue ocean strategy: How to create uncontested market space and make competition irrelevant [M]. Boston: Harvard Business Press, 2005.

[164] Knecht. Diversification, industry dynamism, and economic performance: The impact of dynamic-related [M]. Diversification on the Multi-business Firm, Springer Science & Business, 2013.

[165] Kuivalainen O. , Ellonen H. K. , Sainio L. M. An online success story: The role of an online service in a magazine publisher's business model [J]. International Journal of E – Business Research (IJEBR), 2007, 3 (3): 40 – 56.

[166] Lehoux, Daudelin, Williams – Jones. How do business model and health technology design influence each other? Insights from a longitudinal case study of three academic spin-offs [J]. Research Policy, 2014, 43 (6): 1025 – 1038.

[167] Leih S. , Linden G. , Teece D. Business model innovation and organizational design: A dynamic capabilities perspective [J]. Oxford University Press, 2014 (23): 112 – 123.

[168] Lindgren P. , Taran Y. , Boer H. From single firm to network-based business model innovation [J]. International Journal of Entrepreneurship & Innovation Management, 2010, 12 (2): 122 – 137.

[169] Manfred Eigen, Peter Schuster. The hypercycle: A principle of natural self-organization [M]. Berlin: Springer Verlag, 1979.

[170] Margaret A. Peteraf. The cornerstones of competitive advantage: A resource-based view [J]. Strategic Management Journal, 1993, 14 (3): 179 – 191.

[171] Markides C. Business model innovation: What can the ambidexterity literature teach us? [J]. The Academy of Management Perspectives, 2013, 27 (4): 313 – 323.

[172] Markides C. , Charitou C. D. Competing with dual business models: A contingency approach [J]. The Academy of Management Executive, 2004, 18 (3): 22 – 36.

[173] Markides C. A dynamic view of strategy [J]. Sloan Management Re-

view, 1999, 40 (3): 55 –63.

[174] Markides C. Disruptive innovation: In need of better theory [J]. Journal of Product Innovation Management, 2006, 23 (1): 19 –25.

[175] Martins L. L. , Rindova Vp, Greenbaum Be. Unlocking the hidden value of concepts: A cognitive approach to business model innovation [J]. Strategic Entrepreneurship Journal, 2015, 9 (1): 99 –117.

[176] Mashiko Aoki. The co-operative game theory of the firm [M]. Oxford: Claredon Press, 1984.

[177] Massa L. , Tucci C. L. , Afuah A. A critical assessment of business model research [J]. Academy of Management Annals, 2017, 11 (1): 73 –104.

[178] Mcgrath R. G. Business models: A discovery driven approach [J]. Long Range Planning, 2010, 43 (2): 247 –261.

[179] Meyer A. D. , Tsui S. A. , Minings C. R. Configurational approaches to organizational analysis [J]. Academy of Management Journal, 1993 (6): 1175 –1195.

[180] Michael R. Dietrich. Transaction cost economics and beyond: Towards a new economics of the firm [M]. London and New York: Routledge, 1994.

[181] Miiller C. N. , Kijl B. , Visnjic I. Envelopment lessons to manage digital platforms: The cases of google and yahoo [J]. Strategic Change, 2018, 27 (2): 139 –149.

[182] Mitchell D. , Coles C. The ultimate competitive advantage of continuing business model innovation [J]. Journal of Business Strategy, 2003, 24 (5): 15 –21.

[183] Morris M. , Schindehutte M. , Allen J. The entrepreneur's business model: Toward a unified perspective [J]. Journal of Business Research, 2005, 58 (6): 726 –735.

[184] Mushtaq H. Khan. Rents, Efficiency and Growth. In Mushtaq H. Khan and K. S. Jomo, eds. , Rents, Rent-seeking and economic development: Theory and Asian evidence [M]. London: Cambridge University Press, 2000: 338.

［185］ Narayan S. , Sidhu J. S. , Volberda H. W. From attention to action: The influence of cognitive and ideological diversity in top management teams on business model innovation ［J］. Journal of Management Studies, 2021, 58 (8): 2082 – 2110.

［186］ Nidumolu. Why sustainability is now the key driver of innovation ［J］. Harvard Business Review, 2009, 87 (9): 57 – 64.

［187］ Ohn Hagel, Marc Sing. Unbounding the corporation ［J］. Harvard Business Review, 1999 (3): 23 – 34.

［188］ Oliver E. Williamson. Empirical microeconomics: Another perspective ［M］. Berkeley, California: University of California, Working Paper, 2000.

［189］ Onetti A. , Zucchella A. , Jones M. , McDougall – Covin P. Internationalization, innovation and entrepreneurship: Business models for new technology-based firms ［J］. Journal of Management and Governance, 2010 (5): 1 – 32.

［190］ Osiyevskyy O. , Dewald J. Explorative versus exploitative business model change: The cognitive antecedents of firm-level responses to disruptive innovation ［J］. Strategic Entrepreneurship Journal, 2015, 9 (1): 58 – 78.

［191］ Paul J. H. Schoemaker. Strategy, complexity, and economic Rent ［J］. Management Science, 1990, 36 (10): 1178 – 1192.

［192］ Prahald. The fortune at the bottom of the pyramid ［M］. Chemai: Pearson Education India, 2006.

［193］ Ramon Casadesus – Masan ell, Feng Zhu. Business models innovation and competitive imitation: The case of sponsor-based business model ［J］. Strategic Management Journal, 2013 (34): 464 – 482.

［194］ Raphael Amit, Paul J. H. Schoemaker. Strategic assets and organizational Rents ［J］. Strategic Management Journal, 1993, 14 (1): 33 – 46.

［195］ Reuver D. , Mark, Bouwman, et al. Business model dynamics: A case survey ［J］. Journal of Theoretical & Applied Electronic Commerce Research, 2009, 4 (1): 1 – 11.

［196］ Richard Larsson. The hardshake between invisible and visible hands ［J］. Studies of Management and Organization, 1993, 23 (1): 60 – 115.

［197］Richard Makadok. Toward a synthesis of the resource-based and dynamic-capability views of rent creation ［J］. Strategic Management Journal, 2001, 22 (5): 367 – 378, 387 – 402.

［198］Richard P. Rumelt. Theory, strategy, and entrepreneurship: In competitive challenge ［M］. New York: Harper and Row, 1987.

［199］Richard R. Nelson, Sidney G. Winter an evolutionary theory of economic change ［M］. The Belknap Press of Harvard University Press, 1982.

［200］Ritala P. , Sainio L. M. Coopetition for radical innovation: Technology, market and business-model perspectives ［J］. Technology Analysis & Strategic Management, 2014, 26 (2): 155 – 169.

［201］Rob M. Morgan, Shelby D. Hunt. The commitment-trust theory of relationship marketing ［J］. Journal of Marketing, 1994, 58 (3): 20 – 38.

［202］Ronald H. Coase. The nature of the firm ［J］. Economica, 1937, 14 (3): 386 – 405.

［203］Santos, José, Spector, et al. Toward a Theory of Business Model Innovation within Incumbent Firms ［J］. INSEAD Working Papers Collection, 2009 (16): 1 – 56.

［204］Schlegelmilch, BodoB. Adamantios Diamantopoulos, Peter Kreuz. Strategic innovation: The construct, its drivers and its strategic outcomes ［J］. Journal of Strategic Marketing, 2003 (11): 117 – 32.

［205］Schumpeter, Joseph Alois. Capitalism, socialism and democracy ［M］. New York: Harper, 1942.

［206］Schumpeter. The theory of economic development ［M］. Cambridge, MA: Harvard University Press, 1934.

［207］Scott M. Shafer, H. Jeff Smith, Jane C. Linder, The power of business models ［J］. Business Horizons, 2005 (48): 199 – 207.

［208］Smith W. K. , Binns A. , Tushman M. L. Complex business models: Managing strategic paradoxes simultaneously ［J］. Long Range Planning, 2010 (43): 448 – 461.

［209］Spieth P. , Schneider S. Business model innovativeness: Designing a formative measure for business model innovation ［J］. Journal of Business Economics, 2016, 86 (6): 671 – 696.

[210] Teece. Business models, business strategy and innovation [J]. Long Range Planning, 2010, 43 (2): 172 – 194.

[211] Teece D. J. Profiting from technological innovation: Implications for integration, collaboration, licensing and public policy [J]. Research Policy, 1986, 15 (6): 256 – 278.

[212] Tidd J., Bessabt J. Managing innovation: Integrating technological, market and organizational change 4th Edition [M]. Chichester: John Wiley & Sons Ltd, 2009.

[213] Timothy K., Lerzan A., Helen L., et al. Customer experience driven business model innovation [J]. Journal of Business Research, 2020, 116 (3): 431 – 440.

[214] Tongur, Engwall. The business model dilemma of technology shifts [J]. Technovation, 2014, 34 (9): 525 – 535.

[215] Velasquez M. G. Business ethics concepts and cases 4th ed. [M]. Upper Saddle River, NJ: Prentice Hall, 1998: 122.

[216] Velu, Chander. Business model innovation and third-party alliance on the survival of new firms [J]. Technovation, 2015 (35): 1 – 11.

[217] Velu C., Jacob A. Business model innovation and owner-managers: The moderating role of competition [J]. R & D Management, 2014, 11 (2): 328 – 335.

[218] Venkatanman N., Henderson Jc. Four vectors of business model innovation: Value capture in a network ERA [J]. Form Strategy to Execution, 2008 (1): 259 – 280.

[219] Wei Z., Yang D., Sun B., Gu M. The fit between technological innovation and business model design for firm growth: Evidence from China [J]. R&D Management, 2014, 44 (3): 288 – 305.

[220] Willemstein L., Van Der Valk T., Meeus M. T. H. Dynamics in business models: An empirical analysis of medical biotechnology firms in the Netherlands [J]. Technovation, 2007, 27 (4): 221 – 232.

[221] William E. Evan. An organization-set model of interorganizational rela-

tions［M］. Interorganizational Decision Making. Chicago, Illinois: Aldine Publishers, 1972: 181 – 200.

［222］ William E. Evan. The organization-set: Toward a theory of interorganizational relations［M］. Approaches to Organizational Design. Pittsburgh, Pennsylvania: University of Pittsburgh Press, 1966: 173 – 188.

［223］ Xi Y. , Tang J. , Zhao J. , et al. The role of top managers' human and social capital in business model innovation［J］. Chinese Management Studies, 2013, 7（3）: 447 – 469.

［224］ Zhao J. , Wang M. , Zhu L. , et al. Corporate social capital and business model innovation: The mediating role of organizational learning［J］. Frontiers of Business Research in China, 2014, 8（4）: 500 – 528.

［225］ Zott, Amit. The fit between product market strategy and business model: Implications for firm performance［J］. Strategic Management Journal, 2008, 29（1）: 1 – 26.